HANS TIETGENS

EINLEITUNG IN DIE ERWACHSENENBILDUNG

DIE ERZIEHUNGSWISSENSCHAFT

Einführungen in Gegenstand, Methoden und Ergebnisse
ihrer Teildisziplinen und Hilfswissenschaften

1979
WISSENSCHAFTLICHE BUCHGESELLSCHAFT
DARMSTADT

HANS TIETGENS

EINLEITUNG
IN DIE ERWACHSENENBILDUNG

1979
WISSENSCHAFTLICHE BUCHGESELLSCHAFT
DARMSTADT

CIP-Kurztitelaufnahme der Deutschen Bibliothek

Tietgens, Hans:
Einleitung in die Erwachsenenbildung / Hans Tietgens. — Darmstadt: Wissenschaftliche Buchgesellschaft, 1979.
(Die Erziehungswissenschaft)
ISBN 3-534-07991-4

Bestellnummer 7991-4

Satz: Maschinensetzerei Janß, Pfungstadt
Druck und Einband: Wissenschaftliche Buchgesellschaft, Darmstadt
Printed in Germany
Schrift: Linotype Garamond, 9/11

ISBN 3-534-07991-4

INHALT

VORBEMERKUNGEN

Eine Einleitung in die Erwachsenenbildung zu schreiben, bereitet Schwierigkeiten eigener Art, und dies aus mehreren Gründen. Erwachsenenbildung ist ein Tätigkeitsfeld, das nicht eindeutig abgegrenzt ist. Dies gilt sowohl für seine Inhalte und Organisationsformen als auch für seine Funktionen und Adressaten. So sind beispielsweise die Unterschiede zwischen Erwachsenenbildung und außerschulischer Jugendbildung nur graduelle. Von Weiterbildung statt von Erwachsenenbildung zu sprechen, wie es heute vor allem in bildungspolitischen Stellungnahmen geschieht, hilft für eine Abgrenzung auch nicht weiter. Der Wechsel der Bezeichnungen signalisiert vielmehr, ähnlich wie einst der von der Volksbildung zur Erwachsenenbildung, einen Wandel in der Gewichtung der Aufgaben, zugleich aber auch die Gefahr, diese auf funktionale Notwendigkeiten verkürzt zu sehen und dementsprechend verengt politisch zu ordnen. Deshalb wird in diesem Buch der Begriff Erwachsenenbildung weitgehend beibehalten.

Eine andere Schwierigkeit ergibt sich aus der geringen Transparenz der Organisationsstrukturen der Erwachsenenbildung. Ihre Unübersichtlichkeit erschwert den Zugang zum Verständnis der Erwachsenenbildungsrealität. So wird vornehmlich über die Bereiche der Erwachsenenbildung gesprochen, die der Öffentlichkeit durchschaubar sind.

Nicht geringer werden die Schwierigkeiten dann, wenn für eine Darstellung der Erwachsenenbildung wissenschaftliche Maßstäbe angelegt werden sollen. Es gibt bestenfalls Ansätze zu einer Wissenschaft von der Erwachsenenbildung. Noch werden Versuche, Erkenntniszusammenhänge herzustellen, von Rechtfertigungsbemühungen durchsetzt, weil Erwachsenenbildung nichts Selbstverständliches ist. Will man Erkenntnisse über Lernprozesse bei Erwachsenen gewinnen, muß man auf die allgemeinen Lernwissenschaften zurückgreifen. Dafür sind Transformationen unumgänglich. Sie werden aber — wie ein Blick in die Literatur deutlich macht — von Kontroversen überlagert, bei denen es um die Bestimmungsgründe von Erwachsenenbildung geht, um unterschiedliche Einschätzungen der Funktion und der Wirkungsmöglichkeiten von Erwachsenenbildung. Dabei gehen diese Kontroversen weniger auf divergierende Zielvorstellung zurück, die mit Erwachsenenbildung verbunden werden, als vielmehr auf unterschiedliche Interpretationen der gegenwärtigen gesellschaftlichen Bedingungen.

Eine weitere Verunsicherung stellt sich dann ein, wenn man davon ausgeht, daß eine Einführung in die Erwachsenenbildung für diejenigen geschrieben wird, die sich auf eine Berufstätigkeit in der Erwachsenenbildung vorbereiten wollen. Dieser Adressatenkreis ist einigermaßen heterogen. Zwar gibt es seit Anfang dieses Jahrzehnts den Studiengang Diplom-Pädagogik mit dem Schwerpunkt Erwachsenenbildung. Er ist jedoch, wie die Berufspraxis zeigt, nur ein möglicher Studienweg neben anderen. Für die Zukunft dürfte ein Zusatzstudium Erwachsenenbildung an Bedeutung zunehmen. Das aber heißt: Man kann bei sehr verschiedenen Hauptstudiengängen zu einem Studium der Erwachsenenbildung kommen. Diesen Tatbestand sollte eine Einführung in die Erwachsenenbildung berücksichtigen. Er legt ein möglichst deskriptives Vorgehen nahe, das mit einiger Vorsicht an die Begriffswelt der Erwachsenenbildung heranführt, die Relevanz der Sozialisationswissenschaften im weitesten Sinne verdeutlicht, das Situationsverständnis anregt und sowohl das Spezifische der Erwachsenenbildung als auch ihr Eingebettetsein in weitere Zusammenhänge gleichermaßen zur Geltung kommen läßt.

Die hier skizzierte Ausgangslage legt es nahe, Einleitung im Sinne verschiedener Zugänge zu den Problemen der Erwachsenenbildung zu verstehen. Daß dabei Zusammenhänge bestehen, wird zum Teil aufgedeckt werden können, zum Teil wird es Aufgabe des Lesers sein, diese herzustellen. In diesem Sinne möchte der Band durch seine Anlage auch aktivierend wirken. Eine gewisse Leitlinie für diese Anlage bot die ›Empfehlung zur Einrichtung eines Zusatzstudiums Erwachsenenbildung‹, die der Arbeitskreis Universitäre Erwachsenenbildung 1974 herausgebracht hat. Sein Entwurf sieht neben vier Vorbereitungsbausteinen und drei Zusatzbausteinen acht Kernbausteine vor:

— Gesellschaftliche und historische Begründungszusammenhänge der Erwachsenenbildung nach 1945
— Lernfähigkeit und Lernbereitschaft Erwachsener
— Kursplanung und Unterrichtsvorbereitung
— Durchführung und Kontrolle von Erwachsenenunterricht
— Unterrichtsbeobachtung und Dozentenberatung
— Erwachsenenbildung im Zusammenhang der Bildungspolitik
— Bildungsorganisation und Verwaltung von Einrichtungen der Erwachsenenbildung
— Erwachsenenpädagogische Theoriebildung

Für die hier gebotene Einleitung sind die Bausteine allerdings zum Teil etwas anders geordnet und gewichtet. So erschien es beispielsweise angesichts des heute geringen Geschichtsbewußtseins angebracht, die historische Perspektive weiter in die Vergangenheit zurückzuverfolgen. Auch der

Themenkomplex „Lernfähigkeit und Lernbereitschaft“ wurde erweitert. Der Lernbegriff sollte nicht zu eng verstanden werden. Es ist zwar heute schon üblich, soziale Faktoren des Lernens zu beachten. Entschieden zu kurz kommt aber, vom Interesse an den Sozialisationserscheinungen verdeckt, die anthropologische Dimension, die zugleich die Sinnfrage mit beinhaltet. Der Komplex der Unterrichtsbeobachtung hingegen bleibt in diesem Band ausgespart. Zum einen kann hier auf fachdidaktische Aspekte nicht eingegangen werden, und zum anderen läßt sich Unterrichtsbeobachtung besser in Verbindung mit Praxiserfahrung erörtern. Der Verfasser kann dazu auf sein Taschenbuch ›Zur Beobachtung von Weiterbildungsprozessen‹ verweisen. Für den bildungspolitischen Teil erschien es erforderlich, mehr zur Realität der Institutionen und Angebote zu sagen und damit die Inhalte eines Grundbausteins des AUE-Konzepts einzubeziehen. Die Verwaltungspraxis hingegen, die in dem Baustein 7 des AUE vorgesehen ist, erscheint, von den Gesetzeskonsequenzen abgesehen, für die verschiedensten Einrichtungen und Verbände der Erwachsenenbildung zu unterschiedlich, um hier breiter ausgeführt zu werden.

In der Abgrenzung des Gesamtbereichs schließt sich der Verfasser der Definition von Horst Siebert an: „Erwachsenenbildung ist die organisierte, zielgerichtete Fortsetzung des Lernprozesses neben oder nach einer Berufstätigkeit“. Dabei werden Hausfrauen den Erwerbstätigen zugerechnet. Bei einer solchen Definition bleiben ausgeklammert: funktionale Lernprozesse, Einübungen am Arbeitsplatz, vollzeitiges Lernen wie im Falle des Hoch- und Fachschulstudiums. Einen Grenzfall stellt neben den Büchereien der Teilbereich dar, der traditionell als Zweiter Bildungsweg, neuerdings auch als abschlußbezogene Weiterbildung bezeichnet wird. Von der Lernsituation her gesehen handelt es sich um Erwachsenenbildung. In der Praxis der Administration bleibt dieser Tatbestand aber an den Schulsektor gebunden. Eindeutig zur Erwachsenenbildung im hier verstandenen Sinn zählen: Altenbildung, Bildungsfernsehen, Fernunterricht, Betriebliche Fortbildung, Kontaktstudium.

Vor diesem Buch hat der Verfasser den Artikel ›Erwachsenenbildung‹ für das ›Handbuch der Erziehungswissenschaften‹, herausgegeben von Thomas Ellwein, Hans H.(ermann) Groothoff, Ulrich Ronneberger und Heinrich Roth, geschrieben. Während dort, entsprechend der Funktion des Beitrags, mit einer Fülle konkreter Belege gearbeitet wurde, treten in diesem Band Zitate gegenüber der Eigendarstellung zurück. Dies geschah im Interesse der Geschlossenheit und Flüssigkeit des Textes. Indessen wird am Schluß eines jeden Kapitels auf weiterführende Literatur verwiesen. Zu einer eigenständigen Darstellung sah sich der Verfasser auch deshalb veranlaßt, weil er sich nicht einer der dezidierten Richtungen zuzurechnen vermag, die für die

Erwachsenenbildung in Vergangenheit und Gegenwart kennzeichnend sind, die aber, behält man die Erwachsenenbildungswirklichkeit im Auge, allzuoft als Verkürzungen erscheinen. Zu häufig werden bei theoretischen Reflexionen Zielvorstellungen zum Orientierungspunkt der Darstellung und Auseinandersetzung gewählt, mit denen große Teile der Erwachsenenbildung, die gleichsam ihren Alltag ausmachen, unbeachtet bleiben. Demgegenüber erschien es hier angebracht, die verschiedenen Funktionsbereiche der Erwachsenenbildung — vorgeschriebenes Lernen, allgemeine Orientierung und gestaltende Betätigung — gleichgewichtig zu berücksichtigen. Geschieht dies nicht, wird ein Funktionsbereich, etwa der gesellschaftlich-politische, besonders hervorgehoben, ein anderer vernachlässigt, kommt es zu einem Auseinanderklaffen von beschriebenem Anspruch und tatsächlichem Geschehen. Wer den ersten beruflichen Kontakt zur Erwachsenenbildung sucht, wird irritiert. Nach Auffassung des Verfassers verfehlen Ansätze zu einer Theorie der Erwachsenenbildung ihre Aufgabe, wenn sie einen wie immer gearteten Sollensanspruch vorgeben und nicht damit beginnen, sich auf die Wirklichkeit der Erwachsenenbildung einzulassen, um sie systematisch zu durchdringen. Dabei sind auch die Kriterien der Systematisierung aus dem Geschehen der Erwachsenenbildung und nicht aus möglichen Handlungsnormen zu entwickeln. Gegenwärtig wird in der Literatur zur Erwachsenenbildung allenthalben ihre innovatorische Funktion betont. Diese ist sicherlich nicht zu bestreiten. Indessen kann sich eine Einleitung nicht allein auf sie beziehen. Soll sie dem, der sich der Erwachsenenbildung studierend nähert, ein erstes Bild von dem vermitteln, was die Problematik dieser Erwachsenenbildung ausmacht, dann muß sie zu ergründen versuchen, was nicht nur für die Initiatoren, sondern auch für die Adressaten dieser Erwachsenenbildung problematisch ist.

Hans Tietgens

1. DER HISTORISCHE HINTERGRUND

1.1. Entwicklungstendenzen zweier Jahrhunderte

Es hat immer Erwachsene gegeben, die sich weitergebildet haben. Meist allerdings waren es kleine Gruppen; solche, die Muße dazu hatten; andere, die damit einen Auftrag im Dienste ihrer Herren erfüllten; schließlich die, die sich in eine vorgegebene Gesinnung einübten. In einer geschichtlich wirksamen Weise erweiterten sich diese Kreise erst mit der Epoche der Aufklärung. In ihr sieht denn auch die moderne Erwachsenenbildung ihre historischen Wurzeln. Denn sie versteht sich als ein Beitrag zum Abbau der seit Kant immer wieder zitierten „selbstverschuldeten Unmündigkeit". Damit sind bei aller Vielfalt der Bildungsinitiativen Leitziel und Selbstbegrenzung signalisiert.

Aufklärung ist für uns heute eng mit Prozessen verbunden, die sich als Industrialisierung und Demokratisierung kennzeichnen lassen. Sie haben der Bildung Erwachsener Impulse, Inhalte und Legitimationen gegeben. Es sind so Tendenzen eingeleitet worden, die noch heute für das Aufgabenverständnis von Erwachsenenbildung bestimmend sind. Der Ausbau von Technik und Wirtschaft verlangte neuartige Qualifikationen. Es entstand so ein Bedarf an Verbreitung der Grundkenntnisse und an einem Beherrschen zweckrationaler Verfahren. Zu den neuen Anforderungen gehörte aber ebenso eine individuelle Daseinsorientierung mit dem Ziel der Selbstbestimmung. Menschenrechte und Selbstverwaltung waren in die öffentliche Diskussion gekommen. Selbstbildung galt als Voraussetzung, sie zu realisieren. Auch christliches Denken entzog sich diesem Trend nicht. Mit der Sensibilisierung durch den Pietismus und später unter dem Eindruck der „sozialen Frage" gewann auch innerhalb der Kirchen der Gedanke der Volksbildung ein Wirkungsfeld.

Auf diesem Hintergrund ist es einleuchtend, wenn die Bedeutung, die Erwachsenenbildung seit der Aufklärungszeit erhalten hat, mit der Umbruchsituation dieser Zeit begründet wird. *Gerade dann, wenn überlieferte Weltbilder in Frage gestellt werden, wenn tradierte Normen ihre Selbstverständlichkeit einbüßen, wenn der einzelne auf sich selbst zurückgeworfen wird, wenn neue Umgangsformen mit der Wirklichkeit gefunden werden müssen, erscheint Erwachsenenbildung als etwas besonders Dringliches,* genügt die Aneignung dessen nicht, was durch Familienerziehung und Jugendschule mitgegeben wird. Dieser Begründungszusammenhang macht zugleich aber auch verständlich, was die Entfaltung der Erwachsenenbildung behindert hat: die inneren Hemmnisse und äußeren Widerstände, die Ängste und die Verbote. Drakonische Abwehrmaßnahmen haben dazu geführt, daß die Geschichte der Erwachsenenbildung im 19. Jahrhundert nicht nur in ihren Selbstdarstellungen, sondern auch in Polizeiakten wiederzufinden ist.

Liest man die Berichte und die Schriften, mit denen die Pläne und Aktivitäten vertreten und erläutert wurden, erscheint manches zwar verworrener, verwickelter und fragmentarischer, als die vereinfachten Linien unseres Geschichtsbildes es erwarten lassen. Aber durch eine solche Lektüre kann deutlich werden, was mit Aufklärung und also mit Erwachsenenbildung in ihrem Ursprung gemeint war. Nach einer solchen Lektüre können wir uns von den Zerrbildern der Polemik trennen, die Aufklärung nur mit Atheismus, empfindungsloser Vernünftelei oder bürgerlicher Ideologie in Verbindung gebracht haben. Wir werden dann wieder erinnert, daß die Rationalität der Aufklärung im Dienste der Selbstbeherrschung stand, die allein die Herrschaft anderer ablösen kann, daß es ihrer Bildung um die Maßstäbe ging, die zugleich Mäßigung bedeuten.

Vielfältig sind die Organisationsformen, in denen versucht wurde, Ideen der Aufklärung zu verwirklichen. Da lassen sich die „moralischen Wochenschriften" ebenso nennen wie die „Lesegesellschaften", die „Vortragsvereinigungen" ebenso wie die „Handwerkerbildungsvereine" oder die „Sonntagsschulen". Und wenn gerade diese hier herausgehoben werden neben vielen anderen, so deshalb, weil sich mit ihnen Funktionen und Inhalte der Erwachsenenbildungsaktivitäten Ende des 18. Jahrhunderts und in der ersten Hälfte des 19. Jahrhunderts am besten aufzeigen lassen. Das gedruckte und das gesprochene Wort galten gleich viel. Die individuelle Auseinandersetzung und die Verbindungen in einer Gruppe wurden gleichermaßen gesucht. Familienerziehung und Selbsterziehung, Kulturpflege und Weltorientierung, die Lehren aus der Natur sowie die Sicherung des beruflichen Erfolgs im Ackerbau und im Handel, dies alles wurde zum Thema. Das Bestreben war, das Nützliche mit dem Angenehmen zu verbinden. Im Laufe der Jahrzehnte erweiterte sich der Teilnehmerkreis. Die Aneignung und das Wiederauffrischen von Elementarkenntnissen erhielten größeren Raum und mit ihnen die Erziehung zur Industriosität. Daneben aber profilierte sich auch der politische Anspruch. In den Intentionen der Erwachsenenbildung im Vormärz findet sich ein breites Spektrum der Auffassungen, die man als sozial-konservativ, konstitutionell-demokratisch, liberal-demokratisch, sozial-demokratisch und radikal-demokratisch bezeichnen kann. Wenn die Arbeiterverbrüderung den Aufruf der Französischen Revolution abwandelte und „Bildung — Wohlstand — Freiheit" zu ihrem Wahlspruch machte, so deutet dies an, was nach der Revolution von 1848 unterdrückt und verhindert wurde.

Liest man die Entwürfe und Pläne zur Erwachsenenbildung aus der ersten Hälfte des 19. Jahrhunderts, etwa wie sie Horst Dräger in jüngster Zeit zusammengestellt hat, so wird zum einen die soziale Liberalität des Geistes der Aufklärung deutlich. Zum anderen kann man aber auch feststellen, daß die Probleme, mit denen Erwachsenenbildung sich heute befaßt, auch schon die Überlegungen von vor 150 Jahren bestimmt haben. Welche aktuellen Stichworte man auch herausgreift, „Verzahnung von Jugend- und Erwachsenenbildung", „Zusammenhang von Bildung und ökonomischer Leistungsfähigkeit", „Lernen des Lernens", „Erkennen der Strukturen", „Prinzip des Exemplarischen", „Anknüpfen an der Lebenssituation", „Integration beruflicher und allgemeiner Bildung", „Zielgruppenarbeit", „Sprachbarrieren", „Selbstlernzentren", „Mangel an geeigneten Räumen", „Probleme der geeigneten Mitarbeiter", „Halbbildung", „Teilnehmerschwund", das, was mit diesen Begriffen gemeint ist, findet sich in den historischen Dokumenten wieder, meist allerdings in einer schlichteren Sprache. Selbst die Kritik an der Vorstellung von der Zweiteilung des Lebens in Lernzeit und Anwendungszeit erweist sich als nicht so neu, wie wir heute meinen.

Ein Aspekt allerdings, der in der Literatur zur Volksbildung des vergangenen Jahrhunderts immer wieder angeführt wird, ist weit in den Hintergrund getreten: die ethische Komponente der Bildung. Es ging nicht allein um Wissen und Handlungsfähigkeit, sondern um eine Einstellung und ein Verhalten. *Aufklärung verstand sich nicht als Verstandesschulung allein. Sie gewann ihren Wert erst aus einer Verhaltensanwendung, in einer Formbildung der Person, die, fern aller formalisierten Etiketten, menschliche Natur als eine reflexive und als eine soziale bekundete.* Wer sich selbst gehören will, muß sich selbst disziplinieren können, dieses Grundmuster liberaler Aufklärung war allenthalben virulent. Tugend war noch ein lebendiger Begriff und „Veredelung" ist ein Wort, das so oft wie kaum ein anderes in den historischen Schriften zur Erwachsenenbildung zu finden ist, beinahe aber auch das einzige, für das sich kein Äquivalent in der gegenwärtigen Literatur nennen läßt. Ob dies ein begreifliches oder ein bedenkliches Symptom ist, sollte künftig zu diskutieren wichtig genug sein.

Die Schriften zur Volksbildung in der ersten Hälfte des 19. Jahrhunderts enthalten des öfteren die Aufforderung an Staat und Gebietskörperschaften, den Ausbau der Bildungsmöglichkeiten für Erwachsene zu unterstützen, Initiativen zu ergreifen, für Systematisierung zu sorgen oder etwas von ihrer Finanzierung zu übernehmen. Gerade auch mit liberal-demokratischen Vorstellungen war dies vereinbar. Anders erschien das „Recht auf Bildung“, wie es etwa von Gustav v. Struve proklamiert wurde, nicht realisierbar, und zwar unabhängig davon, ob man die Anfänge einer universitären Erwachsenenbildung, wie sie Ludwig Feuerbach in Heidelberg praktizierte, oder die sich „selbst verwaltende Unterrichtsgenossenschaft“ zu etwas allgemein Üblichen machen wollte.

Indessen blieben die Aufforderungen an staatliche, administrative Instanzen ohne Widerhall. Erwachsenenbildung war vor 1848 eine Angelegenheit privater oder genossenschaftlicher Initiativen. Sie vollzog sich in der Organisationsform des Vereins. Daran änderte sich auch nach 1848 nichts, obwohl nach dem Scheitern der Revolution der Beitrag der Volksbildung zur Nationalerziehung noch mehr hervorgekehrt wurde.

Die Nachwirkungen von 1848 haben für die Erwachsenenbildung schwere Rückschläge mit sich gebracht. Am ehesten konnten die katholischen Gesellenvereine, die Adolf Kolping ins Leben gerufen hatte und die sich auch als Bildungsvereine verstanden, allerdings unter begleitender Führung durch Geistliche, die Kontinuität bewahren. Ansonsten aber herrschte der Gegendruck. Man tat alles, die „Beschränktheit des Untertanenverstandes“ zu erhalten und den „überspannten Bildungsdrang“ zu bändigen. Und dies, obwohl die Bildungsbestrebungen der Vormärz-Zeit in durchaus gemäßigter Form sich Geltung zu verschaffen versucht hatten.

Erst etwa zehn Jahre nach der 48er Revolution verstärkten sich wieder die Aktivitäten. Dabei wurden der Nachholbedarf an Elementarbildung und die Förderung des politischen Selbstbewußtseins mehr betont als früher. Der Schulfächerkanon findet in den Veranstaltungen der Erwachsenenbildung breiten Raum. Vor allem dem Nachholbedarf an naturwissenschaftlichen Kenntnissen versuchte man Rechnung zu tragen. Verbunden damit war aber auch die Klage über die dafür fehlenden notwendigen technisch-räumlichen und personellen Voraussetzungen. Nicht zufällig hat sich daher eine Organisation der Erwachsenenbildung, die Gesellschaft zur Verbreitung von Volksbildung, nach 1870 zeitweilig auch für den Ausbau des Berufsschulwesens engagiert. Auch im Rahmen der Arbeiterbildung hat man den Zusammenhang von beruflicher Funktionstüchtigkeit und politischem Mitbestimmungsanspruch herausgestellt.

Insgesamt zeigte sich, daß die Aufgaben der Erwachsenenbildung auf die Dauer nicht allein durch die Initiative lokaler Vereine zu bewältigen waren. So mehrten sich die überregionalen Zusammenschlüsse. *Aus einer vereinsorientierten wurde eine verbandsspezifische Erwachsenenbildung.* Die öffentliche Hand hielt sich auch nach 1870 zurück. Das aber bedeutete für die Erwachsenenbildung eine stärkere Bindung an gesellschaftliche Gruppierungen. Die Umstrukturierung der Arbeiterbildungsvereine zur Sozialdemokratischen Partei wurde zum politisch nachhaltig wirkenden Beispiel. Nach der Jahrhundertwende wurden Parteischule und Gewerkschaftsschule zu Einrichtungen, die in die Organisation hineinwirkten, aber auch die allgemeine Diskussion belebten.

Auch die Kirchen verstanden ihre Bildungsarbeit nun bald bewußter. Zwar blieb die Organisationsform auch nach Gründung des Volksvereins für das katholische Deutschland locker, aber wirksam wurde doch, daß das katholische Vereinsleben nicht so sehr durch wechselnde Mitgliedschaft gekennzeichnet war, sondern durch seinen lebensbegleitenden und damit lebensformenden Charakter, durch den sich Bildung und Schulung vermischten. Demgegenüber war die 1870 mit deutlich nationalliberalem Akzent gegründete „Gesellschaft zur Verbreitung von Volksbildung" ein recht bunt gemischter Zusammenschluß von Vereinen, auch wenn sie sich mehr oder weniger alle die Organisation von Vortragsabenden, gehobener Volksunterhaltung und die Organisation der Bücherausleihe zur Aufgabe gemacht hatten, und auch, wenn für sie durchweg die Popularisierung der Wissenschaft und die Vermittlung der Kulturgüter einschließlich der Organisation von Festen und Feiern im Vordergrund standen.

Um die Jahrhundertwende erfolgte schließlich auch der Zusammenschluß in einem Aktivitätsbereich, dem zwar seit den Vorträgen Alexander von Humboldts besondere Bedeutung zugemessen wurde, der aber praktisch unterentwickelt geblieben war. 1899 kam es zur Gründung des „Verbandes für volkstümliche Kurse von Hochschullehrern des Deutschen Reiches". Die Vorarbeit hierzu war von Österreich, insbesondere von Wien ausgegangen. Die Anstöße aber kamen von der Universitätsausdehnung in England, ohne je deren Intensität zu erreichen. Die Idee war, die Kluft zwischen Kopf- und Handarbeitern zu überbrücken. Studentische Arbeitskreise wirkten im gleichen Sinn. Die Vorbehalte der Arbeiter konnten aber nur individuell begrenzt überwunden werden. Längst nicht immer gelang es, auf ihren Fragewillen einzugehen. Selbsthilfe behielt für sie Vorrang.

Die Aktivitäten der Hochschullehrer nach englischem Beispiel blieben begreiflicherweise auf Städte beschränkt. Die Erwachsenenbildung für den bäuerlichen Bereich fand demgegenüber ihr Vorbild in den Heimvolkshochschulen Dänemarks. Das bedeutete eine Betonung sowohl der völkisch-nationalen als auch der historisch-religiösen Komponenten. In der Lebensgemeinschaft des Heimes wurde ein besonderer Vorzug gesehen. Seine methodischen Möglichkeiten wurden indessen kaum genutzt. Das vielzitierte „Lebendige Wort" im Sinne von N. F. S. Grundvig, dem Initiator der dänischen Heimvolkshochschulen, bezog sich noch nicht auf das Gespräch, sondern mehr auf die eindrucksvolle Überzeugungsrede.

Vergleicht man die Berichte, die uns über den Zeitraum eines Jahrhunderts sporadisch vorliegen, so fällt auf, daß die Klagen über mangelnde Beteiligung im Laufe der Zeit zugenommen haben. Dies mag in Relation zu dem Bestreben stehen, immer breitere Bevölkerungskreise erreichen zu wollen. Allerdings ändert auch eine mit der vermehrten Erfahrung relativ ausgefeilte Vortragstheorie nichts daran, daß die begrenzte Fähigkeit der Vortragsredner, anspruchsvolle und komplizierte Themen zu vermitteln, immer häufiger kritisiert wird. Gelegentlich wird die Frage aufgeworfen, ob nicht die zumindest für die Gesellschaft zur Vorbereitung von Volksbildung angestrebte politische Abstinenz zu dem begrenzten Interesse beigetragen habe. Dagegen spricht allerdings, daß die Sorgen um die Beteiligung dann um so geringer sein konnten, wenn sich das Bildungsangebot dem der Unterhaltung näherte. Die Statistiken der „Gesellschaft" über die Auswahl und den Erfolg der aufgeführten Theaterstücke sind dafür ein vielsagendes Beispiel. Der rasch steigende Umfang des Einsatzes von Lichtbildern läßt ähnliches vermuten. Der Versuch, die ethischen Impulse der Erwachsenenbildung wieder zu beleben, wie ihn beispielsweise die Comenius-Gesellschaft unternahm, fand nicht die erhoffte Resonanz. Es erwies sich als schwierig, Gegenkräfte gegen die Expansion des Ökonomischen zu mobilisieren, zumal sie sich im Zeichen eines gesteigerten Nationalbewußtseins vollzog.

Die Diskrepanz zwischen Anspruch und Wirklichkeit, zum Teil aber auch die Berichte aus England und Skandinavien über recht intensive Bildungsarbeit, lösten neue theoretische Überlegungen aus. Im Grundsätzlichen war es vor allem die von Paul Natorp vertretene Idee der Sozialpädagogik als Genossenschaftspädagogik. Mit stärkerem Bezug zu konkreten Aktivitäten waren es die Überlegungen Robert von Erdbergs. Er sah einen Zusammenhang zwischen mangelnder Intensität der Beteiligung und mangelnder Intensität des Angebots. *An die Stelle einer beziehungslos bleibenden Präsentation von popularisierter Wissenschaft und verdünnten Kulturgütern sollte die existentielle Betroffenheit und damit die lebenswirksame, seelisch-geistige Problemdurchdringung treten.* Einige Beispiele intensiver Arbeit vor allem im Rhein-Main-Gebiet schienen diese Auffassung zu stützen. Voll zum Ausdruck und zur Wirkung kam sie aber erst nach dem Zusammenbruch des Wilhelminischen Reiches. Immerhin hat es fast Symbolcharakter, daß der nachhaltigste publizistische Verfechter der „Neuen Richtung", eben Robert von Erdberg, aus der Zentralstelle für Volkswohlfahrt in Berlin kam und dort zuerst einmal das veranstaltet hatte, womit er sich später kritisch auseinandersetzte: Museumsführungen und Volkskonzerte als Kulturgütervermittlung.

Überblickt man die eineinhalb Jahrhunderte der Entwicklung der Volksbildung von der Aufklärung bis zum Ersten Weltkrieg, also in der

Zeit der Herausbildung der Industriegesellschaft, der kapitalistischen Wirtschaftsordnung, des Verfassungsstaates, des Pflichtschulsystems, des Kampfes der Kirche um ihre Bildungsmacht, sieht man die Zeit im Zeichen der Orientierungsmarken, die Antoine Condorcet in der Französischen Revolution für das Zusammenwirken von Gesellschaft und Volkserziehung gesetzt hat, sieht man sie am Maßstab des kulturellen Selbstanspruchs der deutschen Bewegung, sieht man sie im Schatten der Aufbruchsstimmung, die zur Revolution von 1848 geführt hat, denkt man an die außerordentliche Entfaltung der Produktivkräfte im Kaiserreich, zieht man die Konzepte heran, mit denen in diesen 150 Jahren eine Andragogik im Bildungssystem verankert werden sollte, dann nimmt sich das, was tatsächlich geschah bzw. das, was uns davon bekannt ist, einigermaßen dürftig aus. Nimmt man aber das, was stattfand, so wie es war und bekanntgeblieben ist, in der organisatorischen Vereinzelung zwar, aber mit beträchtlichem sozialethischem Bemühen, dann handelt es sich um eine historische Phase der Erwachsenenbildung mit einer bemerkenswerten Kleinarbeit und mit Symptomen ihrer Schwierigkeit, die nicht an die Zeit gebunden waren und die uns auch heute noch interessieren müssen. Erwachsenenbildung erfüllte damals viele Funktionen, die heute die elektronischen Medien übernommen haben.

Die an konkreten Situationen orientierten Aktivitäten haben indes die ursprünglichen Intentionen nicht vergessen lassen. Die Erwachsenenbildung des vergangenen Jahrhunderts sah sich zu großen Teilen im Zusammenhang der Emanzipationsbewegungen. Denn Emanzipation wurde weithin als Aufgabe zur Selbsterziehung verstanden, mit der man zur Mitbestimmung befähigen wollte. Dennoch löste sie Sorgen bei denen aus, denen es um die Erhaltung der bestehenden gesellschaftlichen Strukturen ging. Auch die Mäßigung verhinderte nicht die Maßregelungen, die schließlich zur Radikalisierung führten und zu den Konzepten einer Arbeiterbildung, die sich nicht mehr mit dem Ordnungssystem identifizierte. Doch blieb dies ein theoretischer Ansatz mit begrenzten Handlungskonsequenzen. *Aufs Ganze gesehen hat sich Erwachsenenbildung im Spannungsfeld von Emanzipation und Integration vollzogen.* Entwicklung eines Selbstbewußtseins und Zähmungsversuche durchdringen einander. Mit der dosierten Vermittlung von unabweislich notwendigen Qualifikationen und der gefilterten Teilhabe am kulturellen Erbe als Beitrag zur Nationbildung wird der freie Geist der Aufklärung eingebunden in eine Volksbildung, die auch schon vor der Zeit als Volk-Bildung verstanden wurde, in der diese Formel geprägt wurde, in den 20er Jahren dieses Jahrhunderts, in einer Zeit, in der zugleich die kompensatorische Funktion von Erwachsenenbildung situationsspezifische Akzente bekam, am Anfang der Weimarer Republik im Sinne des Ausgleichs für den Statusverlust, nach außen wie nach innen, und zum Ende der Weimarer Republik in ihrer Nothelferfunktion angesichts der Wirtschaftskrise.

Literatur

Eine umfassende historische Gesamtdarstellung gibt es nicht. Einen Eindruck vom Denken und Handeln der Erwachsenenbildung des 19. Jahrhunderts vermitteln folgende Textsammlungen:

S. Benning (Hrsg.): Quellentexte katholischer Erwachsenenbildung. Paderborn 1971.

H. Dräger (Hrsg.): Volksbildung in Deutschland im 19. Jahrhundert. Braunschweig 1979.

H. Feidel-Merz (Hrsg.): Zur Geschichte der Arbeiterbildung. Bad Heilbrunn 1968.

Einen Überblick über die ersten Ansätze bietet:

F. Balser: Die Anfänge der Erwachsenenbildung in Deutschland in der ersten Hälfte des 19. Jahrhunderts. Stuttgart 1959.

Die Problemlage um die Jahrhundertwende spiegelt sich bei:

M. R. Vogel: Volksbildung im ausgehenden 19. Jahrhundert. Stuttgart 1959.

Die Entwicklung der katholischen Erwachsenenbildung beschreibt:

W. Niggemann: Das Selbstverständnis der katholischen Erwachsenenbildung bis 1933. Osnabrück 1967.

Für die Zusammenhänge von Arbeiterbewegung und Arbeiterbildung ist aufschlußreich:

H. Feidel-Merz: Zur Soziologie der Arbeiterbildung. Frankfurt 1961.

Unter dem Aspekt beruflicher Erwachsenenbildung ist zu nennen:

J. Dikau: Wirtschaft und Erwachsenenbildung. Weinheim 1968.

Hinweise auf Originaltexte und auf Dissertationen finden sich in den genannten Bänden.

1.2. Das Theorem der Eigenständigkeit

Bis zum 1. Weltkrieg hat es, wie gezeigt, zahlreiche, verstreute Aktivitäten gegeben, die als Erwachsenenbildung bezeichnet werden können. Manch eine Äußerung läßt sich finden, in der die Funktion der Volksbildung grundsätzlich reflektiert wurde. Mit dem Ende des Weltkriegs aber ist eine grundlegende Veränderung zu beobachten. In großer Zahl erscheinen Flugschriften, schmale Hefte, die Volksbildung als zentrale Aufgabe der

Lebenserneuerung gegenüber der Not der Zeit thematisieren. Was da geschrieben wurde, hat meist den Stil von Aufrufen. Daß sie zumindest im ersten Augenblick nicht ungehört verhallten, davon zeugen die allerorten gegründeten Volkshochschulen. Das preußische Ministerium für Wissenschaft, Kunst und Volksbildung lieferte das oft zitierte Stichwort: „Die Volkshochschule ist keine Fortbildungs- oder Fachschule . . . die Volkshochschule ist eine Arbeitsgemeinschaft von geistigen und Handarbeitern." Auch die Arbeiterbildung erhielt unter dem Motto der Rätebildung neue Impulse. Und im Bereich der den Kirchen vorgelagerten Vereine und Verbände regte es sich nicht minder. Allenthalben war von der Volksbildungsbewegung die Rede. Aber was man unter Bewegung verstand, der große Aufbruch der Gemüter, fand dennoch selten statt. Am nachhaltigsten wirkten offenbar die Heimvolkshochschulen, wobei nicht so sehr entscheidend war, ob sie unter christlichem oder sozialistischem, liberalem oder völkischem Vorzeichen arbeiteten. Ausschlaggebend war vielmehr ein der herrschenden Lebensstimmung adäquates Milieu, das den Rückhalt für eine intensivere Bildung bot, oftmals in Verbindung mit gemeinsamer körperlicher Arbeit, oft auch als Folgeerscheinung der Jugendbewegung. Insgesamt aber erlahmten die Energien bald, die Resonanz ließ nach. Was blieb, war das Bemühen kleiner Gruppen unter Vertrauten. Die „sauerteigliche" Wirkung indessen, die sich die Protagonisten der Volksbildung nach 1918 durch eine Art „Zellenbildung" erhofft hatten, trat nicht ein.

Es lassen sich vielfältige, in den äußeren Umständen bedingte Gründe für den Rückschlag nennen. Insbesondere die Inflation mit ihren Begleiterscheinungen bereitete vielen Volksbildungsaktivitäten ein Ende. Einrichtungen, die diese schwierige Zeit überstanden, konnten gewöhnlich auch ein weiteres Jahrzehnt überleben. Aber dies geschah dann orientiert an konkreten Bedürfnissen, ohne das Pathos der Aufbruchszeit. Im Rückblick stellt sich damit die Frage, ob nicht die Intentionen der Volksbildung selbst — unabhängig von den äußeren Lebensverhältnissen — den Keim ihres Scheiterns in sich getragen haben. Um sie beantworten zu können, ist näher auf diese Intentionen einzugehen. Dies erscheint auch insofern gerechtfertigt, als es sich um einen ersten Versuch handelt, einen umfassenden, eigengearteten Entwurf der Erwachsenenbildung zu entwickeln. Viele seiner Implikationen sind auch in spätere Ansätze zu einer Theorie der Erwachsenenbildung eingegangen.

Volksbildung nach 1918 ist in ihren theoretischen Umrissen und in ihren Zielvorstellungen nur im Zusammenhang des herrschenden Zeitgeistes zu verstehen. Konzentriert man ihren Entwurf auf seinen Kern, stößt man auf eine Gesellschaftsinterpretation und ein Geschichtsbild, von denen sich allein die fernhalten konnten, die mit marxistischen Kategorien operierten oder die eine Art von Rationalität entfalteten, die als „Asphaltliteratur" abgetan wurde. *Vorherrschend war die Vorstellung eines Widerspiels von Gesellschaft und Gemeinschaft.* Was immer auch damals schon vorhandene soziologische Analysen aussagen mochten, die Vorstellungswelt war weithin besetzt von der Annahme eines Kulturverfalls. Man fühlte sich ausgesetzt aus der Geborgenheit eines Gemeinschaftslebens, das als voreinst geschichtlich gegeben unterstellt wurde. Man sah sich den als zersetzend empfundenen Erscheinungen des Gesellschaftlichen unterworfen: der Mechanisierung, der ungehemmten Arbeitsteilung, dem puren Zweck- und Gelddenken. Demgegenüber machte sich die Sehnsucht nach der Ganzheit geltend. Volksbildung wurde als Rettung vor dem Niedergang, als Mahnzeichen der Besinnung auf altehrwürdige Werte, als Aufforderung zur Selbstverwirklichung und zum Aufgehen in einer Gesinnungsgemeinschaft zugleich gesehen. Für die Leitsätze der Reichsschulkonferenz wurde 1920 formuliert: „Das letzte Ziel der Volksbildungsarbeit liegt darin, die Vorbereitung für das Entstehen einer wirklichen Volksgemeinschaft zu sein."

Aus historischer Distanz gesehen heißt das: die intellektuell unbewältigte Industrialisierung führte in eine seelische Not, die es zu einer nüchternen Analyse der tatsächlichen Mißstände nicht kommen ließ. Die Hoffnung auf Erneuerung, auf Wiederherstellung verlorengegangener Zustände blieb im Vagen. Der Blick wurde nicht auf die realen Probleme und ihre konkrete Herkunft gelenkt. Da alles „von Grund auf" anders werden sollte, änderte sich im Sinne des Beabsichtigten um so weniger. Der Geist Paul de Lagardes und des „Rembrandt-Deutschen" hatte die Aufmerksamkeit derer gesteuert, die sich am theoretischen Entwurf einer Volksbildung beteiligten; Ferdinand Tönnies lieferte den Begriffsraster und ein auf die eigenen Sehnsüchte zugeschnittener Nietzsche die Legitimation. Das eschatologische Moment erlaubte eine Verquickung mit christlichen Bestrebungen. Immerhin waren an diesem Entwurf Wissenschaftler von späterem Rang eines Eugen Rosenstock-Huessy, Wilhelm Flitner und Reinhard Buchwald beteiligt; ebenso Vertreter der Praxis wie Eduard Weitsch, Alfred Mann und Anton Heinen; schließlich fehlte es auch an Protagonisten nicht, die von ihrer Position aus an eine politisch-organisatorische Stützung denken konnten wie etwa Robert von Erdberg, Werner Picht oder Theodor Bäuerle.

Der Entwurf der Volksbildung der 20er Jahre hatte, wie man heute sagen würde, globale Züge. Dennoch ist vom „Deutschen" allenthalben die Rede. *Damit werden wir auf die konkreten Ursprünge der Volksbildungsprogrammatik verwiesen, auf das Erlebnis der Kriegsniederlage.* Die Veränderungen der gesellschaftlichen Strukturen, die ihr gefolgt waren, wurden zwar als Chance zur Verbreiterung und Vertiefung der Volksbildung gesehen. Die Einstellung zum „neuen Staat" aber blieb zwiespältig. Die innere Zerfallenheit erschien als die schlimmste Folge des Krieges. Die dänische Heimvolkshochschule, die in ihrem historischen Entstehungszusammenhang darauf abgezielt hatte, „nach innen wiederzugewinnen, was nach außen verloren war", wurde zum Vorbild. Von der Volksbildung zur Volk-Bildung hieß das Leitwort. Zwar war mit diesem Leitprinzip durchaus ein individualistischer Kern verknüpft. Es bezog auch Erwachsenenbildung als Suche nach der Wahrheit ein. Aber was im Volksbildungsalltag aus den Leitgedanken wurde, zeigt, wie sehr der Entwurf eine Selbstüberforderung darstellte. Entweder glitt nämlich die Praxis in völkische Ressentiments ab, oder es kam zu einem Rückzug auf praktisch Verwendbares. Auch die Arbeiterbildung verlor alsbald ihren rätepolitischen Impetus. An ihre Stelle trat die gewerkschaftliche Schulung zum Zwecke einer Ausübung von Funktionen, die mit der Gesetzgebung der Weimarer Republik gegeben waren oder die man mit dem Ziel einer Wirtschaftsdemokratie anstrebte. Die marxistische Arbeiterschule blieb demgegenüber eine Randerscheinung. Bildungs- und Gemeinschaftsangebote christlicher Provenienz hingegen blieben dem Alternativdenken „Staat als Zweckverband" contra „Volk als Organismus" eng verhaftet. Hatte doch Emil Ritter für den „Volksverein für das katholische Deutschland" zugespitzt formuliert: „Volksbildung ist nicht Bildung fürs Volk, sondern Bildung eines Volkes."

Wenn der Volksbildungsentwurf der 20er Jahre auf längere Sicht nicht der Vergessenheit verfiel, so geht dies auf sein methodisches Grundprinzip zurück, auf das Engagement für die „Arbeitsgemeinschaft". Sie wurde als die für die Erwachsenenbildung angemessene Arbeitsweise herausgestellt. Auch dieses Postulat stand in einem übergreifenden Zusammenhang. Die „Reichsarbeitsgemeinschaft der Gewerkschaften und der Arbeitgeberverbände", aus der Notlage des Krieges entstanden, wurde als Signal empfunden, dem man einen Dauerwert verleihen wollte. Seine Umsetzung in die Erwachsenenbildungspraxis hatte allerdings noch andere Antriebe. *Volksbildung sollte etwas Unverwechselbares, Eigenständiges sein. Das Bestreben ging dahin, sich deutlich von Schule, wissenschaftlicher Lehre und beruflicher Fortbildung abzusetzen.* Ebenso distanzierte man sich von den herkömmlichen Formen der Volksbildung. Der Blick auf ihre Vergangenheit wurde auf das Vortragswesen eingeengt. Das bot die Möglichkeit, einen Gegensatz von „alter" und „neuer" Richtung der Volksbildung zu konstruieren. *Gegenüber den extensiven, verbreitenden Formen wurden die intensiven, gestaltenden propagiert. Die Arbeitsgemeinschaft war für diese der Inbegriff.* Exemplarisch wurde eine Zeitschrift so benannt, die maßgebend wirken sollte.

Daß die Idee der Arbeitsgemeinschaft nicht allerorten realisiert wurde, bekunden viele Berichte und Stellungnahmen. Daß es nur selten zu dem kam, was wir heute als symmetrische Kommunikation verstehen, ist offensichtlich. Sie war aber auch nicht in aller Konsequenz gemeint. Auf ihre methodische Dimension begrenzt, wurde die Arbeitsgemeinschaft als „geordneter Erfahrungsaustausch Gleichberechtigter unter Anleitung des Lehrers“ definiert. So galt eine vor-denkende Gesprächsführung als adäquates Kennzeichen der Arbeitsgemeinschaftsidee. Sie zielte auf eine Mitwirkung der Teilnehmer ab, denen es ermöglicht sein sollte, ihre eigenen Erfahrungen und Nöte einzubringen. Dies Bestreben bezog sich nicht nur auf die Lebenssituation, sondern auch auf die mit ihr verknüpften Denkweisen. Der „Ich-Gesichtswinkel“ sollte zur Sprache kommen können. Damit unterschied sich, so wurde argumentiert, Volksbildung, die auf den Menschen hin denkt, von der Wissenschaftsvermittlung, der es allein um die Präsentation der Sache geht, und von der Popularisierung der Wissenschaft, die als Vergröberung hingestellt wurde. *Man insistierte auf den Gegensatz von konkretem Volksdenken und abstraktem wissenschaftlichen Denken und forderte von der Volksbildung Lebensbezug und Lebensnähe.* Indem sie Bedeutungszusammenhänge (ein Begriff aus dieser Zeit!) aufweist, bietet sie dem Laiendenken etwas, dem sich Wissenschaft verweigert. Denn dieses Laiendenken ist immer mit Erlebnissen verknüpft, die in der Arbeitsgemeinschaft der Volksbildung thematisiert werden können. Dazu bedarf es einer Sprache, die nicht die der Wissenschaft ist. Alsbald zeigte sich, daß eine Verständigung mit Repräsentanten der Wissenschaft, wie sie auf einer Tagung 1926 in Heidelberg, an der u. a. Karl Jaspers und Alfred Weber beteiligt waren, versucht wurde, nicht mehr möglich erschien. Die beispielhaft in England entwickelte Universitätsausdehnung blieb denn auch im Deutschland der Weimarer Republik auf sporadische Ansätze beschränkt. Teilweise machten sich antiwissenschaftliche Affekte geltend, teilweise versuchte man eigene Wege der „Volksforschung“ zu gehen. Welche Probleme dabei entstehen konnten, zeigt die auf Initiative des Hohenrodter Bundes eingerichtete „Deutsche Schule für Volksforschung und Erwachsenenbildung“.

Wenn die Tendenz, mit Begriff und Realität der Arbeitsgemeinschaft ein eigenes Profil zu gewinnen, zumindest in der Literatur zur Erwachsenenbildung kaum umstritten war, so lag dies nicht zuletzt daran, daß im Denken über Volksbildung eine an Arbeitsmarktanforderungen orientierte Fort- und Weiterbildung unbeachtet blieb. Zweifellos kam ihr in der Zwischenkriegszeit auch noch nicht die Bedeutung zu, die ihr heute beigemessen werden muß. So war „Autonome Bildung ohne Examina“ der Wahlspruch, „seelische Begabung“ zu fördern, das Ziel. Wenn es demnach um

Gespräch ging und nicht um Unterweisung, dann lag es nahe, für die Arbeitsgemeinschaft als erwachsenenpädagogischen Königsweg zu plädieren. Je größer allerdings die sozialen Nöte mit dem Aufkommen der Weltwirtschaftskrise wurden, um so mehr begann man sich für berufliche Qualifizierung zu interessieren, um so nüchterner wurde die Volksbildungs-Praxis, um so mehr kamen auch grundsätzliche Erklärungen dieser Entwicklung entgegen. In der viel zitierten Prerower-Formel von 1931 war von „Weiterbildung Erwachsener" die Rede und von „geordnetem Unterricht im Mittelpunkt". Veranstaltungen für Arbeitslose wurden zu einem Hauptaufgabenfeld.

Vergleicht man, was zur Erwachsenenbildung am Anfang und am Ende der Weimarer Republik gesagt wurde, so ist die Entwicklung von pathetischem Aufschwung zu einer nüchternen Beurteilung des Machbaren unverkennbar. *Das bedeutet zugleich die Wendung von einem hochgesteckten Zielwillen der Protagonisten zu einer allfälligen Orientierung an manifesten Anforderungen.* Ein solcher Trend war nicht neu, und er sollte sich wiederholen. Von einer solchen Entwicklung mußte aber das Theorem der Eigenständigkeit in Mitleidenschaft gezogen werden. Das Spezifische der Erwachsenenbildung bedurfte konkreterer Begründung. Die Gründung des ersten Abendgymnasiums auf deutschem Boden durch Peter A. Silbermann in Berlin 1927 hätte dazu einen beispielhaften Ansatz bieten können. Diese Gründung erschien damals aber kaum am Horizont der Volksbildungsdiskussion. Die Machtergreifung des Nationalsozialismus ließ zu einer solchen Diskussion auch keine Zeit mehr. Die Volksbildungseinrichtungen wurden, mehr oder weniger gezwungen, gleichgeschaltet, die Diskussion aber unterlag dem Führerwillen. Die „restlose Erfassung aller Deutschen", wie Hitler es auf dem Reichsparteitag 1935 formuliert hatte, bedeutete faktisch, Mitläufer zu präparieren. Zwischen der Unterhaltung durch „Kraft durch Freude" und der Demagogie der Schulungsbriefe erstarb, was nach ihrer Tradition Erwachsenenbildung hätte heißen können.

Literatur

Exemplarische Texte zur Erwachsenenbildung der 20er Jahre sind zusammengestellt von:

J. Henningsen (Hrsg.): Die neue Richtung in der Weimarer Zeit. Stuttgart 1960.

J. Olbrich (Hrsg.): Arbeiterbildung in der Weimarer Zeit. Braunschweig 1977.

H. Tietgens (Hrsg.): Erwachsenenbildung zwischen Romantik und Aufklärung. Göttingen 1969. (Hier auch weitere Literaturhinweise.)

Als Dokumentation für die Zeit der NS-Herrschaft bietet sich an:

H. Keim/D. Urbach (Hrsg.): Volksbildung in Deutschland 1933—1945. Braunschweig 1976.

Einen Versuch der geistesgeschichtlichen Einordnung unternimmt:

H. P. Mattmüller: Der Begriff der geistigen Krise in der Erwachsenenbildung. Braunschweig 1975.

Des weiteren liegen zahlreiche Monografien vor, die sich auf Personen, Regionen, Institutionen oder Problembereiche beziehen. Genannt seien:

K. Bozek: Anton Heinen und die deutsche Volkshochschulbewegung. Stuttgart 1963.

G. Breloer: Religion als Problem und Thema der nichtkonfessionellen Erwachsenenbildung. Stuttgart 1973.

G. Gerhart-Sonnenberg: Marxistische Arbeiterbildung in der Weimarer Zeit. Köln 1976.

J. Henningsen: Der Hohenrodter Bund. Heidelberg 1958.

U. Jung: Eugen Rosenstocks Beitrag zur Erwachsenenbildung. Frankfurt 1970.

F. Laack: Die Rolle der Heimvolkshochschulen in der Bildungsgesellschaft. Weinheim 1968.

A. Meier: Proletarische Erwachsenenbildung. Hamburg 1971.

K. Meyer: Arbeiterbildung in der Volkshochschule. Die Leipziger Richtung. Stuttgart 1969.

J. Olbrich: Konzeption und Methodik der Erwachsenenbildung bei Eduard Weitsch. Stuttgart 1972.

Ch. Pache: Theodor Bäuerles Beitrag zur deutschen Erwachsenenbildung. Stuttgart 1971.

R. van de Sandt: Martin Bubers Bildnerische Tätigkeiten zwischen den beiden Weltkriegen. Stuttgart 1977.

D. Urbach: Die Volkshochschule Groß-Berlin 1920 bis 1933. Stuttgart 1971.

H. P. Veraguth: Erwachsenenbildung zwischen Religion und Politik. Stuttgart 1976.

L. v. Werder (Hrsg.): Hildegard Reisig: Der politische Sinn der Arbeiterbildung. Berlin 1975.

1.3. Aktuelle Nachwirkungen

Der Zusammenbruch der NS-Herrschaft bot eine Chance zu neuem Ansatz. Die Art der Kriegführung hatte zu einer geringeren affektiven Verhaftung mit der Kriegsniederlage geführt als 1918. Zwar herrschte weithin eine Stimmung der Dumpfheit, der Bewegungslosigkeit, des Abwartens, aber es gab auch beträchtliche Teile der Bevölkerung, die nach dem verlangten, was ihnen „1000 Jahre“ vorenthalten worden war. Der kulturelle Nachholbedarf war am internationalen Maßstab außerordentlich. Ebenso einschneidend waren aber auch die Lücken im elementaren Wissen und Können. Die jahrelangen Mängel des Schulbetriebs machten sich bemerkbar. Dies alles waren günstige Startbedingungen für die Erwachsenenbildung. Die äußeren Umstände allerdings waren es um so weniger. Auch wenn Hunger, Arbeitslosigkeit oder schlechte Verkehrsverbindungen nicht vom Kursbesuch abhielten, so blieben doch die Sorgen beispielsweise um Papier und Heizmaterial. Die Organisation der Veranstaltungen war in jeder Hinsicht beschwerlich.

Die Besatzungsmächte hatten eine „Reeducation“ angekündigt. Es fehlte auch nicht an weitreichenden Konzepten. Die Wirklichkeit aber lief — wie oft im Falle der Erwachsenenbildung — gleichsam unter ihnen durch. Die Auseinandersetzung mit dem Nazismus im angelsächsischen Raum, nicht zuletzt die Beteiligung emigrierter Wissenschaftler daran, hatte den sozialpsychologisch zu verstehenden Motivationszusammenhang für den Weg in das totalitäre System, hatte die Wechselwirkung von Erziehungsstil und Gesellschaftsstruktur aufgedeckt. Sollten daher in Deutschland langfristig Veränderungen bewirkt werden, sollte sich ein allmählicher Demokratisierungsprozeß im Bewußtsein vollziehen, so waren dafür nicht nur entsprechende institutionelle Regelungen sicherzustellen, sondern auch Reformen des Bildungswesens, und zwar in organisatorischer, inhaltlicher und methodischer Hinsicht. Dazu aber ist es nicht gekommen. Den Versuchen fehlte eine konsequente politische Stütze. Die Zielstrebigkeit wurde durch die Skrupel gebrochen, Demokratisierung verordnen zu sollen, die doch nur „von unten“ sich entwickeln konnte. Daran vermochte auch wenig zu ändern, daß mit Re-Education nicht einfach „Umerziehung“ gemeint war, sondern die Neuinterpretation der Erfahrung, die Öffnung für Verleugnetes. Die in englischen Internierungslagern entwickelte Variante der „Reconstruction“ stieß ebenfalls auf Zurückhaltung. Zudem verlagerte sich das Interesse der westlichen Besatzungsmächte schon bald aufgrund der veränderten weltpolitischen Konstellation. Allzu schnell gerieten die Reformansätze im Bildungsbereich in den Sog der Ost-West-Auseinandersetzung: Sie erlaubte es, in ein Freund-Feind-Denken zurückzufallen, obwohl gerade dies am Untergang der Weimarer Republik mitgewirkt hatte. Über die umfassenden Reformansätze, die etwa mit den Namen von Karl Mannheim (Umbau der Gesellschaft) und Kurt Lewin (Revision des Erziehungsstils) verknüpft waren, breitete sich Schweigen aus. Was von ihnen übrigblieb, war auf Methodisches beschränkt. Es fand aber fast nur in der außerschulischen Jugendbildung über die Gruppenpädagogik ein wenig Resonanz. Mit ihr hoffte man, durch den Interaktionsstil in der Lernsituation Verhalten zu prägen. Rational diskutiert aber wurde die Autoritätsproblematik nicht.

Die Wiederherstellung alter Verhältnisse vollzog sich schneller als wohl von allen erwartet. Für die Erwachsenenbildung hatten vergleichsweise großzügige Erlasse erste Anstöße gegeben. Schon Ende 1945 gab es in vielen Städten wieder Volkshochschulen. Gelegentlich machten ihnen kleinliche Anordnungen zu schaffen. Schon früh aber beschränkten sich die Vertreter der Siegermächte auf die Beratung. Vieles ging auf persönliche Initiativen zurück. Zu beklagen waren mehr die unmittelbaren Kriegsfolgelasten als Reglementierungen durch die Besatzungsbehörden. *Allerdings zeichneten sich schon nach kurzer Zeit Unterschiede der Entwicklung in den einzelnen Besatzungszonen ab.* Die Erwachsenenbildung in den Ländern der amerikanischen Zone erhielt zweifellos die beste finanzielle Unterstützung. Sie galt insbesondere der Sorge um die Bevölkerung auf dem Lande. Um so schwerwiegender waren aber auch die finanziellen Ablöseprobleme, als nach 1950 die Länderkultusminister in die Finanzlücke eintreten sollten. In der Französischen Zone war man am zurückhaltendsten. Hier richtete sich das Interesse mehr auf die außerschulische Jugendarbeit. In der Britischen Zone wurde vor allem der Rahmen für die Selbstorganisation der Erwachsenenbildung geschaffen. Nicht zufällig fand die Gründung von „Arbeit und Leben", der Arbeitsgemeinschaft von Volkshochschule und Gewerkschaftsbund, 1949 in Niedersachsen statt, und die erste gesetzliche Regelung für die Erwachsenenbildung wurde 1953 in Nordrhein-Westfalen verabschiedet. In der Sowjetischen Zone allein wurde Erwachsenenbildung konsequent als Instrument einer Umerziehung verstanden. Der Ausbau der Erwachsenenbildung wurde von früh an systematisch gefördert, anfangs unter antifaschistisch-demokratischen Vorzeichen, in einer zweiten Phase unter sozialistischen.

Der Spielraum, den die Erwachsenenbildung noch vor der Währungsreform erhalten hatte, wurde zur Besinnung auf das Aufgabenverständnis genutzt. Sie führte allerdings zu einem Rückgriff auf die Vorstellungswelt der 20er Jahre. Wiederum ist das Bemühen auf die „Eigengesetzlichkeit menschlicher Bildung" gerichtet. Wiederum verwahren sich die, die über Erwachsenenbildung schreiben, gegen alles Zweckverhaftete. Für den „Weg nach innen" wird plädiert. Die Sehnsucht nach der Einheit und Ganzheit schlägt allenthalben durch. *Der leitende Bestimmungsgrund für Erwachsenenbildung ist abermals die Zivilisationskritik.* Selbst der Begriff des Volkes wird wieder unbefangen benutzt, stimmen doch Vertreter der äußeren und der inneren Emigration in diesen Chor ein. *Am häufigsten wird von der „Vermassung" gesprochen, von der die Erwachsenenbildung „erlösen" soll.* In den verschiedensten Äußerungsformen findet sich dieses

Stichwort. Es wird zum Angelpunkt des Selbstverständnisses. Demgegenüber nehmen sich die neuen Akzente bescheiden aus, so wenn nun statt von seelischer von sozialer Begabung die Rede ist, von der „Lebenshilfe“ und vom „Mitbürger“. Die Notwendigkeit elementarer Hilfe leugnet man zwar nicht, letztlich möchte man aber doch auf den Weg zu den Kulturgütern führen, und die „Begegnung“ wird zu einem überwölbenden Zielbegriff.

Zu den ausgesprochenen Intentionen gehört es, die Adressaten der Erwachsenenbildung bei ihren „Neigungszentren“ anzusprechen. Die Frage ist, inwieweit dies mit Vorstellungen erreicht werden konnte, die aus der Weimarer Zeit übernommen wurden. Die wenigen Statistiken, die heute greifbar sind, lassen darauf schließen, daß anfangs in der Tat ein beträchtliches Bedürfnis gleichsam nach einer bildungsidealistischen Regeneration bestanden hat. Sehr bald allerdings beginnen die Klagen über das Desinteresse an politischen Themen. Mit der Währungsreform vollzog sich zudem ein spürbarer Bruch im Angebot zumindest der Volkshochschulen. *Lebenspraktische Kurse bekamen ein immer größeres Gewicht.* Immer weniger konnte man sich dem Bedürfnis nach berufsbezogenen Kursangeboten verschließen. Der 1. Deutsche Volkshochschultag 1951 bekundet denn auch die ambivalente Einstellung zu diesem Aufgabenbereich, wenn es in einer Stellungnahme heißt:

> Die Volkshochschule hat die Aufgabe, praktische Lebenshilfe auf allen Gebieten zu geben. Sie darf daher eines der wichtigsten Anliegen — die Existenzsicherung durch den Beruf — nicht außer acht lassen . . . Hier stellt sich der Volkshochschule die Aufgabe, von der Berufsarbeit aus weiterführende Interessen zu wecken und größere Zusammenhänge zu erschließen. Dies sollte geschehen unter dem Gesichtspunkt der Persönlichkeitsbildung und nicht im Sinne irgendwelcher Ausrichtung oder spezialistischer Fachschulung. Methodisch sollte nicht die stoffliche Wissensvermittlung, sondern das Hinführen zu selbständigem Arbeiten richtunggebend sein. Die Durchführung berufsfördernder Kurse rechtfertigt sich daher a) als unmittelbar praktisch notwendige Lebenshilfe, b) als methodischer Ansatzpunkt für die Bildungsaufgaben der Volkshochschule. Die Organisation ist eine Zweckmäßigkeitsfrage, die sich von den örtlichen Gegebenheiten her bestimmt.

Mit diesen Wendungen wird zur Kenntnis genommen, was nicht mehr zu übersehen ist. Aber es wird zugleich versucht, spontane Interessen auf bildungsidealistische Ansprüche zu lenken. Über ein Jahrzehnt bleibt diese Tendenz, wenn auch nicht unbestritten, vorherrschend.

Die Nachwirkungen des Denkens über Volksbildung in den 20er Jahren sind also unverkennbar, auch wenn die Bezeichnung selbst zugunsten von Erwachsenenbildung in den Hintergrund trat. Die Nachwirkungen machten sich auch in den Diskussionen um gesetzliche Regelungen bemerkbar, wie sie in den Jahren nach 1945 in Nordrhein-Westfalen, Bayern, Niedersachsen und Hessen stattfanden. Es wurde die Freiheit der Erwachsenenbildung vom Staat betont. Man dispensierte ihn von einer Aufgabe, an der er allerdings auch kein besonderes Interesse zeigte. Zugleich nahm das Alltagsgeschäft der Erwachsenenbildung soweit gefangen, daß die Energien für konzeptionelle Entwürfe erlahmten. *Die theoretische Diskussion blieb in den 50er Jahren auf wenige Autoren beschränkt:* Fritz Borinski, Franz Pöggeler, Theodor Ballauf. Trotz ihres sehr unterschiedlichen Standorts haben sie eines gemeinsam, was das Denken in dieser Zeit über Erwachsenenbildung generell kennzeichnet: sie wissen sehr genau, was Erwachsenenbildung ist bzw. was sie zu sein habe. *Sie geben sehr dezidierte Vorabdefinitionen und sprechen dann über Erwachsenenbildung nur insoweit, wie sie sich dieser Vorabdefinition zuordnen läßt.* Realität, die nicht zu den Prämissen paßt, bleibt ausgespart. Es sind Ausgrenzungstheoreme und insofern Nachwirkungen der 20er Jahre. Daß dieses Denkmuster, allerdings unter anderem gesellschaftstheoretischen Vorzeichen, auch heute aktuell ist, wird noch zu zeigen sein.

Die Reduktionen der Vielfalt des Erwachsenenbildungs-Geschehens sind Varianten einer zivilisationskritischen Grundgebärde und des Heraushebens dessen, was als das „Eigentliche" gilt. Insbesondere das „Fachliche" wird ignoriert. In jedem Fall sind die theoretischen Entwürfe Reduktionen: bei Franz Pöggeler aus christlich-personalistischer Sicht, bei Fritz Borinski aus einer demokratisch-kommunikativen Perspektive und bei Ballauf mit einer Verschränkung von Ontologie und Existenzphilosophie. In jedem Fall ist ein normativer Ansatz gewählt. Am rigorosesten bei Franz Pöggeler. Für ihn drängt alles, wie er noch später — in der Auseinandersetzung mit anderen Positionen — sagt, „nach der Metaphysik der Bildung". Ausgangspunkt sind ihm Sollenspostulate, denen Erwachsenenbildung zu folgen hat. Was nicht zum Zweck der Bildung dient, erscheint als suspekt. Die Inhalte der Erwachsenenbildung werden dementsprechend verkürzt. Die menschliche, soziale Realität erfüllt sich im Dialogischen. Wo dieser Dialog nicht stattfinden kann, geschieht auch keine Bildung.

Der letzte Gedankengang ist nachdenkenswerter, als es nach dem heutigen Diskussionsstand erscheinen mag. Nur deckt er die Mannigfaltigkeit dessen nicht ab, was unter dem Namen Erwachsenenbildung geschieht und was jeweils seinen eigenen vertretbaren Sinn haben kann. Fritz Borinski unternimmt es, für diese Mannigfaltigkeit ein organisierendes Prinzip herauszustellen. Dabei orientiert er sich an der gesellschaftlichen Situation und an der Aufforderung zur Mitbestimmung. Zudem ist sein Ansatz von seiner Erfahrung geprägt, daß die Erwachsenenbildung vor den Gegenmächten der Weimarer Republik versagt hatte. Dies ist ihm Grund genug, Erwachsenenbildung dem Anspruch zu unterwerfen, auf ein gesamtgesellschaftlich relevantes Sozialverhalten hinzuwirken. Erwachsenenbildung wird als „Weg zum Mitbürger“ deklariert. Das mitbürgerliche Prinzip soll zur „bewegenden Kraft und Mitte“ werden. Es hatte im Kontext der damals heftigen Diskussion um staatsbürgerliche Bildung und Partnerschaftserziehung einen beachtlichen Stellenwert. Es stellte den Versuch dar, auf dem Hintergrund einer Gesellschafts- und Staatstheorie, wie sie vor allem Rudolf Smend entwickelt hat, zwischen Aufgabenverständnissen der Politischen Bildung zu vermitteln, die entweder die psychologischen Voraussetzungen oder die machtpolitischen Bedingungen unterschlagen. Als Leitprinzip für die Erwachsenenbildung insgesamt aber, wie das mitbürgerliche Prinzip gemeint war, mußte es ähnlich wie Franz Pöggelers Ansatz nennenswerte Bereiche der Erwachsenenbildung entweder ausgrenzen oder mit der Folge didaktisch-methodischer Verkrampfung sich unterordnen. Daß es sich dabei keineswegs um ein zu den Akten der Geschichte gelegtes Problem handelt, lassen einige Züge in der aktuellen Debatte um die Integration beruflicher und politischer Bildung erkennen.

Der dritte Autor, der in den 50er Jahren einen Gesamtentwurf zur Erwachsenenbildung versucht hat, Theodor Ballauf, steht den Vorbehaltskriterien Franz Pöggelers und Fritz Borinskis skeptisch gegenüber. Er verwahrt sich ausdrücklich gegen „jede Leitbildandragogik“. Er erinnert daran, „daß jede Einsicht überholbar ist, daß jede Einsicht Geschichte bleibt“. Insofern möchte er Erwachsenenbildung frei wissen von normierenden, vereinheitlichenden Bildungsidealen. Die Idee der Selbstverwirklichung klingt an. Erwachsenenbildung bedeutet für Theodor Ballauf, sich der Verunsicherung, der Suche nach der Wahrheit auszusetzen. Erwachsenenbildung soll die „Freigabe“ der „Sache“ ermöglichen. Damit ist eine Verengung auf vorgegebene Bedingungen vermieden. Indessen wird die „Sache“ so eng ausgelegt, daß berufliche Weiterbildung aus dem Konzept Theodor Ballaufs ausgegrenzt bleibt. So erfaßt auch er Erwachsenenbildung nicht, wie sie ist, sondern wie sie sein sollte. Ungeklärt bleibt obendrein, wie Selbstverwirklichung sich unabhängig vom Arbeitsleben vollziehen kann.

Der einzige Autor eines Buches, der sich freihielt von einengenden Definitionen und der „von der Notwendigkeit einer Neuorientierung am aufklärerischen Bewußtsein“, von „Sachbemeisterung“, vom „Umgang“ und von der „Du-Beziehung“ sprach, war Kurt Gerhard Fischer. Sein Versuch, Erwachsenenbildung in den Kontext der erziehungswissenschaftlichen Diskussion einzubeziehen, hat aber — zum Nachteil der Erwachsenenbildung — keine Nachfolge gefunden.

Es kann hier nicht näher auf die skizzierten Entwürfe eingegangen werden, obwohl sie als Aspekt des Verständnisses von Erwachsenenbildung durchaus noch Beachtung verdienen. *Es konnte allein verdeutlicht werden, warum die theoretischen Entwürfe der 50er Jahre mit ihren Ausgrenzungstendenzen nur Aspekte waren, die zu einer beträchtlichen Diskrepanz zwischen Anspruch und Wirklichkeit führten.* Die Reflexion über Erwachsenenbildung drohte so in eine Sackgasse zu geraten, die Tätigkeit der Erwachsenenbildung selbst ohne kritische Reflexion zu bleiben.

Literatur

Die Geschichte der Wiederaufnahme der Erwachsenenbildung nach 1945 ist noch nicht geschrieben. Es kann dies nur durch Regionalstudien vorbereitet werden. Beispiele dafür sind:

H. Gutsche: Die Erwachsenenbildung in der sowjetischen Besatzungszone. Bonn 1958.

A. Hasenpusch: Der Aufbau des Volkshochschulwesens 1945–1947 im niedersächsischen Raum. Hannover 1977.

A. Knieriem, J. Schneider: Der Wiederbeginn der Erwachsenenbildung nach 1945. Stuttgart 1978.

Die theoretische Diskussion war bestimmt durch:

Th. Ballauf: Erwachsenenbildung. Sinn und Grenzen. Heidelberg 1958.

F. Borinski: Der Weg zum Mitbürger. Düsseldorf 1954.

K. G. Fischer: Wo steht die Erwachsenenbildung heute? Weinheim 1956.

F. Pöggeler: Einführung in die Andragogik. Ratingen 1957.

Für die Zeit des Überganges von der Weimarer Republik zur Bundesrepublik ist auch zu nennen:

F. Borinski: Gesellschaft, Politik, Erwachsenenbildung. Ausgewählte Aufsätze zur politischen Bildung und Erziehung. Villingen 1969.

Die Erwachsenenbildung ist auch berücksichtigt in:

E. Bungenstab: Umerziehung zur Demokratie? Re-education-Politik im Bildungswesen der US-Zone 1945—49. Düsseldorf 1970.

Zur Institutionengeschichte trägt eine Dokumentation bei:

H. Dolff (Hrsg.): 25 Jahre Deutscher Volkshochschul-Verband. Braunschweig 1978.

2. DER GESELLSCHAFTLICHE BEDINGUNGSRAHMEN

2.1. *Relevanz der Sozialstrukturen*

Es ist heute — anders als vor 20 Jahren — weder außergewöhnlich noch riskant, zu sagen, daß Erwachsenenbildung sich ihres gesellschaftlichen Bedingungsrahmens vergewissern sollte, daß es der Planung und der Realität von Erwachsenenbildung gut tut, auf ihre Voraussetzungen zu reflektieren. Was aber heißt „gesellschaftlich" und was heißt „Bedingungsrahmen"? Ansätze zu einer Soziologie der Erwachsenenbildung hat vor allem Willy Strzelewicz skizziert, indem er sozialhistorische Aspekte und Ergebnisse empirischer Forschung miteinander in Beziehung setzte. Er hat den Prozeß der Wechselwirkungen von Industrialisierung und Demokratisierung, von Strukturbedingungen und Einstellungsmustern, von gesellschaftlichen Anforderungen und zielspezifischen oder sozialisationsbedingten Erwartungen als ein Reflexionsfeld der Erwachsenenbildung ausgewiesen. Damit sind vielschichtige Probleme aufgeworfen. Es kann dementsprechend an dieser Stelle nicht darum gehen, gleichsam eine Soziographie der Bundesrepublik in nuce vorzulegen. Es kann vielmehr nur gefragt werden, in welchen Ausprägungen die Komplexität gesellschaftlicher Wirklichkeit für die Erwachsenenbildung relevant ist. Mit welcher Ausgangslage muß sie rechnen? Worauf müssen theoretische Entwürfe Bezug nehmen, wenn sie Realitätsgehalt haben sollen?

Antworten auf eine solche Frage müssen eine doppelte Verflechtung beachten. Da ist zum einen die Verwicklung in die eigene historisch entfaltete Tradition. Denn Erwachsenenbildung ist immer, auch wenn sie es aus bildungsidealistischer Scham verleugnet hat, mit dem Hinweis auf gesellschaftliche Faktoren begründet worden. Und da ist zum anderen das Gebundensein an die jeweils im Umlauf befindlichen Gesellschaftsinterpretationen. *Das bedeutet, daß die gegenwärtigen Legitimationsversuche sich zum einen von den im letzten Kapitel dargestellten Vorstellungen einer Massengesellschaft abheben und daß sie zum anderen die gegenwärtig kontroversen Gesellschaftsinterpretationen daraufhin ausloten müssen, inwieweit diese unterschiedliche Funktionsbestimmungen von Erwachsenenbildung nach sich ziehen.* Zugleich ist danach zu fragen, in welchem Verhältnis diese Funktionsbestimmungen zu den Interessen der Adressaten von Erwachsenenbildung stehen.

Es erscheinen damit mehrere Arbeitsschritte notwendig. Zum einen eine abstrahierende Beschreibung erwachsenenbildungsrelevanter Strukturmerkmale der Gesellschaft. Zum zweiten eine kritische Sichtung der Gesellschaftsinterpretationen. Dabei ist im Hinblick auf die heute durchweg unterstellte Zielsetzung der Erwachsenenbildung, einen Beitrag zur Demokratisierung der Gesellschaft zu leisten, wiederum zweierlei zu beachten, nämlich, welches Demokratieverständnis und welche Möglichkeiten menschlichen Verhaltens die Gesellschaftsinterpretationen implizieren. Des weiteren ist zu berücksichtigen, welche Vorstellungen diejenigen über Gesellschaft und Bildung haben, an die sich Erwachsenenbildung wendet. Denn zum gesellschaftlichen Bedingungsrahmen der Erwachsenenbildung gehört auch die Erwartungshaltung ihrer Adressaten. Es ist zu reflektieren, in welcher Weise sie Produkt ihres Sozialisationsprozesses ist, was dieser für die Erwachsenenbildung bedeutet und wie er im Rahmen der Erwachsenenbildung beeinflußt werden kann. Die folgenden Kapitel werden sich mit Fragen dieser Art befassen. Sie wurden hier schon in kompakter Form angeführt, um deutlich werden zu lassen, wie vorschnell es ist, die Frage nach dem gesellschaftlichen Bedingungsrahmen formelhaft mit dem Hinweis auf einen letzten, alles bestimmenden Nenner beantworten zu wollen. Es kommt vielmehr darauf an, die komplexen Wechselwirkungen von Gesellschaftsstrukturen und Mentalitätsstrukturen zu erkennen.

Was waren die treibenden Momente für die über mehrere Jahrzehnte vorherrschende Prämisse, daß wir in einer Massengesellschaft leben? Wir sehen heute darin einen ressentimentbestimmten Reflex auf den Verlust eingewöhnter Lebensumstände, ständischer Fixierungen. Als Unsicherheiten darüber aufkommen mußten, wohin man gehört und was man zu tun hat, und als obendrein diejenigen, die einen meinungsbildenden Einfluß auszuüben gewohnt waren, die Selbstverständlichkeit ihres Status beeinträchtigt sahen, lag es nahe, mit kurzschlüssigen negativen Auslegungen der Gesellschaft, in der man zu leben hatte, zu reagieren. Der Verlust der überlieferten Strukturierungsmuster gab den anti-industriellen Affekten ihre Stärke. Man orientierte sich an den äußerlichen Merkmalen der Technisierung und stilisierte das Unbehagen gegen sie. Die verbesserten Lebenschancen, die die Technisierung bot, wurden zwar unter der Hand genutzt, aber im Bewußtsein verleugnet. Damit vermochte man die Möglichkeiten der Technisierung und die ideellen Lebensintentionen nicht in einen produktiven Zusammenhang zu bringen, was eine Aufgabe der Erwachsenenbildung hätte sein können.

Vermassung war lange Zeit das Etikett für die Gesellschaftsinterpretation. Dabei blieb unbeachtet, daß das, was sich im Laufe des letzten Jahrhunderts geändert hat, nur im Zusammenhang mit der Entfaltung der wirtschaftlichen Marktkonkurrenz möglich gewesen ist. Wenn dies in der Diskussion um Begründung und Gewichtung der Erwachsenenbildung ignoriert wurde, dann ist dies am ehesten damit zu erklären, daß man im Bildungsbereich den Auswirkungen der Marktkonkurrenz gegenüber hilflos war. Der Entwicklung zu einer Verkaufsgesellschaft, die im Widerspruch zu den eigenen Prämissen stand, vermochte man keinen Widerstand entgegenzusetzen. Man reagierte sich an dem eindeutigeren Phänomen der Technisierung ab. Dabei übersah man die mit der immer differenzierteren Arbeitsteilung gegebenen Bildungschancen und nahm nur ihre Beeinträchtigungen wahr.

Gegenüber provinziellen Reaktionen dieser Art sind in den 60er Jahren in weltweitem Umfang beschleunigte Veränderungen der gesellschaftlichen Bedingungen und eine immer weitergehende Arbeitsteiligkeit als die entscheidenden Bestimmungsgründe einer « education permanente » herausgestellt worden. Dabei ging es nicht mehr darum, derartige Prozesse aufzuhalten, sondern Menschenwürdiges daraus zu machen. Allerdings ist gegen diese Sichtweise eingewendet worden, sie erfasse nur Oberflächenphänomene und unterschlage, daß die Herrschaftsstrukturen unverändert geblieben sind, daß die kapitalistischen Ausbeutungsmechanismen zwar verfeinert, aber weiterhin für das Verständnis gesellschaftlicher Verhältnisse ausschlaggebend sind.

Indessen: wenn von der "growing rate of change" gesprochen wird, ist nicht nur die Arbeitswelt gemeint. Es geht nicht nur um Arbeitsplatzwechsel und berufliche Umschulung. *Beschleunigte Veränderungen der Daseinsbedingungen lassen sich in allen Lebensbereichen beobachten, den öffentlichen wie den privaten.* Es ist auch nicht allein die steigende Zuwachsrate des Wissens, die Erwachsenenbildung dazu herausfordert, Nachholbedürfnisse zu erfüllen. Die Veränderungen der Fortbewegungsmöglichkeiten, der weltpolitischen Konstellationen, der Übermittlungsformen von Informationen, die Art der Angebote von Gebrauchsgütern, die Folgen der Sozialpolitik usw., sie alle stellen Verhaltensanforderungen und nötigen zu Verhaltensänderungen. Es kann also nicht strittig sein, daß Erwachsene vor die Aufgabe des Lernens und des Umlernens gestellt sind. Strittig kann nur sein, ob die organisierte Form die richtige Form des Weiterlernens ist und — wenn man die Kritik aus marxistischer Sicht bedenkt — wer letztendlich die Vorteile aus diesem Weiterlernen zieht. Man kommt nicht umhin, drei Anforderungsebenen zu bedenken, wenn Erwachsenenbildung Antwort auf eine Lage und auf das Lagebewußtsein sein soll: es bedarf der Aneignung von Qualifikationen, die früher nicht gebraucht wurden; es bedarf der Information zur Umweltorientierung; und es bedarf der Hilfen, vor allem der Beratung, angesichts der Mentalitätsprobleme, die durch gesellschaftliche Veränderungen entstehen.

Die Mentalitätsprobleme gewinnen noch an Bedeutung, wenn man die Auswirkungen der fortschreitenden Arbeitsteiligkeit bedenkt. Sie bringt eine immer dichter werdende Interdependenz mit sich. Damit wird die Abhängigkeit von den Versorgungsnetzen immer unentrinnbarer und die Sorge um so naheliegender, daß diese Versorgungsnetze gestört, wenn nicht gar zerstört werden könnten. *Eine weitere Konsequenz aber ist, daß die Kommunikationsfähigkeit immer wichtiger wird, weil aufgrund der zunehmenden Arbeitsteiligkeit die Ansprüche an diese Kommunikation höher werden. Die Verständigung zwischen Fachleuten und Laien, die Funktion des Dolmetschers, wird so zur Aufgabe und zum Problem der Erwachsenenbildung.* Sie weist über die Vermittlung zwischen Fachsprachen hinaus. Es sind nämlich die mentalen Beeinträchtigungen mit zu bedenken. Das heißt, es stellt sich die Frage, wie Erwachsenenbildung einen Entfaltungsspielraum eröffnen kann, der verhindert, daß auf Abschnürungen durch die Arbeitsteiligkeit aggressiv reagiert wird. Es geht also nicht nur um Angebote, die auf spezifische Nachholbedarfe gerichtet sind. Es gilt, kognitive und affektive und damit letztlich kommunikative Befähigungen zu vermitteln, die es ermöglichen, die Veränderungen zu bewältigen und durch das eigene Verhalten mit zu steuern.

Gegen eine solche Analyse wird eingewendet, daß die hier gemeinten Bewältigungs- und Steuerungsversuche solange in Beschwichtigungs- und Konfliktvermeidungsstrategien umgelenkt und in den Dienst der Loyalitätssicherung gestellt werden, also Bewußtsein manipuliert wird, wie wir unter spätkapitalistischen Ordnungsbedingungen leben. Eine solche Kritik führt auf die Frage nach der Relevanz des kapitalistischen Ordnungssystems für die Erwachsenenbildung. Dabei ist zu bedenken, daß das hier beschriebene gesellschaftliche Anforderungsprofil, auf das Erwachsenenbildung zu antworten hat, mit einigen Nuancen auch für eine nichtkapitalistische Gesellschaft, die hochindustrialisiert ist, gilt. Diese Nuancen beziehen sich vornehmlich auf die zentrale Rolle des Verkaufens und Kaufens, die für eine kapitalistische Gesellschaft kennzeichnend ist, und die zweifellos Bildungswirkung mehr beeinträchtigt, als wir wahrhaben wollen. Nicht aber beziehen sich diese Unterschiede auf die heute reichlich kritisierte Funktion der Loyalitätsbeschaffung. Loyalitätssicherung kommt außerdem nicht nur denen zugute, die aufgrund ihrer Herrschaftspositionen an der Erhaltung bestehender Verhältnisse interessiert sind.

Eines allerdings ist festzuhalten: *insofern Erwachsene dadurch charakterisiert sind, daß sie für ihren Lebensunterhalt selbst aufzukommen haben, dieser aber durch Arbeit verdient wird, stellt sich die Frage nach der Bedeu-*

tung des Arbeitsverhältnisses für die Erwachsenenbildung. Es wäre illusionär, übersehen zu wollen, daß die übergroße Mehrheit ihrer Adressaten sich in einer proletarischen Situation befindet. Das heißt, sie ist darauf angewiesen, ihre Leistungsfähigkeit zu verkaufen. Welche Konsequenzen sich daraus im einzelnen für die Erwachsenenbildung ergeben, wird unter jeder noch zu erörternden Fragestellung mit zu bedenken sein. Wenn es hier um den gesellschaftlichen Bedingungsrahmen von Erwachsenenbildung geht, ist auf die Diskussion darüber einzugehen, wie sich die Qualifikationsanforderungen in der Arbeitswelt entwickelt haben und weiterentwickeln werden.

Die Aussagen darüber, was aufgrund der Arbeitsplatzstrukturen von der Weiterbildung erwartet wird, sind nicht eindeutig. In den 60er Jahren fand die These weite Verbreitung, daß die Qualifikationsanforderungen durch Technik und Ökonomie bedingt steigen. Heute spricht viel für die Annahme, daß dies zwar für Teilarbeitsmärkte gilt, ebenso aber in vielen Berufen des gewerblich-technischen und des verwaltungsbezogenen Bereichs eher mit einer Verminderung der Anforderungen zu rechnen ist. Die viel zitierte Verwissenschaftlichung hat offensichtlich nicht so konsequent auf das Anforderungsprofil am Arbeitsmarkt durchgeschlagen, wie zeitweilig vermutet wurde. Damit ist aber die weitere Hypothese, daß eine Erhöhung der Qualifikation bessere Chancen auf dem Arbeitsmarkt bietet, nicht aufgehoben. Das Problem ist vielmehr, daß die Konkurrenzsituation wieder verschärft wird. Dafür wäre es wichtig, die jeweils spezifischen Anforderungen zu kennen. Dem steht entgegen, daß Prognosen über künftige spezifische Anforderungen nicht mehr gewagt werden. Statt dessen wird der Erwerb von Schlüsselqualifikationen als eine vorrangige Aufgabe der Erwachsenenbildung empfohlen.

Für eine solche Akzentuierung spricht auch die in der Soziologie der Arbeitswelt weithin anerkannte These einer Verlagerung der Qualifikationsstruktur. Mehr als früher gelten arbeitsplatzspezifische Qualifikationen als gefragt. Danach kommt es nicht auf das jeweils spezielle Wissen und Können an, das in vielen Bereichen relativ schnell anzueignen ist oder innerbetrieblich vermittelt wird, sondern auf Umgangs- und Verhaltensqualitäten gegenüber Problemlösungsanforderungen. Kognitive Flexibilität und Kommunikationsgeschick werden geschätzt. Ein Zusammenhang mit der Tendenz, daß an immer mehr Arbeitsplätzen nicht mehr nur ein Umgang mit Sachen, sondern mit Symbolen notwendig ist, darf angenommen werden. Betriebliche Fortbildungsaktivitäten sind denn auch in den letzten Jahren ausgedehnt worden, häufig sogar dann, wenn die Notwendigkeit dazu nicht zwingend war, es aber möglich erschien, personalpolitische Maßnahmen mit ihnen formal zu begründen.

Die hier skizzierte Art der flexiblen Beanspruchung am Arbeitsplatz hat zu der Folgerung kommen lassen, daß die Qualifikationen, die am Arbeitsplatz verstärkt verlangt werden, mit den Qualitäten konvergieren, die unter dem Gesichtspunkt der Beteiligung am öffentlichen Leben wünschenswert erscheinen. Diese Konvergenzthese, nach der für die berufliche Weiterbildung Qualifikationen erwartet werden, die auch der Fähigkeit zur Mit- und Selbstbestimmung dienen, ist allerdings in jüngster Zeit in Zweifel gezogen worden. Setzt man den Grad der Dispositionsfähigkeit am Arbeitsplatz als Maßstab an, dann sind die Chancen, sich in Selbständigkeit zu üben bzw. Qualifikationen dafür zu erwerben, nicht so ausgedehnt, wie es im Zuge eines zeitweiligen Demokratisierungsoptimismus angenommen worden ist. Indessen steht diese Einschätzung in Relation dazu, wie die gesellschaftliche Situation und die darin wirksam werdenden Tendenzen interpretiert werden.

Literatur

Einen ersten Überblick über die Thematik dieses Kapitels auch mit sozialhistorischer Perspektive bietet:

W. Strzelewicz: Erwachsenenbildung. Soziologische Materialien. Heidelberg 1968.

Wie sich das Gesellschaftsverständnis der in der Erwachsenenbildung Tätigen gewandelt hat, zeigt sich an den Textsammlungen:

B. Donnepp: 25 Jahre Erwachsenenbildung im Spiegel einer Zeitschrift. Braunschweig 1974.
H. Tietgens (Hrsg.): Bilanz und Perspektive. Braunschweig 1968.

Die Kritik daran ist vor allem formuliert in:

D. Axmacher: Erwachsenenbildung im Kapitalismus. Frankfurt 1974.
W. Markert: Erwachsenenbildung als Ideologie. München 1973.

Die Relevanz der Qualifikationsproblematik für die Erwachsenenbildung ist vor allem untersucht bei:

G. Lenhardt: Berufliche Weiterbildung und Arbeitsteilung in der Industrieproduktion. Frankfurt 1974.

Die Kritik an dieser Gewichtung kommt zum Ausdruck in:

K. Meißner: Erwachsenenbildung als kulturelle Aufgabe. Braunschweig 1976.

Der Begriff der Schlüsselqualifikation ist weiter ausgeführt von:

D. Mertens: Schlüsselqualifikationen. In: H. Siebert (Hrsg.): Begründungen gegenwärtiger Erwachsenenbildung. Braunschweig 1977.

Die Problematik der Ritualisierung von beruflicher Weiterbildung ist dargelegt in:
E. Schmitz: Qualifikationsanforderungen industrieller Arbeit und Funktionen wissenschaftsbezogener Weiterbildung. In: H. Siebert (Hrsg.): Begründungen gegenwärtiger Erwachsenenbildung. Braunschweig 1977.

Mit der Konvergenztheorie setzt sich vor allem auseinander:
B. Dieckmann u. a.: Gesellschaftsanalyse und Weiterbildungsziele. Braunschweig 1973.

2.2. *Varianten der Gesellschaftsinterpretation*

Wie über Erwachsenenbildung gedacht wird, wie im Tätigkeitsfeld der Erwachsenenbildung zu handeln versucht wird, hängt davon ab, wie die gesellschaftlichen Bedingungen ausgelegt und welche Strukturerscheinungen für bestimmend gehalten werden. Die Antworten, die zu diesen Fragen bevorzugt werden, präformieren, welche Wirkungsmöglichkeiten man der Erwachsenenbildung zubilligt. Unterschiedliche Antworten führen dazu, die Funktion von Erwachsenenbildung unterschiedlich zu definieren. Ihre Aufgaben werden unterschiedlich gewichtet, und es werden jeweils andere Verfahrensweisen für sie empfohlen. Es ist also ausschlaggebend, wie das gesellschaftliche Ordnungsgefüge und der Handlungsspielraum, den es bietet, eingeschätzt wird.

Eine solche Einschätzung geht von einem Vorverständnis darüber aus, welches Ausmaß und welche Art von Spielraum im Interesse der Zielvorstellung einer Humanisierung der Gesellschaft für sinnvoll gehalten werden. Ein Problem ist dabei, daß mit dem Begriff der Demokratie zwar ein Verbalkonsens über die zieladäquate politische Verfaßtheit hergestellt ist, daß der Begriff aber faktisch sehr unterschiedlich ausgelegt wird und sehr verschiedene Wege zur Realisierung der Zielvorstellungen in der Diskussion sind. *Das unterschiedliche Verständnis von Demokratie und Demokratisierung beinhaltet auch unterschiedliche Vorstellungen darüber, worauf die Aktivitäten der Erwachsenenbildung vorrangig gerichtet sein, wie ihre Planung und ihre Praxis aussehen sollten.* Daß Chancenabwägung und Aufgabenverständnis der Erwachsenenbildung in Relation zum Demokratieverständnis stehen, ist in der Auseinandersetzung der letzten Jahre besonders deutlich hervorgetreten.

Es lassen sich der Tendenz nach drei Varianten des Demokratieverständnisses unterscheiden. Die in besonderer Weise bildungsrelevanten Unterscheidungsmerkmale, von denen sich auch verschiedene Sinnbestimmungen der Erwachsenenbildung ableiten, sind die Geltungsbereiche und die Variierbarkeit, die man dem Postulat der Demokratisierung beimißt. Man kann sagen: es gibt diejenigen, die den Demokratieanspruch schon dann erfüllt sehen, wenn im engeren politischen Bereich Regelungen gelegentlicher Wahlmöglichkeiten und formaler Rechtssicherheit eingehalten werden. Es gibt diejenigen, die Demokratie erst dann realisiert sehen, wenn die Entscheidungen in allen Bereichen prinzipiell auf die gleiche Weise bei den unmittelbar Betroffenen liegen, wobei man davon ausgeht, daß eine solche Regelung unter den gegebenen ökonomischen Strukturbedingungen nicht erreichbar ist, diese also vorweg grundlegend geändert werden müssen. Und es gibt diejenigen, die Mitbestimmungsmöglichkeiten zwar nicht auf den Bereich der politischen Instanzen im engeren Sinn beschränkt wissen möchten, die aber für die verschiedenen Lebensbereiche, insbesondere Wirtschaft und Bildung, unterschiedliche Modalitäten der Mitbestimmungsmöglichkeiten für angebracht und das bestehende System für reformfähig halten.

Wir können unterstellen, daß die Vertreter aller drei Varianten Humanität bzw. Humanisierung der Gesellschaft als Ziel vor Augen haben. Wenn sie verschiedene Wege dahin für angemessen halten, so ist dies zum einen in der unterschiedlichen Einschätzung des menschlichen Verhaltenspotentials begründet (vgl. Kapitel 3. 4./5.). Zum anderen sind die unterschiedlichen Demokratieinterpretationen darauf zurückzuführen, wie eindringlich man sich mit der Funktionsfähigkeit komplexer Organisationsgefüge befaßt hat.

Die hier interessierenden Konsequenzen der Varianten des Demokratieverständnisses für die Erwachsenenbildung sind vielschichtiger als es auf den ersten Blick erscheint. Sie beziehen sich vornehmlich darauf, welche Funktionen man ihr ansinnt und welche Organisationsstrukturen für sie empfohlen werden. Dabei sind die Zusammenhänge zwischen beiden Aspekten nicht immer eindeutig.

Gehen wir von dem zweiten, dem Organisationsaspekt aus, weil er der griffigere ist, so kann man sagen: bei einem formal begrenzten Verständnis von Demokratie bleibt Erwachsenenbildung der Marktentwicklung überlassen. Eine solche Zurückhaltung erscheint damit legitimiert, daß sich das Verhältnis von Angebot und Nachfrage über gesellschaftliche Gruppen und Organisationen reguliert, die ihrerseits als Zwischeninstanzen der Willensvermittlung demokratisch legitimiert sind, insofern ein demokratischer Staat immer auch ein pluralistischer zu sein hat, der insbesondere durch die Verbändeorganisation Interessenvertretungen gewährleistet. Problematisch wird diese Interpretation dann, wenn die Frage nach ihrer situationsspezifischen Angemessenheit von vornherein zum Sakrileg erklärt wird, andere Verständnisse von Demokratie einem Denkverbot unterliegen.

Die äußerste Gegenposition, die oben als totaldemokratisch skizziert wurde, zweifelt insbesondere die Realität des Pluralismus an. Sie geht von der Prämisse aus, daß der ökonomische Bereich eine Schlüsselstellung einnimmt. Das kapitalistische Herrschaftsinteresse nutzt danach pluralistische Organisationsformen nur als Mittel zur Verschleierung der tatsächlichen Machtverhältnisse. Das Eintreten für eine pluralistische Organisationsstruktur ist aus dieser Perspektive nur ein Vorwand zum Zwecke der Manipulation bzw. ein Zeichen für das schon Manipuliertsein. Aus dieser Vorannahme folgt, daß Erwachsenenbildung ihre Legitimation allein daraus gewinnt, daß sie diese Verblendungszusammenhänge aufdecken hilft und auf die Veränderung der ökonomischen Ordnungsbeziehungen hinwirkt. Wo sie das nicht kann oder nicht will, ist sie Verrat an den eigenen Zielen, macht sie das Reden von Selbstbestimmung zur Farce, gerät sie mit sich selbst in Widerspruch und macht sich zum Handlanger des herrschenden Systems. Die Angst davor, entgegen entschiedener Absichten dennoch affirmativ zu wirken, ist heute auch in weiten Kreisen derer verbreitet, die nach marxistischem Interpretationsmuster als „bürgerlich" abgestempelt werden. Indessen gerät die politökonomisch argumentierende Interpretation von Erwachsenenbildung auch ihrerseits in einen Selbstwiderspruch. Insofern sie eine durchgehende Sozialisationsbeschädigung unterstellt, erscheint Selbstbefreiung durch Bildung nicht möglich, bedarf es der die Gesellschaftsanalyse beherrschenden Elite, die die Fermente der Umwälzung erst anlegen und geeignete Situationen dafür arrangieren muß. Wer sich nicht mit der Analyse total identifiziert, muß darin ein revolutionäres Moment sehen, das auch für die lebensgefährdend ist, die sich nicht zu den Privilegierten zählen.

Im Unterschied zu der formal- und der totaldemokratischen Interpretation kann die dritte als die real- oder fundamentaldemokratische bezeichnet werden. Wenn es um die Humanisierung des Lebens geht, so erscheint es diesem Ziel nicht adäquat, nur einen einzigen Weg dahin für möglich und richtig zu halten. Ebenso ist das ökonomische Verteilungssystem nicht als das einzig ernstzunehmende Hindernis vor diesem Ziel anzusehen. Die Widerstände können verschiedenster Herkunft sein und die Wege, sie zu überwinden, sind fallweise durch Situationsdefinitionen zu beschreiben. Aufgabe der Erwachsenenbildung ist es dabei, individuelle Voraussetzungen dafür zu schaffen, daß sie erkannt werden können. *Dazu gehört es, sich gegen die seit einem Jahrzehnt immer wieder in die Waagschale geworfene ausschließende Alternative von Emanzipation und Leistung zu verwahren* und darauf zu verweisen, daß der Mitbestimmungsanspruch ohne Leistungsbereitschaft sich selbst ad absurdum führt, daß eine Verwechslung von Selbstbestimmung mit Solipsismus oder kollektiver Identifikation den angestrebten Demokratisierungsprozeß unterhöhlt. Ein solches Aufgabenverständnis begründet ein vielfältiges situationsbezogenes Angebot der

Erwachsenenbildung. Dabei kann aus dieser Sicht nicht angenommen werden, daß Marktregulation und pluralistische Struktur, die in ihrer Realität und in ihrem spezifischen Wert durchaus gesehen werden, diese Vielfalt und dieses Situationsbezogene gewährleisten. *Insofern Bildung nicht im Warencharakter aufgeht und der Angebote bedarf, die das Verbändeinteresse übersteigen, erscheinen Initiativen erforderlich, die durch die öffentliche Hand gesichert werden.* Dies gilt insbesondere dann, wenn die Erwachsenenbildungsangebote sich nicht im Funktionsnotwendigen erschöpfen, sondern Spielräume der Selbsterprobung bieten sollen.

Wenn gesagt wurde, daß die Schwierigkeiten, einen solchen Entwurf von Erwachsenenbildung zu realisieren, nicht allein, wie aus gesellschaftskritischer Position behauptet, im ökonomischen Verteilungssystem zu suchen sind, so ist damit gemeint, daß dieses Verteilungssystem zwar Verhaltensgewohnheiten eingeprägt hat, daß es aber einer Selbstaufgabe gleichkommt, sie als zwingend anzusehen. Das Problem ist in der Tat, daß das Bewußtsein von der proletarischen Situation durch einen im historischen Vergleich außergewöhnlichen konkreten Wohlstand überdeckt ist und daß die Sozialpolitik der letzten Jahrzehnte eine entsprechende Mentalität verstärkt hat. Zugleich aber hat die Struktur der Konkurrenzgesellschaft in ein Rivalitätsverhalten getrieben, das Bildungsmöglichkeiten am Maßstab eines Autonomiestrebens eher blockiert als fördert. Indessen haben gerade die letzten 20 Jahre gezeigt, daß sich Mentalitätsstrukturen ändern können. Normierungen sind offensichtlich nicht so fest eingeprägt, daß Verhaltensänderungen ausgeschlossen wären. Statt sich einer einseitigen Ökonomiekritik hinzugeben, erscheint es daher, wenn Bildungschancen ausgemacht werden sollen, angebracht zu untersuchen, wodurch diese Veränderungen möglich geworden sind, und was sie für die Erwachsenenbildung bedeuten können.

In den letzten 10 Jahren ist zumindest auf der Ebene des Literarischen, z. T. aber auch im Bereich des Verhaltens, in den Formen des zwischenmenschlichen Verkehrs eine Entwicklung eingetreten, deren Konsequenzen auffallend undiskutiert bleiben, die aber kaum anders als eine Kulturrevolution zu bezeichnen ist. *Denn mit der gleichen Unerbittlichkeit, mit der bis vor etwa 15 Jahren die Funktion der Erziehung auf die Aufgabe der Initiationshilfe, auf die Integration in die bestehende Gesellschaft reduziert worden ist, und das Darüber-Hinaus der Initiative und der Energie des einzelnen überlassen blieb, wird heute die Emanzipation zum ausschließlichen Erziehungsziel erklärt und jedes Tun, das sich dem nicht anpaßt, diskreditiert. Das Beklemmende daran ist, daß nur ein Absolutheitsanspruch gegen den anderen ausgewechselt, aber kaum eine Differenzierung angestrebt worden ist.* Für die Intention der Autonomie ist zwar ein Spielraum geschaffen, aber er ist sofort mit neuen Normen besetzt worden. Die Aufforderung zum permanenten Hinterfragen wurde nicht auf den eigenen Ansatz bezogen. So verlagern sich mit den Normen die Ängste.

Gegenwärtig ist nicht zu übersehen, inwieweit die Auswechslung der Normen sich nur auf dem Papier vollzieht oder Realität wird. Die Auswirkungen des Fernsehens, das maßgeblich an der Umkehr des Erziehungsdenkens mitgewirkt hat, ist mangels Erfahrung schwer abzuschätzen. Es wird zwar behauptet, daß die Veränderungstendenzen von der Schulwirklichkeit blockiert werden. Aber die empirischen Untersuchungen, auf die sich diese Annahme stützt, gehen in ihren Prämissen von maximalistischen Maßstäben in der Beurteilung dessen aus, was als emanzipatorisch gilt. Es erscheint demgegenüber unbestreitbar, daß die Zeit des Händefaltens in der Schule vorbei ist. Es ist allerdings ebensowenig zu leugnen, daß ein Rückstau zu beobachten ist. Teils machen sich Leiderfahrungen von Eltern bemerkbar, teils fühlen sich gegenrevolutionäre Kräfte herausgefordert und versuchen, auf Schulpolitik und curriculare Gestaltung einzuwirken. Welche Tendenzen aber auch immer sich durchsetzen mögen, die Erwachsenenbildung sieht sich vor eine bisher nicht gekannte Situation gestellt. Auf jeden Fall wird sich eine neue Art von Sozialisationsbeschädigung geltend machen, auf die sie sich einstellen muß. Ob der Austausch der Normen Bestandteil theoretischer Diskussion bleibt oder ob er in der eigenen Existenz erfahren wird, die Frustrationen werden ein lebensprägendes Ausmaß haben. Die gesellschaftliche Wirklichkeit, wie immer sie politisch und ökonomisch strukturiert sein mag, gestattet keine die soziale Dimension ausblendende Selbstbestimmung. Auf eine solche müssen sich aber die Wünsche richten, wenn der Emanzipationsanspruch so absolut gesetzt wird, wie es geschehen ist. Es bleibt unter dem Horizont des Humanisierungsziels zu hoffen, daß er spezifiziert wird und eine soziale Kompetenz aufnimmt, die befähigt, dem Anderssein des anderen gerecht zu werden und in den Interessen der anderen die eigenen zu erkennen. Erwachsenenbildung wird nicht umhinkönnen, die hier angezeigten Entwicklungen als ihre Ausgangsbedingungen zu erkennen und für ihre Entwürfe zu verarbeiten.

Gegenwärtig allerdings liegen die Diskussionsschwerpunkte anders. Gebunden an erstarrte Gesellschaftsinterpretationen werden auf der theoretischen Ebene Vorwürfe auf Gegenseitigkeit darüber ausgesprochen, wie allenthalben Zielwidersprechendes bewirkt wird, und auf der Ebene des täglichen Tuns agiert man nebeneinander her. Was über Funktion und Legitimation mehr oder weniger abstrakt diskutiert wird, erscheint den Adressaten der Erwachsenenbildung als Frage nach Zweck und Sinn des Weiterlernens. Eine Kommunikation zwischen beiden Ebenen findet aber kaum statt. Um die Schwierigkeiten einer solchen Kommunikation zu erkennen, müssen noch weitere Dimensionen erschlossen werden als die bisher hier diskutierten, vor allem die anthropologischen. Festzuhalten ist vorerst indessen, daß die Kontroversen um die Gesellschaftsinterpretation und ihre Konsequenzen für das Selbstverständnis der Erwachsenenbildung die Diskussion um den bildungspolitischen Stellenwert eher belastet als gestützt haben.

Literatur

Zum Demokratieverständnis für die Erwachsenenbildung vgl. vor allem:
W. Strzelewicz: Demokratisierung und Erwachsenenbildung. Braunschweig 1973.

Gegenpositionen finden sich in den zum letzten Kapitel genannten Büchern von Axmacher und Markert.

Das Spektrum der Gesellschaftsinterpretation, das in der Erwachsenenbildungsdiskussion aktuell ist, erscheint ausgefaltet in den Sammelbänden:
G. Picht/F. Edding: Leitlinien der Erwachsenenbildung. Braunschweig 1972.
H. Siebert (Hrsg.): Begründungen gegenwärtiger Erwachsenenbildung. Braunschweig 1977.

2.3. Der bildungspolitische Stellenwert der Erwachsenenbildung

Während in der Weimarer Zeit und noch im ersten Jahrzehnt der 2. Republik Erwachsenenbildung weithin als eine Angelegenheit angesehen wurde, die privaten Initiativen überlassen blieb, ist sie in den 60er Jahren zu einem Thema der öffentlichen Diskussion geworden. Dies wäre nicht möglich gewesen, wenn sich das Bildungsklima nicht generell geändert hätte, das heißt, wenn sich nicht ein Wandel in der Einstellung darüber abgezeichnet hätte, wie Bildung und damit auch das Weiterlernen von Erwachsenen einzuschätzen ist. Während bis dahin Schule eher als eine unumgehbare Pflichtübung galt, Studium als eine Chance zur Privilegierung und Weiterbildung als ein Reservat von Sonderlingen, wurde nunmehr „das Recht auf Bildung" propagiert und der „Bildungsnotstand" ausgerufen.

Es waren vornehmlich zwei Antriebsmomente, die diesen Wandel bewirkt haben. *Zum einen verwies die weltwirtschaftliche Konkurrenzsituation auf einen Nachholbedarf an Qualifikationen in der Bundesrepublik. Zum anderen wurden Forschungsdaten immer nachhaltiger dahingehend interpretiert, daß beträchtliche Begabungsreserven angenommen werden konnten.* Mit anderen Worten: technisch-ökonomische Notlage und verstärkter Widerstand gegen die geistige Immobilität, von der die 50er Jahre beherrscht waren, wirkten zusammen. Daß Bildungsfinanzierung als Investition begründet werden konnte, sicherte die Wende ab. Die zur gleichen Zeit vorgenommene Umformulierung der Begabungstheorie zu einer Theorie des Begabens erhielt damit eine breitere Resonanz. Die Forderung nach „Recht auf Bildung" mußte so nicht länger als eine pathetische Geste erscheinen, sondern konnte sich auf wissenschaftliche Argumentation und auf ökonomische Bedürfnisse stützen.

Die verschlungenen Begründungszusammenhänge, in denen aufklärerisch humanitäre Forderungen und arbeitsmarktpolitische Bedingungen zusammenwirken, sind bis auf den heutigen Tag aktuell geblieben. Die Kritik aus politökonomischer Sicht hat allein die Motivationsstränge hervorgekehrt, die es ermöglichen sollten, Sozial- und Bildungsreform als Instrumente der Herrschaftssicherung und der Systemstabilisierung auszuweisen, den Motivationsstrang, der sich auf die Menschenrechte berief, hat sie ignoriert. Die Kritik aus entgegengesetzter Perspektive hingegen gefährdet das Gleichgewicht dieser Motivationskerne. Sie versucht, mit ökonomischen Begründungen Fehlleistungen der Entwicklung hervorzuheben und Restriktionen vorzunehmen. Sie übersieht, daß erst in den 60er Jahren die tiefsitzende Abneigung gegen jegliches veröffentlichte Planen abgebaut werden konnte und daß Bildungsreformen mehr Zeit brauchen, als Eiferer ihnen zuzugestehen bereit sind. Daß rational begründete Kontrolle der Planung bisher nur schwer gelingt, sollte Anlaß sein, die Möglichkeiten angemessener zu nutzen, nicht aber sie zu leugnen oder sie zu verdächtigen.

Die Entwicklungen in den 60er Jahren haben sich auf die Erwachsenenbildung nicht voll ausgewirkt, weil Weiterbildung zwar als zu integrierender vierter Bereich des Gesamtbildungssystems erklärt, aber auch weiterhin gleichsam als viertes Glied behandelt wurde. Das heißt, die Wirklichkeit ist hinter den Deklarationen zurückgeblieben. Beispielsweise erfüllen die in den letzten zehn Jahren verabschiedeten Weiterbildungsgesetze der Länder nur zu einem geringen Teil die Ansprüche, die sich die Bildungspolitik selbst in grundsätzlichen Verlautbarungen vorgegeben hat. Diesen Umstand auf Finanzierungsschwierigkeiten zurückzuführen, greift, wenn man an die Summen denkt, um die es gehen würde, offensichtlich zu kurz. Es müssen andere Faktoren eine Rolle spielen, nach denen die Prioritäten gesetzt werden. Sucht man nach ihnen, darf man allerdings die gegenwärtige Lage nicht nur nach Deklarationen und Forderungen beurteilen. Im Vergleich zur Vergangenheit ist immerhin ein beträchtlicher Entwicklungsschritt vollzogen worden.

Dieser Schritt war aufgrund einer Bedingungskonstellation möglich, die im Gedächtnis zu behalten ist, weil sie noch heute zitiert werden muß, wenn es darum geht, Rückentwicklungen aufzuhalten oder Denunziationen entgegenzutreten. *Erwachsenenbildung steht seit den 60er Jahren im*

Kontext einer langfristigen Bildungsreform. Ihr Leitziel war der Abbau von Chancenungleichheit. Dazu war es erforderlich, die Bildungswege organisatorisch durchlässiger und den Unterricht differenzierter und lebensnäher zu machen. Das Ausleseprinzip sollte vom Förderungsprinzip abgelöst werden. Hängt man nicht der illusionären Vorstellung an, derartige Intentionen ließen sich von heute auf morgen in die Realität umsetzen, wenn man sie vernünftigerweise als Annäherungswerte versteht, dann wird man feststellen, daß bemerkenswerte, wenn auch noch keineswegs befriedigende Schritte in Richtung auf das Ziel getan worden sind. Es spricht eher für als gegen die Entwicklung, daß sie von progressiver wie von restaurativer Seite gleich heftig attackiert wird. Nicht zu leugnen allerdings ist, daß die Differenzierung des Bildungssystems Verunsicherungen mit sich gebracht hat, die einen Teil der erreichten Vorteile wieder aufheben.

Ebensowenig sollte man einige Probleme übersehen, die auch in der Diskussion über den Stellenwert der Erwachsenenbildung zum Ausdruck kommen. Diese hat im Zuge der Reformpolitik eine Aufwertung erfahren. Sie gründet sich zum einen in den offensichtlich gewordenen Bedarfen, und zwar in allen Bereichen, keineswegs nur im *beruflich-qualifikatorischen*, sondern auch im *gesellschaftlich-handlungsorientierten* und im *privatensinnbezogenen.* Sie ist zum anderen begründet in den wachsenden Ansprüchen bürgerrechtlicher oder wissenschaftlicher Provenienz. Mitsprache verlangte nach Befähigung. Die schon erwähnte Theorie des Begabens verwies auf die Möglichkeiten der Motivation durch den Anregungsgehalt der Umwelt. Daraus konnte das Konzept einer *Umverteilung der Lernzeiten* abgeleitet werden. Erst mit einer Umverteilung wird die volle Integration der Erwachsenenbildung in das Bildungssystem vollzogen sein. Dabei dürfen allerdings einige Schwierigkeiten nicht verdrängt werden. Es handelt sich um Problemkomplexe, die am knappsten mit den Stichworten Verhältnis von Beschäftigungs- und Bildungssystem, von Planung und Kreativität signalisiert sind.

Das erste Problem besteht darin, daß die Bildungsexpansion mit der Vorstellung vom permanenten wirtschaftlichen Wachstum verquickt worden ist. Gegenüber der Haltbarkeit dieser Vorstellung sind inzwischen Zweifel aufgekommen, die durch wirtschaftliche Krisenerscheinungen bestärkt werden. Die Reformintentionen sind von dieser Entwicklung in Mitleidenschaft gezogen. *Das Dilemma besteht darin, daß das Zielrepertoire der Reformen trotz aller gegensteuernden Versuche zu sehr unter dem Aspekt einer Koppelung von Bildungssystem und Beschäftigungssystem ausgeboten worden ist.* Man hat dies zeitweilig für eine glückliche Verbindung von Ideellem und Nützlichem gehalten. Wenn sie sich inzwischen als brüchig erwiesen hat, so ist dies nicht nur auf die Entwicklung des Arbeitsmarkts zurückzuführen. Schwerwiegender ist, daß das Recht auf Bildung allzu häufig im Sinne von Anrechten mißverstanden wird. Solche Anrechte aus der Beteiligung an Weiterbildungsveranstaltungen abzuleiten, muß die Reform- und die Expansionstendenzen diskreditieren. Daran ist sicherlich die Bildungswerbung nicht unschuldig. Sie hat z. T. solche Anrechte suggeriert, damit aber uneinlösbare Versprechungen gemacht. Nachteilig hat sich auch ausgewirkt, daß unter gesellschaftlicher Perspektive der Erwerb von Überqualifikation nur dann mit positivem Akzent versehen wird, wenn er als ein gesellschaftliches Veränderungspotential wirksam werden kann. Damit wird die Gegentendenz herausgefordert, die Förderung von Erwachsenenbildung auf Funktionsnotwendiges zu beschränken. Es muß mit einem gravierenden Rückschlag für die Erwachsenenbildung gerechnet werden, wenn es nicht gelingt, Anrechtsdenken abzubauen und vom Wert im privaten Bereich nutzbarer Überqualifikationen zu überzeugen. Auf dem Arbeitsmarkt wird zwar immer der mehr Chancen haben, der aus eigener Initiative Zusatzqualifikationen erworben hat, aber sie geben keine Garantie auf ihre Nutzungsmöglichkeit. Es hat unzweifelbare Vorteile, den Beschäftigungsbereich bei der Planung im Bildungsbereich im Auge zu haben. Verhängnisvoll wäre es aber, wenn diese Planung in die Abhängigkeit vom Beschäftigungssystem gerät.

Die Sorge, daß dies geschehen könnte, erscheint dann nicht unberechtigt, wenn man in Papiere der bildungspolitischen Großplanung schaut. In diesen zeigt sich eine beklemmende Umkehrung der Aufmerksamkeitsrichtung. Während, wie dargestellt, in der Vergangenheit in unrealistischer Weise berufliche Fortbildung aus der Reflexion ausgespart blieb, ist in den gegenwärtig vorliegenden Planungsprogrammen, etwa dem Bildungsgesamtplan der Bund-Länder-Kommission, die karrierebewußte Lebensplanung der fast alleinige Orientierungsgesichtspunkt. Gerade noch der Politischen Bildung wird die gleichsam amtlich notwendig erscheinende Reverenz erwiesen. Die Fülle alles anderen aber, was der allgemeinen Orientierung dient, was zur Kultivierung der Freizeitbetätigung beiträgt, was auf die private Sinnfrage verweist, bleibt außerhalb des Planungshorizonts. Diese „Askese“ ist zwar begreiflich, wenn man bedenkt, daß Planung meist dem bildungswidersinnigen Zwang unterliegt, mit Quantitäten operieren zu müssen. Es ist von daher naheliegend, daß sie sich auf das Verrechenbare konzentriert. Um so wichtiger ist es aber, auch immer wieder darauf zu verweisen, daß Erwachsenenbildung sich nicht unter Planzahlen subsumieren läßt. Geschieht dies nicht mit einigem Erfolg, könnte eines Tages die Kritik berechtigt sein, daß Erwachsenenbildung auf Funktionsnotwendiges reduziert ist, das obendrein konkretistisch ausgelegt wird. Positiv gewendet heißt das: es muß versucht werden, auch dem Kreativen, auch der Bedeutung des Spielerischen bei der Planung gerecht zu werden. Andernfalls wird die Balance von Qualifikationslernen und Identitätslernen, um die der Strukturplan des Bildungsrates noch bemüht war, die aber schon beim Bildungsgesamtplan aus dem Blick geriet, auf die Dauer für die Erwachsenenbildung nicht realisierbar sein.

Literatur

Die Begabungsdiskussion ist vor allem geprägt durch:
H. Roth (Hrsg.): Begabung und Lernen. Stuttgart 1969.

Eine andere Interpretation der Entwicklung als die hier dargestellte bietet:
H. Feidel-Mertz: Erwachsenenbildung seit 1945. Köln 1975.

Zahlreiche, die bildungspolitische Entwicklung begleitende Kommentare enthält der Sammelband:
H. Becker: Weiterbildung. Aufklärung — Praxis — Theorie. 1956—1974. Stuttgart 1975.

3. DIE ANTHROPOLOGISCHE DIMENSION

3.1. Einschätzung des Lebensalters

Das Fehlen einer ausgefalteten Anthropologie hat bisher die Entwürfe zu einer Erwachsenenbildungstheorie fragmentarisch erscheinen lassen. Die einzige Monographie zum Thema — von Franz Pöggeler — schränkt sich durch die rigide Bindung an eine „Wertfigur" selbst ein. Sie ist nur nachvollziehbar, wenn man sich mit dieser „Wertfigur" identifiziert. In jüngster Zeit finden sich einige Versuche, interaktionistische und systemtheoretische Konzepte in eine mögliche Anthropologie der Erwachsenenbildung einzubringen. Aber es sind vorerst Ansätze und ihr Bezug zur Realität der Erwachsenenbildung erscheint noch nicht hergestellt. Dieser Bezug ist nicht mit einem vorgefertigten anthropologischen Modell zu bewirken. Man muß sich vielmehr dem Erwachsenenbildungsgeschehen selbst zuwenden und darauf reflektieren, wie Lernen vor sich geht, welche Formen es bei Erwachsenen annehmen kann und welche menschliche Grundverfassung dabei ins Spiel kommt. Man wird zudem nicht umhinkönnen, das für den Menschen konstitutive Moment des Lernens in seiner sozialen Bezogenheit und in seiner Motivationsabhängigkeit aufzusuchen. Diese Zusammenhänge verweisen darauf, daß menschliches Leben sich im Modus der Auslegung vollzieht und daß Rollenbewußtsein und Suche nach der Identität interne Bestimmungsmomente der Bildsamkeit sind. Darin ist die Relevanz einer Anthropologie für die Erwachsenenbildung zu sehen. Mit dieser vorläufigen Skizzierung ist zugleich die Gliederung des Kapitels umrissen und begründet.

Bisher wurde Erwachsenenbildung als ein Komplex von Bemühungen vorgestellt, der in historische Zusammenhänge verwickelt und in gesellschaftliche Strömungen eingebettet ist. Wenn Erwachsenenbildung sich wirklich vollzieht, geschieht dies aber durch das einzelne Individuum. Dabei sind zwar soziale Verflechtungen und die Prägung der Lebenswelt unverkennbar, die konkrete Lern-Leistung jedoch muß der einzelne selbst einbringen. Dafür lassen sich Hilfen anbieten, aber der Prozeß selbst kann nicht abgenommen werden. Es erscheint daher angebracht, die Probleme der Erwachsenenbildung auch mit dem Blick auf den einzelnen Lernenden zu durchdenken.

Erwachsenenbildung unterstellt die Lernfähigkeit des Menschen. Dahinter steht eine anthropologische Prämisse. Sie wird in ihrer Bedeutung vor allem dann erkennbar, wenn zwischen Reifungsprozessen und Lernprozessen unterschieden wird. Im ersten Fall handelt es sich um physiologisch bedingte Entwicklungsprozesse, im zweiten Fall um eine Arbeit des Menschen an sich selbst. Lernen ist nicht allein, wie es nach deutscher Tradition naheliegt, Aneignung überprüfbarer Kenntnisse und Fertigkeiten. Es schließt Verhaltenslernen ein, beispielsweise sich freuen oder trauern zu lernen. An diese weitere Dimension des Lernens muß erinnert werden, weil eine andere Einschränkung vorzunehmen ist, wenn von Erwachsenenbildung gesprochen wird. Soll dies in einer nachvollziehbaren Weise geschehen, kann es sich nur um organisiertes Lernen handeln. *Es wird daher im folgenden nur auf solche Situationen eingegangen, in denen die Absicht besteht, zu lernen, und in denen eine Hilfe angeboten wird, diese Absicht zu realisieren.* Daraus folgt, daß vornehmlich kognitive Lernprozesse erörtert werden, weil sie am ehesten organisierbar sind. Das wird nicht ausschließen, auch die affektive Ebene und die sozialen Komponenten des Lernens anzusprechen.

Es gehört zu den traditionellen Vorstellungen, daß Kindheit und Jugend die Phasen des Lernens sind und danach die Phase der Anwendung kommt. Diesem lange Zeit fest internalisierten Rollenverständnis entsprach die These, daß die Lernfähigkeit mit dem Älterwerden nachläßt. Ebenso hat sich das Denkmuster von der ungleichen erb- oder anlagebedingten Verteilung des Lernpotentials hemmend auf die Entwicklung der Erwachsenenbildung ausgewirkt. Der unbefangene Blick auf unsere Vergangenheit zeigt, daß diese Annahmen, wenn sie absolut gesetzt werden, keinen Rückhalt in der menschlichen Geschichte finden. Die Entfaltung des Lernpotentials in den letzten beiden Jahrhunderten ist außerordentlich. Allerdings hat sie sich vornehmlich auf die Beherrschung der Natur gerichtet und somit einen Ausbau der Technologie gestattet, dessen Auswirkungen noch kaum zu überblicken sind. Das Lernen des Zusammenlebens ist demgegenüber entschieden zurückgeblieben. Das Einüben in die Selbstkontrolle und in ein soziales, kooperatives, aber Leistung nicht diffamierendes Verhalten steht daher als eine spezifische Aufgabe der Erwachsenenbildung an.

Der Blick in die Vergangenheit zeigt, daß die Entfaltung des Lernpotentials bei Erwachsenen mit einer Herausforderung der Umwelt, mit ihrem Anregungsgehalt zusammenhängt. Die gesellschaftliche Steuerung dieses Potentials ist offensichtlich. Ein solcher Hinweis erklärt aber noch nicht die Interpretation nachlassender Lernfähigkeit. Immerhin ist sie einmal durch empirische Untersuchungen begründet worden. Und wir begegnen zudem in unseren Alltagserfahrungen Beispielen, die sie zu bestätigen scheinen. Das, was als Adoleszenz-Maximum-Kurve der Lernfähigkeit bezeichnet wird, kann nicht einfach in die Schublade der Ideologie abgelegt werden. So fragwürdig, ja unbrauchbar, Entwicklungs- und Phasenmodelle der Lernfähigkeit auch sind, an den physiologischen Voraussetzungen des Lernens, die sie einmal begründet haben, kann man nicht vorbeisehen, ohne Fehleinschätzungen zu unterliegen. Der Gesundheitszustand, die Veränderungen der Sinnesleistungen, die abnehmende Bewegungsgeschwindigkeit, dies alles kann die Lernfähigkeit beeinträchtigen.

Indessen rechtfertigt dies nicht die Annahme eines mit dem Alter zwangsläufigen Nachlassens der Lernfähigkeit. Sie geht auf unzulängliche wissenschaftsmethodische Untersuchungsansätze zurück: Beschränkung auf Meßbares, auf isoliertes Gedächtnislernen, auf Querschnittsvergleiche. Seitdem die Lernforschung nicht nur punktuell arbeitet, kann man nach allem, was an zwangsläufig perspektivischen Daten vorliegt, sagen: *Die Lernfähigkeit von Erwachsenen ist im Vergleich zu Jugendlichen nicht geringer, aber sie ist anders strukturiert.* Erwachsenenbildung muß also nach den altersspezifischen Lernarten fragen.

Eine erste formale Antwort besagt: die meist geringere Lerngeschwindigkeit und die geringere Reaktionsschnelligkeit werden ausgeglichen durch ein organisierteres, zeitökonomisches Lernen. Das Nachlassen des Kurzzeitgedächtnisses kann durch bessere Zuordnungsfähigkeit und durch eindeutigeren Zielwillen kompensiert werden. So versagt der Erwachsene zwar sehr leicht, wenn er schnell und mechanisch lernen soll, er kann aber durchaus mithalten, wenn er den Zusammenhang seines Lernens überschaut. Schwierigkeiten entstehen vornehmlich dann, wenn es um Einstellungsänderungen geht, weil Voreingenommenheiten im weitesten Sinne des Wortes ein Umlernen behindern.

Bei genauer Betrachtung des Forschungsmaterials wird man auch feststellen, daß der komplexe Vorgang des Lernens unter verschiedenen Aspekten gesehen werden kann. Hans Löwe z. B., der sich besonders detailliert zur Lernpsychologie des Erwachsenenalters geäußert hat, hebt voneinander ab:

— die Kapazität der Lernfähigkeit, also das Aufnahmevermögen
— die Leichtigkeit des Lernens, also das, was häufig als Auffassungsgabe bezeichnet wird
— die Nachhaltigkeit des Lernens, womit die Erinnerungsfähigkeit gemeint ist
— die Anregbarkeit zum Lernen, auch als Interessierbarkeit bezeichnet
— die Lernintensivität, das „Lerngewissen", ein Begriff, der Lernfähigkeit mit der Dimension des Ethischen verknüpft.

Je nachdem, welchen Eigenschaftsbereich des Phänomens Lernen man ins Auge faßte, mußte man zu einer unterschiedlichen Auffassung über die Altersabhängigkeit der Lernfähigkeit gelangen.

Der Katalog der Aspekte, den Hans Löwe aus der internationalen Literatur herausgefiltert hat, ist aber noch keineswegs vollständig. Hebt man die aktiven Komponenten des Lernens hervor, wie dies Hans Löwe sonst tut, müssen neben der Aufnahmefähigkeit der Zugriff auf Lernaufgaben, die Verarbeitungsfähigkeit, der Modus der intellektuellen Operationen beachtet werden, also das, was als kognitiver Stil und kognitive Struktur bezeichnet wird. Das heißt, für das Lernen ist es wichtig, wie das Wahrnehmungs- und Denksystem eingesetzt, was mit ihm an Vorleistungen für das Lernen eingebracht wird, welche Art der Informationsverarbeitung eingewöhnt ist. Damit ist angedeutet, daß der Lernvorgang bei Erwachsenen eine historische Dimension hat.

Das, was man als die Lerngeschichte des Individuums bezeichnen kann, macht verständlich, warum bei Erwachsenen Lernfähigkeit außerordentlich unterschiedlich entwickelt ist. Ihr Lerntrainingszustand ist verschiedenartig. *Wer nicht aus der Übung gekommen ist, der kann vielleicht sogar besser als in jungen Jahren oder als Jüngere lernen. Wer hingegen eine längere Pause im organisierten Lernen gemacht hat, ist entwöhnt und hinterläßt den Eindruck, daß seine Lernfähigkeit nachgelassen hat.* In der Wissenschaft spricht man von der Aktivitäts-Hypertrophie und der Inaktivitäts-Atrophie. Diese Begriffe verweisen darauf, daß das Schlüsselproblem der Erwachsenenbildung, das mit dem Begriff Lerntrainingszustand bezeichnet wird, nicht als durchgehendes Persönlichkeitsmerkmal anzusehen ist, sondern als ein Potential, das aufgabenbezogen unterschiedlich zur Geltung kommen kann.

Einer solchen differenzierten Sicht des Lerntrainingszustandes entspricht die These, daß die Lernfähigkeit mit dem Alter nicht geringer wird, daß ihre Entfaltung aber mehr an Bedingungen gebunden ist. Einerseits muß die Funktion des Weiterlernens im Lebenszusammenhang deutlich sein, andererseits bedarf es konkreter Anlässe. Lernenergien werden am ehesten ausgelöst, wenn die Erwartung besteht, etwas als unzureichend Empfundenes in einem spürbaren Schub überwinden zu können. Der Entschluß zum Weiterlernen ist an eine starke Motivation gebunden. Sie ist für die Erwachsenenbildung so wichtig, daß in einem gesonderten Kapitel darauf eingegangen werden soll.

Lernen kann man als Versuche bezeichnen, Zielspannungslagen zu bewältigen, Diskrepanzen zwischen Gegebenem und Angestrebtem zu überwinden. Was angestrebt wird, ist an die Lebensgeschichte gebunden. In diesem Kontext erhalten die früher weit verbreiteten Phasentheorien einen neuen Sinn. Allerdings muß man sich dabei von dem Vorstellungsmuster einer Entwicklung trennen. Es handelt sich vielmehr um Verwicklungen, um einen Prozeß, mit dem der Horizont der Lebenserwartung immer mehr eingeengt wird. Die konventionellen Karrieremuster akzentuieren das Lernverhalten und machen sich an der Altersstruktur der Weiterbildungsveranstaltungen bemerkbar. Das Nachlassen der Weiterbildungsbereitschaft ist mit dem Verlust an Perspektive teilweise zu erklären. Indessen können oder könnten die wechselnden Daseinsthematiken auch zur Weiterbildung anregen. Was für Kinder im Schulalter propädeutischen Wert hat, wird für junge Erwachsene zum Zwang, sich entscheiden zu müssen, welchen der eingegrenzten Wege sie einschlagen. Auseinandersetzungen mit der Wirklichkeit und das Finden des eigenen Platzes in der Gesellschaft sind hier Daseinsthema und Lerndeterminanten zugleich. Beim voll Erwachsenen verschieben sich die Funktionen des Lernens auf das Erhalten und Festigen des Erreichten. Wenn aber im konventionellen Sinne nichts „erreicht" ist, fehlen auch die Voraussetzungen, in der Weiterbildung Funktion und Sinn zu erkennen. Bei älteren Erwachsenen verschiebt sich die Daseinsthematik noch einmal. Es gilt nunmehr, die in unserer Gesellschaft üblichen Aussonderungstendenzen und zugleich die eigene Vergangenheit zu verarbeiten. Noch wird dies weithin als etwas angesehen, was jeder mit sich allein abmacht. Daß Altern gelernt werden kann, ist eine noch nicht weit verbreitete Einsicht. In den Angeboten und in der Teilnehmerzusammensetzung der Erwachsenenbildung spiegelt sich dies wider.

Wenn davon ausgegangen werden muß, daß die Lernfähigkeit sich mit dem Älterwerden spezifiziert, wenn — mit Wolfgang Schulenberg zu sprechen — die Bildsamkeit nicht nachläßt, sondern zerfasert, womit gemeint ist, daß sie nicht mehr allgemein, sondern zeitweise und facettenartig auf bestimmte Lernbereiche bezogen zur Geltung kommt, *wenn schließlich das Lernverhalten Erwachsener von ihrer Lerngeschichte geprägt angesehen werden muß, dann bedeutet dies, alles zusammengenommen, daß Erwachsenenbildung den sozialen Faktoren des Lernens besondere Aufmerksamkeit zuwenden muß.* Sie muß beachten, in welch starkem Maße die Lernfähigkeit Erwachsener von den Verhaltensweisen ihrer Umgangsgruppe, von den Normen ihrer Bezugsgruppe und schließlich vom Bildungsklima einer Gesellschaft abhängt. Schätzen die Menschen, mit denen es ein einzelner täglich zu tun hat, Weiterlernen hoch ein, wird er angeregt, sein Lernpotential zu mobilisieren. Mißt die Umgangsgruppe dem Lernen hingegen wenig Wert bei, widerspricht Weiterlernen gar den Verhaltensregeln für die Freizeit, wird der, der sich weiterbilden will, in eine Außenseiterrolle gedrängt. Das Lesen etwa wird unter den abfälligen oder mitleidigen Blicken der Familienmitglieder oder der Arbeitskollegen zu einer kräfteraubenden Widerstandsleistung. Wer sie dauerhaft vollbringt, wird schließlich mit dem Etikett „hochbegabt" seinen Weg machen, aber er gilt als Ausnahmeerscheinung.

Man kann zwar sagen, daß sich seit etwa 15 Jahren das allgemeine Bildungsklima geändert hat. Heute scheint eher der einem Rechtfertigungszwang zu unterliegen, der sich öffentlich bildungsdistanziert verhält. Aber diese Entwicklung des Bildungsklimas ist weitgehend durch die öffentliche Diskussion herbeigeredet worden und internalisiert ist sie noch keineswegs. Vielmehr muß mit einem neuen „Klimawechsel" gerechnet werden, weil ein instrumentalistisches Bildungsverständnis vorherrscht, weil das Ansehen von Bildung allzu häufig an ihre Verwertbarkeit gebunden ist. Mit welchen Tendenzen aber auch gerechnet werden muß, für das Verständnis und die Wirksamkeit von Erwachsenenbildung erscheint es notwendig, sich mit den gesellschaftlichen Bedingungen des Lernens zu befassen, und zwar gerade auch dann, wenn Lernen als individuelle Leistung anzusehen ist und dafür Hilfen geboten werden sollen.

Literatur

Forschungen zur Frage der Lernfähigkeit von Erwachsenen sind aufgearbeitet bei:
A. Brandenburg: Der Lernerfolg im Erwachsenenalter. Göttingen 1974.
H. Löwe: Einführung in die Lernpsychologie des Erwachsenenalters. Berlin 1970.
R. Olechowski: Das alternde Gedächtnis. Bern 1969.

Fragen der praktischen Konsequenzen sind berücksichtigt in:
H. Tietgens/J. Weinberg: Erwachsene im Feld des Lehrens und Lernens. Braunschweig 1971.

Auf die Probleme älterer Menschen geht ein:
Arbeitsgruppe Alternsforschung Bonn: Altern psychologisch gesehen. Braunschweig 1971.

Mit praktischen Folgerungen:
U. Beer: Das Altern erlernen. Braunschweig 1977.
R. Vath: Das Altern lernen. Hannover 1973.

3.2. Sozialisation und Lernverhalten

Wenn die Lernfähigkeit Erwachsener von ihrer Lerngeschichte bestimmt ist und wenn sie in Relation zu den Umwelterwartungen gesehen werden muß, dann drängt es sich auf, Lernfähigkeit als Ergebnis des Sozialisationsprozesses zu interpretieren.

Es hat der Erwachsenenbildung einen außerordentlichen Auftrieb gegeben, als in den 60er Jahren die Vorstellung Verbreitung fand, Begabung nicht als etwas durch Vererbung und physiologische Anlage Fixiertes anzusehen, sondern als ein Potential, das durch Umwelteinwirkungen herausgefordert oder isoliert und verschüttet werden kann. *Es ist seither üblich geworden, vom Begaben statt von Begabung zu sprechen.* Die damit verbundene aktivierende Sichtweise, die Bildsamkeit auf das Anregungspotential der Umwelt bezieht, hat der Erwachsenenbildung eine neuartige Legitimation eingebracht. Indessen ist diese Betrachtungsweise in unrealistischer Weise radikalisiert worden. Vielfach wurde der Eindruck zu erwecken versucht, als sei die Begabbarkeit bei allen gleich und durch nichts begrenzt herbeizuführen, wenn es nur gesellschaftlich gewollt wird und die notwendigen politischen Entscheidungen getroffen werden. Allein die Angst vor der gesellschaftlichen Umwälzung hindert — so ist diese Auffassung — an der totalen Begabbarkeit. Auf diese Weise entsteht eine Gleichgültigkeit, ja Blindheit gegenüber dem, was der einzelne für sein Begabtwerden tun muß. So kann eine Verabsolutierung der Begabens-Theorie sehr leicht die individuelle Leistungsbereitschaft untergraben, denn sie regt dazu an, alle Leistungsmängel und schließlich die mangelnde Lernbereitschaft auf die Verhältnisse zu schieben. Demgegenüber müssen individuelle Unterschiede der Begabbarkeit beachtet werden, die durch das anregungsreichste Umweltarrangement nicht aufzuheben sind.

Das Überziehen des Begabungs-Ansatzes hat Gegenargumentationen herausgefordert. Ihre Publizität hat erneut zu einer nicht nur für die Erwachsenenbildung unfruchtbaren Diskussion geführt, wie das Verhältnis von Anlage-Faktor und Milieu-Faktor bis ins Quantitative hinein zu sehen ist. Praktisch muß mit dem Einfluß beider gerechnet werden. Was Erwachsenenbildung interessiert, ist, woraus der Anregungsgehalt jeweils bestehen muß, um für die wirksam zu werden, für die er wirksam werden kann. Deren Kreis ist offensichtlich größer, als traditionell angenommen wird, aber er ist nicht beliebig ausdehnbar. Ausbleiben eines Totalerfolgs ist daher kein Anlaß, sich mit schlechtem Gewissen erwachsenenpädagogisch selbst im Wege zu stehen. Es sollte vielmehr gefragt werden, wo die Chancen der Begabbarkeit liegen und von welcher Art die Hemmnisse und Hindernisse sind, die ihrer Entfaltung entgegenstehen. Dabei interessieren vornehmlich solche, die im Rahmen der Erwachsenenbildung verändert werden können.

Einer solchen Betrachtungsweise fällt als erstes auf, daß Lernbereitschaft und Lernverhalten bei Erwachsenen erfahrungsabhängig sind, und zwar in einem doppelten Sinn. Lange Zeit ist nur davon gesprochen worden, daß Erwachsenenbildung an der Lebenserfahrung ihrer Adressaten anknüpfen muß, wenn sie zur Teilnahme an ihren Veranstaltungen bewegen will. *Dabei wurde kaum beachtet, daß Lebenserfahrung, wenn sie unverarbeitet bleibt, wenn es sich im Grunde nur um eine affektiv geladene Bündelung von Erlebnissen handelt, Lernen blockieren kann.* Dieses Problem ist allein an den Schwierigkeiten des Umlernens oder im Falle von Vorurteilen gesehen worden. Es ist aber ein generelles, und Erwachsenenbildung muß bestrebt sein, die Verarbeitung von Erlebnissen zu Erfahrungen zu unterstützen, weil sonst die Transferwirkung gering bleibt und die Voraussetzungen fehlen, künftige Erlebnisse auf ihren Bedingungshintergrund zu befragen, ohne auf monokausale Erklärungsmodelle zurückzugreifen.

Noch zu wenig beachtet worden ist bisher die Bedeutung der Lernerfahrung für das Lernen von Erwachsenen. Denn die häufig zu hörende Bemerkung, Erwachsene möchten ungern wieder „die Schulbank drücken", weil sie diese in schlechter Erinnerung haben, erschöpft das Problem ebensowenig wie der Hinweis auf Ängste, sein Können in einer formalen Abfragesituation beweisen zu müssen. Wie weitläufig die Problematik ist, wird erst deutlich, wenn man sich vergegenwärtigt, wie sehr das Lernverhalten auf Lerngewohnheiten beruht, die dem einzelnen mit der Zeit selbstverständlich geworden sind. Diese reichen von einzelnen Begleiterscheinungen — da gibt es die, die bei Musik besser lernen können — bis zu tiefgreifenden Formen des Umgangs mit Lernaufgaben. Dieser Umgang aber ist das Produkt einer je individuellen, aber sozialbedingten Entwicklungsgeschichte des Lernens. Diese muß so transparent wie möglich sein, wenn organisiertes Lernen von Erwachsenen planmäßig unterstützt werden soll. Deshalb ist es notwendig, sich ein Bild von den Sozialisationswirkungen zu machen, die das Lernverhalten von Erwachsenen geprägt haben.

Mit dem Begriff der Sozialisation werden komplexe Wechselwirkungen erfaßt, die die Persönlichkeitsgenese in ihrer Beziehung zur historisch-gesellschaftlich vermittelten Umwelt bestimmen. Es handelt sich demnach um einen Prozeß, durch den Menschen gesellschaftlich zu leben lernen. Eine solche Begriffsauslegung erscheint dann nicht zu eng, wenn man sich klarmacht, daß nicht nur Wissen und Verfahrenstechniken, sondern auch Wertungen im gesellschaftlichen Umgang gelernt werden. Dieser Umgang beginnt mit der Frühkindheitserziehung und setzt sich in Schule und Peergroup fort. In neuerer Zeit wird er außerdem durch die Medienangebote stark beeinflußt. Für den Erwachsenen schließlich wirkt der Arbeitsplatz als eine Sozialisationsinstanz.

So wie Sozialisation allgemein Erwartungshaltungen vermittelt, die das Zusammenleben voraussehbar machen, bewirkt sie auch Vorstellungen darüber, wann und wie man lernt. Insofern ist schon der familiäre Erziehungsstil ein für die Erwachsenenbildung relevanter Sozialisationsfaktor.

Dieser Erziehungsstil ist bewußt oder unbewußt von Vorstellungen darüber bestimmt, mit welcher Mischung von Anpassung und Selbständigkeit das Leben am besten zu bestehen ist. Noch stärker als Frühkindheitserziehung repräsentiert die Schule Verhaltenserwartungen der Gesellschaft. Mit ihren notwendigen Formalisierungen bereitet sie auf die Modalitäten des Arbeitslebens vor. Dabei macht sich der Prozeß der Arbeitsteilung schon in den unterschiedlichen Anforderungsarten des dreigliederigen Schulsystems geltend. Nicht zufällig ist es daher ein Hauptstreitpunkt in der bildungspolitischen Reformdiskussion. Diese Reformtendenzen sind von dem Zweifel daran bestimmt, ob es gerechtfertigt ist, im 10. Lebensjahr zu fixieren, zu welcher Art der Aufgabenbewältigung ein aufwachsender Mensch später fähig sein wird. Für diese Aufgabenbewältigung ist eine idealtypische Umschreibung — Arbeit mit Sachen, Symbolen und Menschen — üblich. Sie wird korrespondierend gedacht mit einer vorwiegend repetitiv manuellen Betätigung an Maschinen, einer verwaltend ausführenden Tätigkeit, die mit Papier und Zahlen verbunden ist und mit disponierenden, Menschen beratenden und führenden Funktionen.

Technische und soziale Entwicklung haben dieser Dreiteilung die Trennschärfe genommen. Dies ist aber nur ein Grund, weshalb das dreigliedrige Schulsystem unter Kritik steht. Der andere ist der, daß es zu früh Möglichkeiten verstellt, das allen Menschen zustehende Recht auf Bildung wahrzunehmen. Dieses Argument erhält besonderes Gewicht, *seitdem deutlich ist, wie sehr das Weiterbildungsverhalten vom Besuch weiterführender Schulen abhängig ist.* Ebensowenig kann allerdings übersehen werden, daß das Anforderungsprofil der täglichen Arbeit sich auf Lernbereitschaft und Lernfähigkeit auswirkt. Zugespitzt formuliert: Wer am Arbeitsplatz wenig Gelegenheit zur Kommunikation hat, wird sie mit der Zeit auch nicht mehr in Form von Weiterbildungsbeteiligung wahrnehmen können und wollen. Die intellektuelle Entwicklung vollzieht sich, wie Hans Löwe es genannt hat, in Abhängigkeit vom Niveau der beruflichen Tätigkeit.

Im Sozialisationsprozeß stehen verschiedene Wertvorstellungen und Verhaltenserwartungen im Widerstreit. Er setzt daher immer von neuem Spannungen aus. Zugleich versucht er, Verhaltensweisen zu vermitteln, diese Spannungen zu ertragen und zu bewältigen. Sie haben in den letzten 15 Jahren durch die Massenmedien eine Zuspitzung erfahren. Denn einerseits wird in Sendungen für Kinder und für Eltern kritische Selbständigkeit propagiert, andererseits werden durch die Unterhaltungssendungen Anpassungsmechanismen unterschoben. Wie die Bewältigung der daraus entstehenden inneren und äußeren Konflikte gelingt, ist noch offen, ebenso, was sie für die Erwachsenenbildung künftig bedeutet.

Die Relevanz des Sozialisationsprozesses für die Erwachsenenbildung zeigt sich in seinen Auswirkungen auf zwei Einstellungsbereiche, auf den der Bildungsvorstellungen und den des Lernverhaltens. In beiden Fällen hat die verhaltenskumulierende Wirkung von Frühkindheitserziehung, schulischer Situation und Arbeitsplatzerfahrung zu unterschiedlichen Einstellungssyndromen geführt, die meist als schichtspezifisch beschrieben werden. Dies stellt allerdings eine gewisse Vereinfachung dar. *Wenn beispielsweise von schichtspezifischen Determinanten des Lernens gesprochen wird, so werden damit Tendenzen signalisiert, aber nicht Fixierungen benannt.* Die Beschreibungen von unterschiedlichen Sozialisationswirkungen sollte man sich deshalb auf einer Skala der Verhaltensmöglichkeiten vorstellen, deren Endpole umrissen werden. Reales menschliches Verhalten bewegt sich meist zwischen diesen Polen.

Die Herausbildung von unterschiedlichen Bildungsvorstellungen durchdringt die Weiterbildungsmotivation. Sie werden daher im nächsten Kapitel gesondert erörtert. An dieser Stelle geht es um ein Schlüsselproblem der internen Problematik von Erwachsenenbildung, um die Art und Weise des Lernverhaltens, mit dem sie rechnen muß, um die kognitiven Stile und Strukturen, die als Sozialisationsprodukt eingebracht werden. Zu beobachten sind sie an der gefühlsmäßigen Einstellung und an den sprachlichen Instrumentarien, mit denen man an Lernaufgaben herangeht. Selbstverständlich sind diese beiden Komponenten des Lernens, affektive Verfassung und syntaktische Kompetenz nicht unabhängig vom Inhalt und dem situativen Kontext der jeweiligen Lernaufgabe. Zum Verständnis der Verarbeitungsmöglichkeiten von Lernanforderungen ist es aber durchaus erhellend, Lerneinstellung und sprachliche Verfügungsmacht im heuristischen Verfahren schematisch polarisierend darzustellen.

Für die Dimension der Gestimmtheit, mit der man Lernanforderungen begegnet, ist es üblich geworden, zwischen erfolgszuversichtlich und mißerfolgsängstlich zu unterscheiden. Die Abhängigkeit dieser Einstellungen von der Erfahrung liegt auf der Hand. *Selbstvertrauen und Unsicherheit sind mit dem Sozialisationsprozeß angeeignet.* Bestätigungsinterpretationen haben sich zu Verhaltensmustern verfestigt, aus denen man nur bei sehr selbstverständlichen oder sehr ungewohnten Situationen heraustritt, nicht aber im Normalfall von Erwachsenenbildungsveranstaltungen. In diesen finden sich Menschen, die unbekümmert, gleichsam offensiv, an Lernaufgaben herangehen, die daran glauben, mit der jeweiligen Aufgabe fertig zu werden. Sie können einen Kurs und weniger selbstbewußte Lernende empfindlich belasten, und sie stellen Kursleiter daher oft vor heikle Steuerungsprobleme, nicht nur, wenn Selbstüberschätzung deutlich wird. Der Ermutigung hingegen bedürfen die, die gleichsam defensiv zur Abwehr von Schlimmerem an Lernaufgaben herangehen. Ihr Zutrauen zu sich selbst ist gering. Sie haben Angst vor dem Risiko, auch einmal etwas falsch zu machen. Diese Ängstlichkeit ist für die Erwachsenenbildung gravierend, weil sie sich durch sich selbst verstärkende Erfahrung verfestigt hat. Sie ist häufig so selbstverständlich internalisiert, daß ein anderes Verhalten nicht mehr vorstellbar ist, auch dann nicht, wenn deutlich ist, daß eine solche Starrheit das Erreichen selbstgesetzter Ziele verhindert, oder wenn ein alternatives Verhalten ausdrücklich angeregt wird.

Es liegt nahe, einen Zusammenhang zwischen der Lerneinstellung im Sinne der affektiven Befindlichkeit und den Möglichkeiten der Problembewältigung durch sprachliche Artikulation anzunehmen. Denn diese ist geradezu das Aushängeschild für intellektuelle Beweglichkeit. Wer Sprache beherrscht, wer „sich ausdrücken kann", vermag eher Selbstvertrauen zu entwickeln. Und wenn auch bei derartigen Redensarten mehr an Rhetorik als an gedankliche Durchdringung und Nuancierung gedacht wird, so ändert das nichts an dem Einfluß auf die Gestimmtheit. *Zudem kann der Umgang mit der Sprache die Art des Umgangs mit Lernaufgaben sichtbar machen. Wir werden auf unterschiedliche Weisen der intellektuellen Operationen als Kernbestandteil des Lernens verwiesen.* Über den Umgang mit der Sprache werden für uns kognitive Strukturen und kognitive Stile faßbar.

Die Varianten des Sprachgebrauchs, mit denen es Erwachsenenbildung zu tun hat, sind relativ feste, aber nicht unveränderliche Größen. Verbale Planung ist etwas Gelerntes. Dieser Lernprozeß beginnt sehr früh und schon durch die Art des Sprachumgangs, den man in der Frühkindheit erfahren hat, können die Weichen gestellt sein. Der Besuch weiterführender Schulen ermöglicht es, den Sprachumgang zu kultivieren, weil meist erst dann das Alter erreicht wird, in dem Abstraktionsfähigkeit in einem Schonraum geübt werden kann. *Da außerdem der Schulbesuch die Wege in die Arbeitswelt kanalisiert, verstärkt der Arbeitsplatz noch einmal die Tendenzen, sich in formaler Kommunikationsgeschicklichkeit zu üben oder sein verbal-syntaktisches Potential unausgeschöpft zu lassen.* Wie sich so durch den Sozialisationsprozeß ein elaborierter und ein restringierter Sprachcode herausbildet, ist inzwischen oft beschrieben worden. Auffällig wenig beachtet ist aber, in welcher Weise der Umgang mit der Sprache die kognitiven Fähigkeiten strukturiert und insofern die Art des Zugriffs auf Lernaufgaben mitbestimmt.

Dieses Nichtbeachten hat dazu geführt, daß eine ausschließlich gesellschaftskritische Auslegung der Sprachbarrieren wenig Widerspruch erfahren hat. Es ist aber für die Aufgabenakzentuierung der Erwachsenenbildung von entscheidender Bedeutung, wie man die Existenz der Sprachbarrieren interpretiert, ob sie als gesellschaftlich manipuliert oder als Symptom kognitiver Begrenztheit gilt. Neigt man dem ersten Erklärungsmuster zu, liegen Pflege von Subkulturen oder dogmatische Schulung nahe. Folgt man der zweiten Deutung, stellt sich die schwierige Aufgabe, Verständnis für die Funktion von Sprache, ihren spezifischen Zeichencharakter, zu vermitteln. Ein solches Verständnis ist erforderlich, wenn die gemeinhin zitierten Leitziele der Erwachsenenbildung realisiert werden sollen. Dies gilt gerade auch für die gesellschaftsorientierten emanzipatorischen Ziele. Vorausplanen, Differenzieren, sich selbst kontrollieren können, dies alles sind Fähigkeiten, die für die üblichen Deklarationsziele Voraussetzung sind. Sie unterstützen zudem Lernprozesse, insofern diese immer Zuordnungs- und Integrationsaufgaben beinhalten, und insofern die Zuordnungsfähigkeit vom mechanischen Lernen und damit das Gedächtnis entlastet.

Für die Erwachsenenbildung stellt sich die Frage, wie ihre Adressaten auf diese Zuordnungsaufgaben vorbereitet sind, das heißt aber, welche Zugriffsmöglichkeiten auf Lernaufgaben sie haben. Dabei müssen wir mit einem „zunehmend differenzierenden Effekt der sprachlichen Gewohnheiten auf die kognitive Entwicklung", wie es Ulrich Oevermann genannt hat, rechnen. Erwachsenenbildung steht vor dem Problem, wie sie diese kognitive Entwicklung unterstützen kann, *denn entscheidend für das, was man durch Lernen erreichen kann, ist, wie man Lernen für sich selbst zu organisieren vermag.* Dafür ist zu berücksichtigen, inwieweit die Teilnehmer einen mehr datenorientierten oder mehr strukturorientierten Zugang zu Lernaufgaben haben. Damit sind Verhaltensweisen angesprochen, die seit langem als mechanisches oder einsichtiges Lernen bezeichnet werden. Das weiterführende Kriterium ist, daß die Aneignung im Lernprozeß primär über einzelne Inhalte oder über das Erfassen von Bezügen erfolgen kann. Wie benachteiligt der erste Lernzugriff ist, wird deutlich, wenn man bedenkt, daß mit Lernen Koordinierungsaufgaben verbunden sind.

Datenbezogenes Lernen erfolgt im Zugriff auf Konkretes. Im nächsten Schritt muß das nächste Konkrete angeeignet werden. Es entwickelt sich das, was man als additiv-kasuistisches Lernen bezeichnen kann. Es mag im Einzelfall und für Kurzzeitreaktionen hilfreich sein. Man kann auf diese Weise aber kaum gedankliche Gerüste als Verstehens- und Gedächtnisstützen aufbauen. Da kein Relevanzbewußtsein entwickelt wird, sind sofortige Erfolgserlebnisse nötig. Additiv-kasuistisches Lernen vermag keine Perspektive zu vermitteln, die das Ertragen von Lernanstrengungen erleichtern würde. Lernziele, die einen Befriedigungsaufschub verlangen, sind so schwer zu erreichen. Die isolierte Aneignung gibt weder Impulse noch Steuerungsmöglichkeiten für das Weiterlernen. Und das punktuelle Lernen gerät auch mit der Wirklichkeit in Widerspruch, weil diese komplex ist.

Die hier zwangsläufig knapp skizzierte Lernverhaltensweise begrenzt die Wirksamkeit von Erwachsenenbildung. Es handelt sich um einen Verhaltensmodus, der sich mit dem Prozeß der Sozialisation entwickelt hat. Nur wer in der Frühkindheitserziehung erfahren hat, daß sich ein Wartenkönnen auf den Erfolg, ja daß sich scheinbare Umwege lohnen können, wer durch die Schule darin geübt ist, nicht nur kurzfristig auf Lernanforderungen zu reagieren, nur wer am Arbeitsplatz Dispositionsmöglichkeiten hat, hat Verhaltensweisen üben können, die der alternativen Lernverhaltensweise entsprechen, einem sinnvorwegnehmenden Zugriff auf Lernaufgaben. *Es ist ein antizipierendes Lernen, das etwas übergehen bzw. aufbewahren kann, weil es darauf vertraut, Zusammenhänge später herstellen zu können bzw. solche annehmen zu können, auch wenn sie noch nicht ausdrücklich gelernt sind. Ein solches Lernverhalten erlaubt den Umgang mit Begriffen und Strukturen. Es erleichtert, Transfer herzustellen.* Lernanstrengungen werden weniger als solche empfunden. Die Fähigkeit des Generalisierens hat zudem Rückwirkungen auf die affektive Ebene des Lernens. Sie vermittelt ein Gefühl der Souveränität gegenüber Lernaufgaben und fördert damit auch ein initiatives Lernen. Mit der Möglichkeit, sich den Stoff für das Lernen selbst ordnen zu können, wächst die Lust am Weiterlernen.

Man ist leicht geneigt, antizipierendes Lernen als ein intuitives Lernen zu verstehen. Dabei wird aber übersehen, daß es keineswegs ohne Datenkenntnis auskommt. Es weiß nur mit ihnen mehr anzufangen und es erleichtert, zwischen Konkretem und Abstraktem zu wechseln. Die Verfügbarkeit über die kognitiven Strukturen ist ausgeprägter, und diese selbst sind differenzierter. Da Erwachsenenbildung aber auf diesen kognitiven Strukturen, auf den Fundus der aktualisierbaren Voraussetzungen des Weiterlernens, nicht nur auf Vorwissen, sondern auf die Wahrnehmungs- und Strukturierungsfähigkeit bei der Verarbeitung von Informationen zurückgreifen muß, ist sie in einem Dilemma, wenn in der Kurspraxis die kognitiven Strukturen nur ein schrittweises Weitergehen erlauben und die Begrenztheit und Undifferenziertheit dieser Strukturen eher zu einem dogmatischen, kognitiven Stil führen, als daß sie einen heuristischen anregen.

Bei dem Versuch, das Kernproblem des Lernens von Erwachsenen zu beschreiben und dabei sowohl sein Verhaftetsein mit dem Sozialisationsprozeß als auch die geforderte Eigenleistung zu beachten, war es notwendig, in Konstrukten zu denken. Versucht man, sie zu operationalisieren, so daß sie im Lernprozeß unmittelbar beobachtbar werden, ist wieder auf den Umgang mit der Sprache zu verweisen. Im Sprachgebrauch drückt sich der Zugang zu den Lerngegenständen aus, werden Denkbewegungen intersubjektiv nachvollziehbar. Die Problematik des Weiterlernens verdichtet sich bei einer solchen Betrachtungsweise darin, daß restringierter Sprachgebrauch und additiv-kasuistisches Lernen verschiedene Äußerungsformen des gleichen Grundverhaltens sind. Ebenso ist ein Zusammenhang zwischen dem elaborierten Code und dem sinnvorwegnehmenden, antizipierenden Lernen anzunehmen. Sie erleichtern die Problemdifferenzierung und ein Aufbewahren des Wissens sowie seinen späteren situationsgerechten Abruf. Die sprachlichen Möglichkeiten erlauben nämlich die Vorstrukturierung des zu Lernenden und machen den Lernprozeß überschaubarer. Sie motivieren damit zugleich zum Weiterlernen.

Literatur

Obwohl Sozialisationsprobleme für die Erwachsenenbildung von zentraler Bedeutung sind, gibt es kaum eine Problemauseinandersetzung, die sich auf empirische Grundlagen stützen könnte. Auch folgende vom Titel her naheliegende Bücher bleiben im Vorfeld:

O. G. Brim/St. Wheeler: Erwachsenensozialisation. Stuttgart 1974.
H. Griese: Erwachsenensozialisation. München 1967.

Zugänge zur Problematik bieten unter dem Aspekt des Lernens:

F. J. Stendenbach: Soziale Interaktion und Lernprozesse. Köln 1963.

Unter dem Aspekt der Sprache:

B. Bernstein: Studien zur sprachlichen Sozialisation. Düsseldorf 1972.

Unter dem Aspekt der Kognition:

T. B. Seiler (Hrsg.): Kognitive Strukturiertheit. Stuttgart 1976.

Unter dem Aspekt der Erwachsenenbildung:

H. Tietgens/J. Weinberg: Erwachsene im Felde des Lehrens und Lernens. Braunschweig 1971.

Unter dem Aspekt der Arbeiterbildung:

W. Schulenberg: Erwachsenenbildung. Wege der Forschung. Darmstadt 1978.

Zur Sozialisationsproblematik insgesamt:

G. Hartfiel/K. Holm: Bildung und Erziehung in der Industriegesellschaft. Opladen 1973.

Vgl. auch Literatur zum Kapitel 6.4.

3.3. Bedeutung und Realität der Motivation

Lange Zeit war es üblich, in der Freiwilligkeit der Teilnahme das entscheidende und unterscheidende Merkmal der Erwachsenenbildung zu sehen. Mit der zunehmenden Bedeutung der Erwachsenenbildung für die gesellschaftliche Entfaltung und mit dem verstärkten Interesse an der beruflichen Fortbildung hat das Kriterium der Freiwilligkeit seine Eindeutigkeit verloren. Kennzeichnend aber ist geblieben, daß im Normalfall keine Verpflichtung zur Weiterbildung erzwungen werden kann. Vor allem bleibt es dem Entschluß des einzelnen überlassen, wann und wie er sich weiterbildet. Ein solcher Entschluß aber wird immer in Relation zu einer Motivation stehen. Weiterbildungsbeteiligung hat Beweggründe, und diese zu kennen, ist nicht nur für die Vorbereitung des Programmangebots mit dem Ziel, Motivationen zu entsprechen, wichtig, sondern auch für die Durchführung der Kurse, um die Motivation zu erhalten. Denn den Teilnehmern bleibt prinzipiell auch die Möglichkeit, sich zum Wegbleiben zu entschließen, die Beteiligung abzubrechen.

Marktsituation und Bildungsintentionen derer, die Erwachsenenbildung für wichtig halten und veranstalten, nötigen also dazu, sich für die Weiterbildungsmotivation zu interessieren, und zwar unabhängig davon, daß eine solche Motivation — wie im letzten Kapitel aufgezeigt wurde — auch durch das Weiterlernen selbst entstehen kann. Da die Bereitschaft zum Weiterlernen immer aus einer Lebenssituation heraus entsteht oder nachläßt, genügt es nicht, etwa durch eine direkte Befragung, einzelne Motive zu erkunden. Es geht nicht so sehr um vordergründige Wünsche und ausdrücklich angemeldete Interessen, sondern um den Motivationshintergrund. *Dazu gehört nicht nur das, was jemand konkret lernen will, sondern welche übergreifenden Vorstellungen mit Bildung und Lernen verbunden werden, welche Erwartungen man hegt, was man sich über den Einzelfall hinaus von einer Weiterbildungsbeteiligung verspricht.* Aber auch diese Bildungsvorstellungen wiederum sind eingebettet in einen Lebenszusammenhang und in eine allgemeine Verhaltensstruktur. Umweltkonstellationen und Persönlichkeitsfaktoren wirken auch hier zusammen.

Motivationsforschung steht vor methodologischen Schwierigkeiten. Sie muß sich mit sehr komplexen Strukturen befassen, mit Motivbündelungen, mit Mischungen und Überlagerungen, mit Diskrepanzen zwischen ausgesprochen manifesten und unbewußten latenten Motiven. Ebenso muß mit Artikulationsschwierigkeiten von Befragten gerechnet werden, mit Anpassungstendenzen gegenüber dem, was als Norm gilt. Aussagen zur Motivation sind daher vorsichtig zu interpretieren. Eine Isolierung einzelner Faktoren führt sehr leicht zu Fehleinschätzungen. Es stellt sich die Frage nach einem Bezugsrahmen.

Es ist hilfreich, mehrere Schichten der Motivationsstruktur zu unterscheiden. Letztlich ist sie in der Modalität des Menschseins verankert, im Verhältnis der lebensbestimmenden Antriebskräfte zueinander. Diese Modalität kommt — und dies ist eine zweite Ebene — in einem geschichtlichen Bedingungszusammenhang als Mentalitätsstruktur zum Ausdruck und erfährt damit eine soziokulturell vermittelte Gewichtung. Sie kann sich mit der Begrenzung und Selektion der Erfahrung zu Rollenbildern und dementsprechend zu Einstellungssyndromen verfestigen, in unserem Zusammenhang zu Vorstellungen, die man mit Bildung verbindet, zu Assoziationen, die man beim Stichwort Lernen bekommt. Weil sie die Aufmerksamkeitsrichtung der Adressaten von Erwachsenenbildung steuern und deren Gestimmtheit gegenüber dem Ansinnen des Weiterlernens beeinflussen, hat sich die Forschungsaufmerksamkeit vornehmlich auf diese Vorstellungsmuster gerichtet. Sie bestimmen in situationsspezifischen Differenzierungen die Motivationsstärke, ihre Vagheit oder ihren Druck auf Verwirklichung von Bedürfnissen.

Diese Bedürfnisse, die sich im Falle des Lernens allgemein als Überwindung von Insuffizienzerfahrungen bezeichnen lassen, konkretisieren sich aus Veranlassungen des sozialen Kontexts. Das aber heißt, es ist schwer zu erkennen, inwieweit bemerkbar werdende Motive des Weiterlernens endogener Natur oder von außen herausgefordert, nahegelegt, ja manipuliert sind. Immerhin: worauf sich die Bedürfnisse richten, in welcher Form sie als Interesse artikuliert werden, das ist die Schicht, die für die Planenden vornehmlich relevant ist. Unter welchen Bedingungen auf dem Hintergrund der zahlreichen Handlungsanforderungen und der vielfältigen Ablenkungsangebote dann allerdings eine handlungsbewirkende Aktualmotivierung zustande kommt, ist noch wenig erkannt.

Mehr wissen wir darüber, was im Lernprozeß selbst getan werden kann, um die Motivation zu erhalten. Während also die Anfangsmotivation nur begrenzt durch den Veranstalter von Erwachsenenbildung zu beeinflussen ist, eine werbeträchtige Ankündigung nicht ausreicht, wenn nicht ein positives Bildungsklima eine unterstützende Fundierung bietet, ist das, was man als Durchhaltemotivation bezeichnen kann, etwas, was sich durch die Vorgehensweise im Kurs fördern läßt.

Der Aufriß der Motivationsproblematik mag einigermaßen kompliziert erscheinen. Dennoch stellt er eine Vereinfachung dar, denn die einzelnen Wirkungsmomente sind mehr miteinander verflochten, als es darstellbar ist. Beispielsweise wäre zu fragen, inwieweit Motivationen Reproduktionen dessen sind, was die gesellschaftliche Umwelt nahelegt. Gerade im

Falle des Weiterlernens ist dies zu beachten, wenn wir Motivation als Grundlage für Motive im Sinne von Antriebsmomenten verstehen, die wiederum der aktualisierten Motivierung in einem besonderen Situationszusammenhang bedürfen.

Das fundamentalste Motivationskonzept, orientiert an Grundbedürfnissen, hat — aus umfangreichem Untersuchungsmaterial synthetisiert — A. H. Maslow entwickelt. Danach kann man sagen: *Lernen vollzieht sich im Kontext einer Bedürfnishierarchie und diese ist um so mehr zu beachten, je weniger Lernen als selbstverständliche Rollenerfahrung gilt,* also gerade auch in der Erwachsenenbildung. Maslow unterscheidet fünf Schichten bzw. Stadien der Bedürfnisse. Man kann sie zusammenfassend bezeichnen als

— das Bedürfnis nach Befriedigung der elementarsten physischen Lebensvoraussetzungen
— das Bedürfnis nach Abwendung von Gefahren, nach Lebenssicherheit
— das Bedürfnis nach Zuneigung, Wärme, Angenommenwerden, Zugehörigkeit und Anerkennung
— das Bedürfnis nach Selbstachtung und Selbstvertrauen
— das Bedürfnis nach Selbstverwirklichung, Selbsterfüllung, Selbstäußerung.

Auf die Lernbereitschaft und die Lernmotivation bezogen heißt das: Ohne eine Befriedigung elementarer Bedürfnisse kann sich Lernen kaum entfalten, muß es sich auf die Sicherstellung dieser elementaren Bedürfnisse konzentrieren. Bedrohung kann zwar momentan zu rettenden Lernleistungen führen, aber auf die Dauer wirkt sie lähmend, weshalb sie auch als Mittel des Unterrichts wenig einbringt. Sicherheit meint aber nicht nur die Abwesenheit konkreter Gefährdung, sondern das Gefühl, sich auszukennen, und zwar hinsichtlich des eigenen Standorts, des Platzes in der Gruppe und gegenüber dem, was um einen herum passiert. So ist im Bedürfnis nach Umweltsstrukturierung vieles von dem zusammengefaßt, was Lernen motiviert. Es ist daher auch das, worauf die Lernorganisation angelegt sein sollte. Das Bedürfnis der Selbstachtung macht die Abhängigkeit von den Normen der Umwelt am deutlichsten und verweist auf die gleichen Verfahrensstrategien wie das Bedürfnis nach Selbstverwirklichung und Selbstäußerung. Einerseits läßt es aktivierendes Lernen favorisieren, andererseits ist Selbstverwirklichung immer nur in Relation zu Umweltanforderungen zu realisieren und läßt daher leicht auf Ersatzmechanismen verfallen.

Was also bei allem Engagement für ausgreifende Bildungsintentionen nicht vergessen werden darf, ist das Bedürfnis nach Voraussehbarkeit und Geordnetheit, nach Schutz und Stabilität. *Man möchte sich ein Bild von der Welt machen können, und man möchte Anerkennung erfahren.* Auf diese

Formel läßt sich das, was über Grundmodalitäten des Menschseins und über die grundlegende Bedürfnisstruktur bekannt ist, soweit es Relevanz für die Lernsituation hat, zusammenfassen.

Ein solches Bedürfnisprofil hat je nach dem sozialen Status unterschiedliche Realisierungschancen. Soziale Bedingungen und soziale Perspektiven modellieren daher auch die Erwartungen, die man mit angebotenen Lernchancen verbindet. Sie lassen sie unterschiedlich interpretieren. Dieser Zusammenhang ist mit Untersuchungen deutlich geworden, die eruiert haben, welche Vorstellungen mit dem Begriff Bildung in der Bevölkerung verknüpft werden. Eine solche Fragerichtung hat eine unmittelbare praktische Relevanz. Denn nur wenn mit den Weiterbildungsangeboten auf diese Vorstellungen Rücksicht genommen wird, kann die gewünschte Resonanz entstehen. Zugleich haben diese Untersuchungen aber auch Annahmen verstärkt, warum die Weiterbildungsbereitschaft offensichtlich bei verschiedenen sozialen Gruppen unterschiedlich ausgeprägt ist. Zweifellos gibt es dafür aus der Lebens- und Arbeitssituation verständliche, handfeste Gründe. Dahinter stehen aber auch unterschiedliche Bewertungen von Bildung, die verändert werden müssen, wenn sich das Weiterbildungsverhalten über einen momentanen Anlaß hinaus grundlegend verändern soll.

Motivierend sind Bildungsvorstellungen dann, wenn sie positive Wertakzente enthalten. Diese sind — wie Untersuchungen ausweisen — an die Verwertbarkeit von Bildungsangeboten geknüpft. *Man spricht deshalb von dem Vorherrschen eines instrumentalistischen Bildungsverständnisses. Allerdings ist die Anwendungsorientierung nicht so eng, wie es auf den ersten Blick scheint.* Wenn beispielsweise empirische Studien die Berufsbezogenheit der Weiterbildungsmotivation hervorgehoben haben, so ist dabei zu berücksichtigen, daß die berufliche Stellung als Medium sozialer Selbstachtung gilt und daß im sozialen Aufstieg auch die erhöhte Chance zur Selbstverwirklichung gesehen wird. Erscheint diese für den einzelnen durch individuelle Bildung nicht erreichbar, ist auch die Motivierung gering. Bildung wird zu einer Angelegenheit der anderen. Gebildetsein erscheint mit einer gesellschaftlichen Position verbunden, bei der man etwas zu sagen hat, die man aber selbst nicht erlangen kann. Wer aber etwas zu sagen hat, bringt dies mit Bildungsvorstellungen in Verbindung, die nicht an den Zweck des Positionsgewinns gebunden sind. Diese unterschiedlichen, weithin schichtspezifischen Auslegungen begründen Mentalitätsdifferenzen unserer Gesellschaft und unterschiedliches Weiterbildungsverhalten. *Sie bestärken die durch andere Sozialisationserfahrungen bewirkten Tendenzen, nach denen Weiterbildungsbereitschaft um so eher zu erwarten ist, je besser die Vorbildung war.* Besondere Weiterbildungsenergien sind allerdings von denen zu erwarten, die gleichsam gegen den Vorstellungstrend für ihre

Weiterbildung etwas tun. Sie haben lange Zeit die Teilehmerstruktur in Erwachsenenbildungsveranstaltungen bestimmt.

Gemeinhin wird angenommen, daß Weiterbildungsmotive durch konkrete Interessen ausgelöst werden. Sie können aber auch unabhängig davon aus einem Gefühl des Ungenügens entstehen, wenn man Situationen erfahren hat, mit denen man nicht fertig geworden ist, oder aus Neugier, die nicht nur auf „etwas" gerichtet sein kann, sondern auch auf das eigene Können. *Es geht dann darum, durch Lernanstrengung ein Erwartungsgefälle zwischen einem gegenwärtigen und einem angestrebten Zustand zu überwinden.* Ist die Planung darauf eingegangen, fragt sich, wie die Durchführung die Motivation stützen und erhalten kann. Dabei sind vor allem zwei Aspekte zu beachten, das Anspruchsniveau und die affektive Unterstützung des Lernprozesses.

Lernmotivation ist am ehesten zu erhalten, wenn die Ansprüche nicht zu hoch geschraubt sind, aber auch keine Unterforderung eintritt. Es geht also darum, für ein dosiertes Diskrepanzerlebnis zu sorgen, einen mittleren Erreichbarkeitsgrad anzubieten. Angesichts der meist gegebenen Heterogenität der Teilnehmerzusammensetzung ist dies ein didaktisch-methodisch nicht einfaches Unterfangen. Um so wichtiger ist die affektive Unterstützung der Lernbeteiligung. Sie bedarf auch deshalb besonderer Beachtung, weil Erwachsene gegenüber Lehrerreaktionen häufig sensibler sind, als sie es sich anmerken lassen. Es wird eine Lehrereinstellung erwartet, die den Lernschwierigkeiten entgegenkommt. Das soll aber in der Sicht der Mehrheit der Teilnehmer ein zügiges Fortschreiten nicht hindern. Insofern ist der Kursleiter immer in einer Spannungssituation, die flexible Entscheidungen verlangt. Unabhängig davon kann man aber sagen: Eine Motivierung im Sinne einer Verstärkung der Bereitschaft zum Weiterlernen erfolgt am ehesten dann

— wenn eine Beziehung des zu Lernenden mit früher Gelerntem und zu eigenen Erfahrungen erkennbar ist
— wenn die Lernenden ein Gefälle des Wissens und Könnens feststellen, dessen Verringerung subjektiv bedeutsam ist
— wenn bewußt wird, wo man sich beim Lernen befindet und wie es weitergehen soll
— wenn das Gelernte zur Lösung konkreter Aufgaben und Probleme geeignet erscheint und somit ein unmittelbares Erfolgsbewußtsein entsteht.

In jüngster Zeit dürfte noch ein weiterer Aspekt hinzukommen, die Beteiligung der Lernenden an der Planung und Gestaltung des Kurses. Auf jeden Fall ist die Transparenz der Lernsituation ein motivierender Faktor. Transparenz führt dazu, daß Lob und Kritik aus der Lernsituation erfahren werden und selten angesprochen werden müssen. Dies ist vorteilhaft, weil Lernende einerseits beides brauchen, andererseits beides, in einer Lerngruppe ausgesprochen, belastend wirkt. Allerdings kann die so im Kurs unterstützte Lernenergie nur vorhalten, wenn sie auch in der Umgangs- und Bezugsgruppe Bestätigung findet. Stehen kursinterne Motivationen und sozialgruppenspezifische Bildungsvorstellungen in einem Spannungsverhältnis zueinander, ist der einzelne häufig einem Widerstreit der Empfindungen ausgesetzt. Überwindet er ihn, wird er zu einem hochmotivierten Lernenden mit der Gefahr, seine Sozialkontakte zu verlieren. Gelingt die Überwindung nicht, ist sein Weiterlernen belastet, wird er es schließlich aufgeben.

Was bisher zur Motivation gesagt wurde, mag sehr abstrakt erscheinen, denn gemeinhin wird Motivation mit inhaltlichen Interessen gleichgesetzt, die zur Weiterbildungsbeteiligung veranlassen. Indessen wird man die artikulierten Interessen nur situationsgerecht einschätzen können, wenn man sich einen strukturellen Hintergrund vergegenwärtigt. *Es machen sich Grundbedürfnisse der Information zum Zwecke der Umweltstrukturierung, der Kommunikation in Verbindung mit der Suche nach Resonanz und Anerkennung, der Kompensation mit dem Ziel der Selbstverwirklichung geltend.* Dabei wirken Motivationsimpulse mit, die mit der Erfahrung herangebildet oder spontan, sehr gezielt oder vage suchend sein können. Es kann um Sich-selbst-Erprobenwollen gehen oder es kann sich um eine erkannte, von außen aufgedrängte Mangel- und Notlage handeln. Auf jeden Fall ist eine mehr oder minder starke existentielle Betroffenheit gegeben. Sie kann auf verschiedenen Ebenen der Daseinsverwirklichung aktuell werden. Ob es sich nun um die Sicherung des Lebensunterhalts, um die Erfüllung spezifischer Rollen, um die Kultivierung des Freizeitlebens oder um Sinnfragen handelt, immer sind jeweils spezifische Bildungsmotivationen damit verbunden.

Möchte man dieses Motivationsrepertoire konkretisiert wissen, fragt man nach dem unmittelbaren Worumwillen der Weiterbildungsbeteiligung, so läßt sich ein Spektrum von Möglichkeiten nennen. Jede hat eine bestimmte Nähe zu bestimmten Inhalten, zwingend sind diese Zusammenhänge aber nicht. Im einzelnen lassen sich beobachten:

— spezifisch berufliche Gründe,
  die nicht nur durch Aufstiegshoffnungen, sondern auch durch Abstiegsgefahren bedingt sein können. Anlaß können konkrete, veränderte Anforderungen am Arbeitsplatz sein, ebenso aber auch die Sicherung von Grundkenntnissen oder die Absicht, sich eine Orientierung im Umfeld der beruflichen Tätigkeit zu verschaffen.

— aktuelle, entwicklungsbedingte Gründe,

die sich aus der Veränderung der Umwelt und ihrer Normen ergeben und die zu der Bemerkung führen, daß man „mitkommen“ möchte. Am nachhaltigsten macht sich diese Motivation bei Erziehungsfragen geltend, weniger angesichts der technischen Entwicklung, obwohl auch sie Anstöße geben könnte.

— konventionelle, gesellige Gründe,
  wobei das Bedürfnis nach Kontakt zu anderen Menschen über tatsächliche oder vorgegebene sachliche Interessen geleitet ist. Gesucht wird aber die Reaktion des anderen, sein anderer Erfahrungsraum, aber auch die Bestätigung für sich selbst.
— bewußt gesellschaftspolitische Gründe,
  wobei das Emanzipative als Ausgangspunkt der Erwachsenenbildung neu mobilisiert wird. Die Einübung in die Kritik am Bestehenden ist das, worum es dann geht. Der Handlungsbezug drängt über die Bildungsveranstaltung hinaus. Die gemeinsame solidarische Anwendung des Gelernten erscheint als das Spezifische.
— traditionelle, kulturbewußte Gründe,
  wobei heute teils der Umgang mit Kulturgütern aus Prestigevorstellungen, teils die Frage nach den Eigenheiten und dem Spiegelbildcharakter künstlerischer Ausdruckswelt, teils die Vorstellung, in dieser Ausdruckswelt ein Veränderungspotential zu entdecken bzw. an sich selbst zu erfahren, Anstöße geben.
— unbewußte sozialpsychologische Gründe,
  wobei meist das Kompensationsbedürfnis gegenüber der Funktionalität des modernen Lebens ein auslösendes Moment ist. Man möchte Überschaubares, auch Spielerisches tun. Dabei können auch ein fragwürdiger Ehrgeiz oder ein nach Therapie verlangendes psychisches Belastetsein sich geltend machen.

Für die Praxis der Erwachsenenbildung besteht ein besonderes Problem darin, daß sehr unterschiedliche Motive zum Besuch der gleichen Veranstaltung führen können. Es ist nichts Ungewöhnliches, wenn sich in einem Kurs Menschen zusammenfinden,

— die sehr handfeste Zwecke zu Beteiligung veranlaßt haben
— die nur kommen, weil sie meinen, daß es ihrem Ansehen dient, oder weil andere es tun
— die auch bei konkret erscheinenden Lerninhalten von Sinnfragen bewegt werden
— deren Gefühl der Unzulänglichkeit sich nicht nur auf den Kursgegenstand bezieht, sondern ihre Person insgesamt betrifft.

Wenn auch empirische Untersuchungen statistisch das Überwiegen sehr konkreter Veranlassungen nachweisen, so sollte doch die Bedeutung untergründiger Motive nicht unterschätzt werden. *Wenn das Defizit an Sinnerfahrung in grundsätzlichen Äußerungen der Erwachsenenbildung häufig zur Legitimation herangezogen wird, so findet dies durchaus einen Rückhalt in der Bedürfnisstruktur potentieller Teilnehmer.* Ein Problem kann dabei sein, daß Teilnehmer unter Sozialisationsbeschädigungen leiden, die nicht nur nach Bildung, sondern nach Beratung, ja nach Therapie verlangen. Die Grenzen sind hier teilweise nicht immer klar zu erkennen. Dies ist eine Tendenz, die nicht aus Gründen berufsständischer Zuweisung, sondern mit Blick auf die Kompetenz Besorgnis erregen muß. Diese Sorge und diese Zweifel sollten aber nicht davon abhalten, das Problem zu sehen, wenn es sich bemerkbar macht und so angemessen wie möglich darauf zu reagieren.

Offensichtlich wirkt die Erwartung an die einzelne Bildungsveranstaltung als Bindeglied zwischen Motiviertheit und tatsächlicher Beteiligung. Daher verdient die Ankündigung der Veranstaltungen in der Erwachsenenbildung besondere Aufmerksamkeit. *Nicht der Werbeeffekt ist das Entscheidende, sondern wie man solche Erwartungen erzeugt, die durch den Besuch auch erfüllt werden können.* Denn wenn man nicht nur fragt, was zur Beteiligung motiviert, sondern auch, was davon abhält, dann spielen schlechte Erfahrungen, die sich herumgesprochen haben, keine geringe Rolle. Diese schlechten Erfahrungen aber gehen meist auf Diskrepanzen zurück zwischen Erwartungen, die man gehabt hat bzw. die ausgelöst wurden, und dem, was man tatsächlich erlebt hat.

Geht man den Hindernisgründen weiter nach, dann stößt man auf einige Vorstellungsmuster, die blockierend wirken, gegen die von der Erwachsenenbildung selbst nur wenig unternommen werden kann. Am häufigsten wird das Argument mangelnder Zeit genannt, wobei es aber, genau betrachtet, um Prioritätsentscheidungen geht. Weniger häufig, aber auch nicht selten kommen finanzielle Gründe zur Sprache. Schließlich klingt immer wieder in Redewendungen wie „das ist nichts für mich", „dazu bin ich zu alt" der Zweifel an die eigenen Fähigkeiten an. Damit aber stoßen wir abermals auf die Wechselwirkungen von Umwelteinfluß und Selbsteinschätzung. Denn auch wenn die Zweifel im einzelnen berechtigt sein mögen, so bleiben sie doch allzu oft ungeprüft. Man zieht sich von vornherein auf gängige Formeln zurück, auf Verhaltensmuster, die durch implizite Alltagstheorien gestützt und verfestigt werden. Sie bieten die Strukturierung, die Sicherheit, die man braucht und die man auch vom Lernen erwartet. Das aber setzt Neuem und Ungewohntem aus, bringt Verunsicherung mit sich. So kann es geschehen, daß Lernen sich selbst behindert.

Literatur

Eine entscheidende Wendung in der Erwachsenenbildungsdiskussion haben differenzierte empirische Studien gebracht, die sich mit den Bildungsvorstellungen und -erwartungen beschäftigt haben. Zu nennen sind vor allem:

W. Schulenberg: Ansatz und Wirksamkeit der Erwachsenenbildung. Stuttgart 1957.

W. Strzelewicz/H. P. Raapke/W. Schulenberg: Bildung und gesellschaftliches Bewußtsein. Stuttgart 1973.

Übersichtsreferate zur Motivationsforschung insgesamt finden sich in:

Deutscher Bildungsrat (Hrsg.): Bildungsurlaub als Teil der Weiterbildung. Stuttgart 1973.

J. H. Knoll/H. Siebert (Hrsg.): Erwachsenenbildung in der Bundesrepublik. Heidelberg 1967.

Die jüngste übergreifende Studie ist resümiert in:

W. Schulenberg u. a.: Soziale Lage und Weiterbildung. Braunschweig 1979.

Zur Rolle der Motivation allgemein vgl.

H. Tietgens/J. Weinberg, Kapitel 3.1.

Zu den Erwartungen in den Veranstaltungen selbst findet sich das Bemerkenswerteste in:

H. Siebert (Hrsg.): Praxis und Forschung in der Erwachsenenbildung. Opladen 1977.

3.4. Alltagswissen und Interaktion

Indem Motivation nicht allein als eine Angelegenheit manifester Interessen, sondern in Bedürfnisstrukturen verankert dargestellt worden ist, mußten auch schon konstituierende Momente menschlichen Daseins, soweit sie für das Lernen relevant sind, angesprochen werden. Wir sind damit bei der Frage nach der anthropologischen Grundlegung von Erwachsenenbildung angelangt. Es gilt als Konsens, das Lernen selbst als ein konstituierendes Moment anzusehen. *Der Mensch ist das Lebewesen, das sich zu sich selbst verhalten, das an sich selbst arbeiten kann. Seine reflexive Natur ist die unabdingbare Prämisse für Erwachsenenbildung, wenn sie anderes sein will als Dressur oder Erfüllungsgehilfe der Sozialisation.* Wird Bildung als Arbeit an sich selbst verstanden, wird zugleich einsichtig, warum die Selbstdarstellungen der Erwachsenenbildung in der Vergangenheit einen heute ins Auge fallenden sozialethischen Akzent gehabt haben.

Diese sozialethische Note fehlt heute weithin. Soweit sie nicht eine Leerstelle hinterläßt, wird sie mit rigiden kollektiv-moralischen Ansprüchen besetzt. Zwischen durchgängiger Resignation und dogmatischer Gewißheit darüber, worauf Veränderungen abzielen sollen, bilden sich erst allmählich wieder realanthropologisch fundierte Konzepte heraus, die sich weder mit den Sozialisationsergebnissen abfinden, noch ihnen abstrakte Maßstäbe entgegensetzen. Bildung als Arbeit an sich selbst, als Ausformen eines Spielraums zwischen Hinnehmen und Verwerfen kommt erst zögernd wieder in den Blick. Noch reduziert sich Lernen allzuoft auf Funktionieren oder auf das Einüben in den Widerspruch dagegen. Selten gefragt wird hingegen, was für die Adressaten von Erwachsenenbildung jenseits von Funktionserfüllung und personal- oder kollektiv-idealistischem Anspruch konstituierend ist. Erst seitdem die Soziologie des Alltagswissens in der Bundesrepublik wenigstens sporadisch rezipiert wird, zeigen sich förderliche Ansätze, wird das Selbstkonzept potentieller Teilnehmer als ernstzunehmender Faktor im Lernprozeß anerkannt.

Wenn die Erwachsenenbildungsdiskussion einen anthropologischen Nachholbedarf hat, hängt dies damit zusammen, daß auf der Ebene der methodischen Überlegungen seit langem das Anknüpfen an der Lebenssituation der Adressaten als grundlegende Verhaltensmaxime gilt, daß aber diese Lebenssituation gemeinhin an vordergründigen Daten der Lebensumstände abgelesen und eilfertig mit Zielvorstellungen konfrontiert worden ist. Was Aufmerksamkeit fand, waren Sozial- und Idealstrukturen. Vergleichsweise unbeachtet blieben die Mentalstrukturen. Sie sind es aber, innerhalb derer sich Lernen vollzieht und auf sie muß sich die Organisation von Lernprozessen richten, soll ein dauerhaft wirksamer, reflexiver Bildungsprozeß bewirkt werden.

Menschliches Leben vollzieht sich im Modus der Auslegung. *Uns begegnet die Welt mit ihren Erscheinungen nicht unmittelbar, sondern in Sichtweisen und Interpretationsmustern. Diese sind gelernt, werden aber als Gelerntes kaum noch erkannt.* Sie sind zu Selbstverständlichkeiten geworden, und jedes Lernen von etwas, was sich nicht in die Auslegungsmuster einbeziehen läßt, sieht sich Abwehrmechanismen ausgesetzt. Sie wirken um so nachhaltiger, je mehr sie sich zu impliziten Lebenstheorien verfestigt haben. Die viel zitierten Vorurteile, die aus gegebenem politischen Anlaß einmal in den Mittelpunkt politischer Bildung gerückt waren, sind gleichsam nur die Spitze des Eisbergs von Voreingenommenheiten, mit der für uns die Umwelt strukturiert ist. Indem wir daraus Erwartungssicherheit und einen Verstehensrückhalt gewinnen, entziehen wir die eingelebten Deutungsmuster der kritischen Reflexion. Eingebunden in unsere Lebenswelt stehen uns Situationsdefinitionen zur Verfügung, ohne daß diese noch überprüft würden. Das Selbst-Bewußtsein ist damit aber ein vorgetäuschtes und Kommunikation ist erschwert, wenn die Deutungsmuster der miteinander Sprechenden voneinander abweichen. Auch scheinbar nebensächliche Mißverständnisse hängen letztlich damit zusammen, daß die an sich schon schwierige intersubjektive Wahrnehmung noch damit belastet ist, daß der menschliche Daseinsmodus der Auslegung unterschiedliche Fixierungen mit sich bringt.

Wir müssen uns davor hüten, derartige Beschreibungen abwertend und resignativ zu verstehen. Sie verweisen auf Grundbedingungen menschlichen Lebens und gesellschaftlicher Organisation. Das, was nach dem üblichen Selbstanspruch als negativ erscheint, stellt zugleich eine Voraussetzung für Verläßlichkeit dar, die wiederum zu den elementarsten Voraussetzungen der Lebensfristung gehört. Ebensowenig kann aber übersehen werden, welche Schwierigkeiten für Erwachsenenbildung angesichts solcher Ausgangsbedingungen bestehen. Selbstreflexion ist wenig geübt und sie bietet keinen Ausweg, so lange eher Verunsicherung von ihr zu erwarten ist, weil der Nachvollzug fremder Deutungsmuster abverlangt wird. An diesen Schwierigkeiten hat sich auch noch wenig dadurch geändert, daß die Problematik im letzten Jahrzehnt bewußter geworden ist. Zwar hat ein Prozeß der Demokratisierung der Sensibilität sich selbst gegenüber eingesetzt. Aber im Sog der gruppendynamisch organisierten Befreiungen ist es eher zur Selbstbemitleidung als zur Selbstreflexion gekommen. Der Emanzipationsanspruch hat eine ähnlich Wirkung mit sich gebracht. Wenn aber Interaktionsübung zum Selbstzweck wird und die Intention der Gesellschaftsveränderung zum Realitätsverlust verführt, ist zu fragen, wie die Erwachsenenbildung Auslegungsmuster selbst verändern kann.

Der Mensch ist das Wesen, das auf Lernen angelegt ist, das sich den Lernanforderungen aber auch verweigern kann. Wir haben eine Gesellschaftsstruktur entwickelt, die zugleich Weiterlernen erfordert und erübrigt. Die daraus resultierenden Spannungen betreffen jeden einzelnen und gefährden zugleich das Zusammenleben. Erwachsenenbildung versteht sich auf diesem Hintergrund im Dienste der Vermenschlichung, das heißt als Beitrag, das Lernpotential zu erhöhen. Die dafür bereitgestellten Angebote oder eingeleiteten Initiativen können aber wiederum verschieden ausgelegt werden und damit zu unterschiedlichen Wirkungen führen. Daß die Einsichten in gruppendynamische Prozesse pervertiert sind, ist dafür nur eines der durchschlagenden Beispiele. Gedacht als Beitrag zur Affektkultur, die auf Bewußtmachen des affektiven Regungsgeschehens und auf seine Selbstkontrolle abhebt und damit Mitmenschen weniger zu Leidtragenden der eigenen Unzulänglichkeit machen sollte, ist daraus ein Freibrief für Spontaneität und Gefühlsfreisetzung geworden, der die jeweils anderen belastet. Was als Verschieben der Intimitätsgrenze mit dem Ziel, Heuchelei abzubauen, berechtigt war, hat zu der Tendenz geführt, den Wert der Intimität überhaupt zu leugnen, auf der immerhin wesentliche Teile der Kulturleistungen beruhen.

Mit diesen Bedenken soll nicht einer neuerlichen Verengung der Erwachsenenbildung auf kognitive Ziele das Wort geredet werden. Dies würde nicht zuletzt deshalb verhängnisvoll sein, weil die kognitive Leistungsfähigkeit der affektiven Stütze bedarf und weil die impliziten Lebenstheorien, auf die Erwachsenenbildung trifft, im affektiven Bereich verankert sind. Dies gilt auch dann, wenn die Ausgangssituation des Lebens im Modus der Auslegung deshalb nicht als solche erkannt wird, weil man gewohnt ist, in Subjekt-Objekt-Schemata zu denken. Wenn diese sich durchgesetzt haben, so deshalb, weil sie als angenehm empfunden werden, weil man sich mit ihnen die Umwelterfahrungen am leichtesten zurechtlegen kann. Wir haben so ein Routinewissen entwickelt, das als Erfahrungsnetz ausgelegt neue Informationen so zusammenzieht, wie es zu den Voreinstellungen paßt. *Das Alltagswissen wirkt damit als Filter gegenüber der Fülle möglicher Eindrücke und bietet zugleich handlungsleitende Orientierungen.* Das Ausschnitthafte der Lebensperspektive wird so vor dem Infragestellen abgesichert, Lernen wird kanalisiert.

Lernen vollzieht sich zu beträchtlichen Teilen in Interaktion und Kommunikation. In besonderem Maße gilt dies für organisiertes Lernen. Auch unter diesem Aspekt bedarf die Relevanz des Alltagswissens einer bisher noch vernachlässigten Reflexion. Die Art der angeeigneten Wissensformen bestimmt nicht nur die Strukturierung der je eigenen Lebenswelt, sondern auch die Art der Verständigung. *Eingegrenzt durch den Auslegungsspielraum der Kommunikationsmodalitäten wird gesellschaftliche Wirklichkeit letztlich zur sprachlich vermittelten Rekonstruktion abgelagerter Erfahrungen.* Indem das Alltagsbewußtsein aus einem Vorrat angesammelter, nicht mehr problematisierter Deutungsschemata lebt, die Routinehandlungen ermöglichen und insofern Entlastungen bieten, nimmt der zwischenmenschliche Verkehr Formen an, die eine reibungslose Interaktion ermöglichen, soweit man sich in der gleichen Lebenswelt bewegt. Handeln ist dann voraussehbar. Schwierigkeiten entstehen jedoch, wenn eine Korrespondenz der Lebenswelten nicht gegeben ist oder wenn über etwas gedacht und gesprochen werden soll, was in den Auslegungsschemata des Alltagswissens nicht aufgeht, also innovativen Charakter hat. Beides ist in der Erwachsenenbildung keine Seltenheit.

Das Dilemma besteht also darin, daß die Selektionen und Nuancierungen der Deutungsmuster Kommunikation einerseits erst ermöglichen, andererseits erschweren. Und diese Erschwerung tritt vornehmlich in Lernsituationen ein, weil sie gegenüber den eigenen Auslegungsmodalitäten unsicher macht. Dies ist u. a. ein Grund für die immer wieder zu machende Beobachtung, daß Kursteilnehmer während des Kurses Artikulationshemmungen haben, während sie vorher und nachher lebhaft miteinander sprechen. Lernen wird in der Erwachsenenbildung als Störung der Erfahrungsstruktur empfunden. Dies gilt auch dann, wenn in einer Bildungsveranstaltung beabsichtigt ist, an Erfahrungen anzuknüpfen, ja es ist ein Grund dafür, daß Teilnehmer einen solchen Erfahrungsbezug vielfach gar nicht wünschen.

Die kommunikativen Beziehungen sind also von den Strukturen des Alltagswissens bestimmt. Die daraus resultierenden Verständigungsprobleme erhalten noch dadurch besonderes Gewicht, daß der Symbolcharakter der Kommunikationsmittel die Typisierung durch die Vorstellungsschemata in einer nicht ohne weiteres kontrollierbaren Weise weitermodelliert. Daher werden Vorverständigungen über die Verständigungsvoraussetzungen notwendig. *Deshalb ist Metakommunikation für eine nicht nur routinierte Interaktion so wichtig und deshalb wird sie häufig abgewehrt.* Denn was man als Geschwätz abweisen möchte, kann das Unterstellungssystem aufdecken, aus dem heraus Kommunikation mehr vorgetäuscht als geleistet wird. Deshalb bleiben auch Lernprozesse dann stecken, wenn man sich auf das Unterstellungssystem des zu Lernenden, das nicht mit dem eigenen konform ist, einlassen muß. Worauf demgegenüber Metakommunikation reflektiert und weshalb sie für wirkliche Verständigung über das Lernen so schwer zu entbehren ist, sind die Relevanzfilter, mit denen Erfahrbares vorsortiert, kanalisiert, also strukturiert wird.

Wir leben in einer symbolisch vermittelten Welt. Sie wird uns durch den Wahrnehmungsfilter unserer kognitiven Schemata erfaßbar und mitteilbar. Sie dienen als Raster für die Zuordnung dessen, was neu auf uns zukommt. Uns wird das Leben erträglich, wenn wir Gemeinsamkeiten mit den Deutungsmustern anderer erfahren. Die Lebenszufriedenheit wächst, wenn wir ihnen individuelle Nuancierungen beigeben können, ohne den Interpretationskonsens zu verlieren. Die impliziten Denkschemata, die der Interpretation der Lebenswelt dienen, stehen zum einen jeweils unter unmittelbarem Situationsdruck, zum anderen orientieren sie sich an Legitimitätsquellen. Zu diesen gehört gegenwärtig bis zu einem gewissen Grad die Wissenschaft. Allerdings: Die Paradigmen ihrer Erkenntnisverfahren wechseln und sie unterliegen gesellschaftlicher Steuerung. Ein sinnvoller Umgang mit der Wissenschaft setzt daher die Reflexion auf die Bedingungen ihrer Aussagen voraus.

Erwachsenenbildung sieht sich unter den skizzierten Bedingungen vor eine doppelte Aufgabe gestellt. Im Interesse ihrer Wirksamkeit muß sie zum einen bestrebt sein, eine Bezogenheit zur Lebenswelt ihrer Adressaten herzustellen. Sie muß daher versuchen, sich den Erfahrungshorizont ihrer Adressaten, der immer ein Interpretationshorizont ist, zu vergegenwärtigen. *Gerade wenn man in der Zielgruppenarbeit noch unausgeschöpfte Chancen sieht, wird man darauf aus sein müssen, sich der Deutungsmuster derer zu vergewissern, mit denen man arbeiten möchte.* Dafür gibt die auf meßbare Daten abgestellte konventionelle empirische Forschung ebensowenig her wie eine Handlungsforschung, die dazu neigt, die eigenen Vorstellungen zu oktroyieren. Was hier notwendig wäre, ist eine Lebensweltforschung, wie wir sie aus der vergleichenden Kulturanthropologie kennen. Solange es eine solche Forschung nicht gibt, bleibt nur die Möglichkeit, die Eingrenzungen und die Gewichtungen des Alltagswissens für die didaktische Planung zu antizipieren.

Zum anderen muß Erwachsenenbildung sich aber fragen, was sie dazu tun kann, daß der jeweils vorgegebene Interpretationshorizont überstiegen, daß die Haftung an die Deutungsmuster gelockert wird. Denn insofern Alltagswissen als unproblematisch gehandhabt wird, bietet es ein geringes Motivationspotential für Weiterlernen. Eher wird Alltagswissen als Abschirmungsmittel gegen Lernansinnen genutzt. Aufklärung kann dann nicht stattfinden, wenn darunter nach bester Tradition das Öffnen der Deutungsmuster verstanden wird, das Bemühen um die Selbstreflexion. In der Konsequenz eines solchen Aufgabenverständnisses steht Erwachsenenbildung vor der Frage, wie sie die Entstehungsbedingungen des Alltagswissens, wie sie die unbewußt wirksamen Methoden der Aneignung von Wirklichkeit, wie sie die impliziten Persönlichkeits- und Gesellschaftstheorien bewußtmachen kann. Offensichtliche Fehlleistungen in der intersubjektiven Verständigung haben dafür am ehesten einen Aufforderungscharakter. Insofern sich gelungene oder mißlungene Interaktion über die Sprache vollzieht, steht damit auch die Reflexion auf die Funktion von Sprache an. Das heißt aber, über die Brücke unserer Verständigung zu sprechen. Eine solche Aufgabe ist keineswegs an die Vermittlung problemgeladener Inhalte gebunden. Sie findet durchaus auch bei Kursen, die scheinbar nur motorische Qualifikationen, wie das Nähen und Schneidern vermitteln, Ansatzpunkte. Es kann dabei bewußt werden, wie hoch der Abstraktionsgrad auch in der Alltagskommunikation ist. Und dieses Bewußtsein kann es erleichtern, auch dann mit Abstraktionen umzugehen, wenn sie als Hindernisse empfunden werden. Aber, so kann man einwenden, warum soll dieser Umgang gewollt werden? Eine Entgegnung macht es nötig, die anthropologischen Grundlagen noch auf einer weiteren Ebene aufzusuchen, auf der Lebensbedingungen und Zielsetzungen als Lebensentwürfe miteinander verbunden werden können.

Literatur

Als grundlegend für den hier gewählten anthropologischen Ansatz sind anzusehen:

Arbeitsgruppe Bielefelder Soziologen: Alltagswissen, Interaktion und gesellschaftliche Wirklichkeit. Reinbek 1973.

P. L. Berger/Th. Luckmann: Die gesellschaftliche Konstruktion der Wirklichkeit. Frankfurt 1970.

A. Schütz: Der sinnhafte Aufbau der sozialen Welt. Frankfurt 1971.

Eine Rezeption für Erwachsenenbildung ist unternommen worden bei:

W. Runkel: Alltagswissen und Erwachsenenbildung. Braunschweig 1977.

Weitergeführt ist der Ansatz von:

W. Mader: Modell einer handlungstheoretischen Didaktik als Sozialisationstheorie. In: W. Mader/A. Weymann: Erwachsenenbildung. Bad Heilbrunn 1975.

3.5. Rolle und Identiät

In der Literatur zur Erwachsenenbildung macht sich immer wieder das Bemühen um eine übergreifende Zielbestimmung geltend. Diese fällt aber meist so anspruchsvoll aus, daß viele der einzelnen Aktivitäten nicht mehr von ihr abgedeckt erscheinen. Es kommen damit Formulierungen über die Aufgabe von Erwachsenenbildung in Umlauf, die breite Teile ihres Angebots ausgrenzen und damit auch der kritischen Reflexion entziehen. Es sind Definitionen, die eher die idealistischen oder gesellschaftstheoretischen Impulse derer ausdrücken, die Erwachsenenbildung anbieten und begründen als die Intentionen, die Teilnehmer veranlassen, Erwachsenenbildungsveranstaltungen zu besuchen. Ein Gemeinsames dieser Intentionen ist dann auszumachen, wenn wir den real-anthropologischen Ansatz des letzten Kapitels und was sich aus der Verschränkung von Grundbedürfnissen und Sozialisationswirkungen ergibt, noch weiter verfolgen. Dabei kann davon ausgegangen werden, daß Lernen und Weiterbildungsbeteiligung ein gewisses Maß an Unzufriedenheit mit einem Teilaspekt der bestehenden Lebensbedingungen anzeigen. Diese Unzufriedenheit, ob vage oder konkret, löst Suchbewegungen aus.

Suchbewegung ist eine erste, sehr formale Kennzeichnung von Bildung. Sie hat aber den Vorteil, sehr variabel präzisiert werden zu können. Sie läßt sich mit den verschiedensten Inhalten und Verhaltenszielen verbinden. Sie erlaubt es, ohne Vorwegnahme von übergestülpten Maßgaben zu prüfen, inwieweit in diesen Inhalten und Verhaltenszielen oder zumindest in der

Bewegung auf sie hin etwas Gemeinsames steckt. *Es gibt nun Anzeichen für die Annahme, daß diese Suchbewegung, gleichgültig worauf sie gerichtet ist, zugleich eine Suche nach dem eigenen Selbst in sich birgt.* Nicht nur wenn es um dieses Selbst ausdrücklich geht, sondern auch wenn vergleichsweise einfache Fertigkeiten angeeignet werden oder wenn Thema oder Qualifikation naturwissenschaftlich-technischer Art sind, spielt etwas von dem Bedürfnis nach Selbstvergewisserung mit. Es stellt eine spezifisch menschliche Verhaltensweise dar, durch die Lernfähigkeit mobilisiert wird.

Beim Lernen wird die Fähigkeit, sich zu sich selbst verhalten zu können, über das zu Lernende vergegenständlicht. Damit erprobt und erweitert jeder für sich und sichtbar für andere seinen Verhaltensspielraum. Wir unterliegen zwar — wie im letzten Kapitel umrissen — Denkmustern, aber wir sind nicht zwingend auf sie fixiert. Wir folgen ihnen, weil sie ein beruhigendes Bild von der Umwelt vermitteln. Was sich an ihr verändert, können sie aber nicht völlig aus dem Gesichtskreis verdrängen. Dem steht auch eine Neigung zu spontanen Reaktionen und eine offensichtlich unterschiedliche Portion Neugier entgegen. So kommt es zu wechselseitigen Stimmungen sich selbst gegenüber, die Lernimpulse auslösen, so lange diese Stimmungen annähernd in einem Gleichgewicht zueinander stehen.

Wenn der Fähigkeit, sich zu sich selbst zu verhalten, sich von sich selbst distanzieren zu können eine so zentrale Bedeutung zukommt, so nicht zuletzt deshalb, weil sie erst die Voraussetzungen schafft, den Erwartungen gerecht zu werden, die den Menschen in einer arbeitsteiligen Gesellschaft angesonnen werden. Denn diese Erwartungen sind vielfältig und zum Teil sich widersprechender Art. Insofern von jedem mehrere Funktionen im Interesse der Lebenserhaltung erfüllt werden müssen, ist diesen Widersprüchen nicht auszuweichen. Insofern die Erwartungen immer nur partiell eindeutig sind, erfordert die vorgegebene soziale Situation eine subjektive Interpretation. Diese ist gesellschaftlich vermittelt und stellt Lernanforderungen. Nur wenn sie angenommen werden, kann Interaktion in produktiver Weise stattfinden. Die Erfüllung wechselseitiger Erwartungen führt zu wechselseitiger Anerkennung. Sie ermöglicht es, Interaktionen sowohl zu stabilisieren als auch zu erweitern.

Soweit Lernanforderungen gesellschaftlichen Erwartungen entsprechen, steht ein Rollenlernen an, d. h. vor allem ein Lernen von Relevanz-Regeln. Derartigen Ansinnen sind Menschen lebenslänglich ausgesetzt. Sie sind auch nicht dadurch erleichtert, daß Rollenanforderungen heute weniger stringent als früher gestellt werden. Gerade wenn sie einen Verhaltensspielraum belassen, *entstehen um so mehr Entscheidungssituationen, die ein Lernvermögen in der Weise verlangen, daß man die Wirkungsfaktoren einer solchen Situation und damit die Folgen seines Handelns abzuschätzen in der Lage ist.* Dieses Abschätzenkönnen der Folgen, was man gemeinhin als verantwortliches Handeln bezeichnet, wird als Bedingung der lebenserhaltenden Interaktion bei Erwachsenen als selbstverständlich unterstellt. Alles adäquate Rollenhandeln impliziert diese Fähigkeit. Daß sie für ein öffentliches Wirken unentbehrlich ist, erscheint ohne weiteres einleuchtend, weil andernfalls nicht nur unsere Kommunikations-, sondern auch unsere Versorgungsnetze gestört würden. Sie ist jedoch auch im individuellen Bereich relevant, denn sie kann verhindern helfen, daß aus der Möglichkeit des Menschen, etwas aus sich zu machen, nur die Neigung wird, sich etwas vorzumachen und Selbsttäuschungen zu unterliegen.

Es ist in der Erwachsenenbildungsliteratur üblich, Rollenlernen auf wenige Grundfunktionen zu beziehen. So wird etwa von der Arbeitsrolle, der Familienrolle, der politischen und der privaten Freizeitrolle gesprochen. Gelegentlich besteht auch die Tendenz, daraus Aufgabenbereiche der Erwachsenenbildung abzuleiten, etwa bei der Einteilung von Statistiken und Programmen nach Lernfeldern. Eine solche Gliederung vereinfacht aber die Lebensbedingungen zu sehr und läßt allzuleicht übersehen, worin die Bildungsproblematik der Rollensituation besteht. Sie ergibt sich daraus, daß die sich aus den genannten Lebensbereichen ergebenden Funktionsrollen situationsspezifisch weiter zu differenzieren sind. Damit können die Erwartungen variabler werden. Hinzu kommt, daß die Rollenanforderungen miteinander verschränkt sein können. So werden etwa bei Erfüllung der Vaterrolle unterschiedliche Normen gesetzt, je nach dem, welche Anforderungen an die Berufsrolle gerichtet werden. Außerdem ist davon auszugehen, daß die Zumutungen aufgrund der Rollennormen nicht additiv erfolgen, sondern in einer Gleichzeitigkeit aufgehen, die im Verhalten bewältigt werden muß.

Wenn die Rollenansprüche einerseits normierend und verhaltensbegrenzend sind, wenn sie andererseits miteinander verschränkt und sogar widersprüchlich sind, dann erwachsen daraus für die Betroffenen Unsicherheiten, Spannungssituationen. Es entstehen in mehrfacher Hinsicht Rollenkonflikte. Sie können darin begründet sein, daß Ansinnen verschiedener Art und Herkunft schwer miteinander vereinbar sind. Sie können auch darauf zurückgehen, daß die Verinnerlichung solcher Anforderungen auf innere Widerstände stößt, die durch äußere Widersprüche gestützt werden. Die Widerstände richten sich dagegen, als Rollenbündel zu fungieren. Man möchte eine persönliche Verhaltenslinie finden, die man als sein eigenes Selbst verstehen und vorweisen kann. Diese Suche nach der Identiät ist durchaus auch gesellschaftlich legitimiert. Denn nach unserer Kulturtradition und nach dem heute vertretenen Selbstbestimmungsanspruch ist das

Individuum einer doppelten Maßgabe ausgesetzt. *Zum einen werden konkrete Anpassungen verlangt, zum anderen aber auch die Entwicklung und Ausbildung einer unverwechselbaren Eigenheit. Zwischen beiden Anforderungen, zwischen personaler und sozialer Identität, gilt es eine Balance herzustellen.* Damit ist eine Lernaufgabe umrissen, denn weder sind die Anpassungsanforderungen in jeder Hinsicht schlüssig, noch ist die Identiät etwas Statisches, das man hat oder nicht hat. Sie realisiert sich vielmehr nur in einem Prozeß der Auseinandersetzung mit sozialen Bedingungen, in der Selbstvergewisserung durch Interaktion. Die Suche nach der Identität führt damit aber nicht nur zu der Frage: Wer bin ich?, sondern auch zu der Frage: Was kann ich? Dabei ist dieses Können nicht im Sinne eines Leistungsnachweises zu verstehen, sondern als Ausloten der eigenen Möglichkeiten, das dazu beitragen kann, sich im Werk zu verwirklichen, mit sich selbst ins reine zu kommen, seine Biographie zu organisieren, seine Vergangenheit in der Gegenwart zu verarbeiten und diese auf Zukünftiges zu beziehen.

Aus dieser Sicht ist Lernen ein Rollenlernen und zugleich der Versuch, diese Rollen zu transzendieren. Es verlangt daher die Fähigkeit, Erwartungen zu antizipieren. Zwar heißt es allenthalben, daß Menschen durch Erfahrungen am besten lernen, und es wird daraus auch häufig eine erwachsenenpädagogische Maxime gemacht. Aber es kommt zu einer wenig situationsgerechten Selbstgenügsamkeit, wenn nicht auch versucht wird zu lernen, ohne Erfahrung zu lernen. Welchen Vorsprung dies bringt, ist unverkennbar, und es kann nur im Interesse aller sein, den Kreis derer, die über eine solche Fähigkeit verfügen, zu erweitern.

Rollenlernen ist das, was der Erwachsenenbildung die Funktionsbezogenheit sichert. Eine globale Bildungsplanung hat die Tendenz, darin ihren einzigen Sinn zu sehen. Aus der Perspektive des einzelnen und auf dem Hintergrund seiner Interaktionserfahrung und der ihm meist in der Jugend signalisierten Normen stellt sich die Frage nach dem Sinn aber anders. Sie erschöpft sich nicht im Funktionieren. Ebensowenig aber erscheint es am Maßstab eines aufgeklärten Denkens angebracht, eine egozentrische Alternative zu propagieren oder sich mit der Substitution von Sinn zu begnügen, die mit den Vorstellungsschemata des Alltagswissens gegeben sind. Soll Sinn nicht im Alltagswissen sich erschöpfen, soll die Sinnfrage nicht auf monokausale Welterklärungen und Verschwörermythen reduziert werden, sollen Sinngebungen nicht aufgesetzt werden und als gelegentlicher Notanker fungieren, weil man so etwas braucht, dann kann Sinn nur aus den Versuchen entwickelt werden, die Widersprüchlichkeit und die Mehrdeutigkeit der Rollenanforderungen für sich selbst zu integrieren.

Insofern es sich dabei um einen Prozeß handelt, steht damit eine lebenslange Aufgabe an. Sie ist zum einen in Interaktionen zu realisieren, im Austausch und in der Reflexion der Erfahrungsperspektiven, in Versuchen kooperativen Handelns, zum anderen im Erwerb von Fähigkeiten zur konkreten Aufgabenbewältigung. Ein Dilemma der Erwachsenenbildung ist, daß ihre theoretische Reflexion sich in erster Linie auf den ersten Aufgabenbereich bezieht, ihre Praxis aber sich vornehmlich im zweiten Aufgabenbereich bewegt. Damit wird ein entscheidender Zusammenhang zu wenig beachtet, das Bindeglied in dieser Aufgabenkonstellation. Es besteht in einer Wechselwirkung: *Zur Interaktion gehört es, in der Perspektive des anderen zu denken, weil ohne dies weder soziale Zusammenhänge noch die eigenen Interessen recht erkannt werden können, das eigene Selbst nicht bewußt werden kann. Die Perspektive des anderen wirkt aber am unabweisbarsten und am unmißverständlichsten in der Bearbeitung von Aufgaben, gerade auch solchen, die vorgegeben sind und deren Lösung unstrittig ist.* Ohne die dabei bewährte Verläßlichkeit gewinnt Interaktionsverhalten nicht letzte Glaubwürdigkeit, denn es kann durch Kommunikationsgeschicklichkeit vorgetäuscht werden. Umgekehrt bleibt die Bearbeitung von Aufgaben gleichsam in der Form einer Erledigung stecken und sie bewirkt keinen weiteren Lerntransfer, wenn sie nicht auch auf ihre Bedingungen hin reflektiert wird. Bei dieser so herausgeforderten Verschränkung von Theorie und Praxis ist nicht ausschlaggebend, woraus die Befähigung zu Sachlösungen im einzelnen besteht. Entscheidend ist, daß mit ihnen die Identitätsbalance zwischen den divergierenden Anforderungen von Funktionsleistung und Selbstfindung konkret wird. Insofern ist Erwachsenenbildung potentiell auf Identitätsfindung angelegt und gerade auch dann, wenn sie sich teilnehmerorientiert versteht.

Wenn gesagt wurde, daß es gilt, seine Rollen zu transzendieren, so meint dies also nicht, sie gleichsam abzuwerfen, sondern sie miteinander zu kombinieren und sie als Brücke zur Selbstentdeckung zu werten und zu nutzen. Dies gilt in besonderem Maß in einer hochgradig arbeitsteiligen Gesellschaft. Sie bedingt eine Entfernung von sich selbst und von den Mitmenschen, von der Arbeit und den Entscheidungsinstanzen. Die dadurch erzeugten Frustrationen lassen die Intention der Identitätsfindung und damit auch Erwachsenenbildung zwischen Illusion und Zynismus angesiedelt erscheinen. Dieser Vorbehalt ist nur dann aufgehoben, wenn man in der Identiätsbalance eine Chance akzeptiert, in immer neuen Versuchen kleiner Schritte die Möglichkeit der Selbstbestimmung auszuloten, die der Bedingungskranz freigibt. Dies aber wiederum wird nur möglich sein, wenn man im Kontext der Identitätsbalance die Selbstkontrolle als Voraussetzung der Selbstbestimmung akzeptiert.

Unter den Bedingungen hochgradiger Arbeitsteiligkeit stellt sich an die

Identitätsbalance noch eine spezifische Anforderung. *Es ist unverkennbar, daß diese Arbeitsteilung einerseits hohe Ansprüche an die Rationalität stellt, daß sie andererseits in hohem Grade affektiv geladene Reaktionen hervorruft, die blind für die Möglichkeiten der Selbstentfaltung machen, die auch die hochgradige Arbeitsteiligkeit bietet.* In den 20er Jahren hat dieser Tatbestand im Zeichen der Alternativsetzung von Gesellschaft und Gemeinschaft verhängnisvolle Folgen gehabt, an denen Erwachsenenbildung durch ihre Art der Mentalitätsbildung noch mitgewirkt hat. Heute gilt es zu sehen, daß die Arbeitsteiligkeit divergierende Verhaltensreaktionen auslöst, die nicht harmonisiert werden können, die aber dazu herausfordern, in eine Balance gebracht zu werden, zu der eine vorbehaltlose Reflexion gehört und die Konsistenz und Situationsflexibilität gleichermaßen zu Grundlagen des Handelns werden läßt. Damit entspricht das Lernen im Zeichen der Identitätsbalance einem Bildungsbegriff, wie er gerade für die Erwachsenenbildung angemessen erscheint und wie er mit den folgenden Zitaten am treffendsten charakterisiert ist: „Gebildet ist, wer die gesellschaftliche Relevanz des Tuns (oder Unterlassens) kritisch zu reflektieren vermag und von dieser Reflexion her sein Handeln als sozial verantwortliches bestimmt." (v. Krockow) „Gebildet ist ein Mensch, der in affekterregenden Lebenslagen über eine einigermaßen beständige Selbstsicherheit im Umgang mit den eigenen Triebregungen verfügt." (A. Mitscherlich)

Was hier mit dem Begriff der Identitätsbalance angesprochen worden ist, ist schließlich auch relevant gegenüber den Erfahrungen im Lernprozeß. Dieser selbst setzt divergierenden „Ansprüchen" und Regungen aus, denn er gefährdet zuerst einmal häufig das, was Lernende als ihre Identiät empfinden. Die Risiken, die damit für die Selbstsicherheit verbunden sind, halten oftmals vom Lernen ab. Dies gilt insbesondere wenn konkretistische Vorstellungsmuster vorherrschen. Es ist dann nur schwer einzusehen, daß Verunsicherung für das Lernen und für die Selbstbildung hilfreich und wertvoll sein kann. Verunsicherungen als Durchgangserfahrung durchzustehen, dazu aber kann die Identitätsbalance, können das sich Öffnen für das andere und die Verarbeitung für die Selbstorganisation beitragen. Es wird dann die Rolle des Lernens gelernt.

Literatur

Auch zu diesem Kapitel gibt es kaum spezifische Literatur. Der hier herausgearbeitete Ansatz ist — ohne ausdrücklicheren Bezug auf die Erwachsenenbildung — am deutlichsten abgehandelt bei:

L. Kappmann: Soziologische Dimension der Identität. Stuttgart 1971.

Verwiesen sei ferner auf:
G. Mc Call / J. L. Simmons: Identiät und Interaktion. Düsseldorf 1974.
R. D. Laing / H. Phillipson / A. R. Lee: Interpersonelle Wahrnehmung. Frankfurt 1971.

4. INSTITUTIONELLE VORAUSSETZUNGEN

4.1. Die Gesetze und ihre Folgen

Wenn mit Erwachsenenbildung organisiertes Lernen gemeint ist, so stellt sich die Frage nach ihrem institutionellen Ordnungsgefüge. Öffentlich wirksame Organisationsgefüge bedürfen einer Rechtsgrundlage. Diese ist für die Erwachsenenbildung grundsätzlich mit dem Recht auf Entfaltung der Persönlichkeit gegeben. Lange Zeit hielt man dies für ausreichend. Es war die Zeit, in der es als selbstverständlich galt, Erwachsenenbildung privaten Initiativen zu überlassen. Dies betraf sowohl die Teilnehmerentscheidungen als auch die Aktivitäten der Veranstalter. Auf die Dauer konnte man aber nicht daran vorbeisehen, daß Grundrechte deklaratorisch bleiben, wenn sie nicht gesetzlich abgestützt werden. Nur dann läßt sich im Prinzip ein kontinuierliches Angebot sicherstellen. Eine solche Sicherung aber schien nach der Diskussion und den Erfahrungen der 60er Jahre aufgrund des öffentlichen Interesses geboten. Sie sprachen dafür, ein institutionelles Gefüge gesetzlich abzusichern, das die für notwendig gehaltenen und gewünschten Angebote garantiert.

Es hatte schon einmal, bald nach der Konstituierung der Bundesländer, noch mit dem Schwung des Neubeginnens, Ansätze zu einer Gesetzesdiskussion gegeben. Diese blieb aber mit Ausnahme von Nordrhein-Westfalen, wo 1953 die lange Zeit einzige gesetzliche Regelung der Erwachsenenbildung verabschiedet worden war, ohne Auswirkungen. Zwei zusammenwirkende Faktoren hatten die Diskussion sehr bald absterben lassen. Mit der Festigung der Bundesrepublik ließ das öffentliche Interesse nach, und bei denen, die nach 1945 Erwachsenenbildung in Gang gesetzt hatten, machte sich die Sorge geltend, mit gesetzlichen Regelungen könnte die Freiheit eingeschränkt werden. Vor allem befürchtete man bürokratische Verfahrensregeln, die eine flexible, schnell auf Bedürfnisse reagierende Arbeit behindern.

Bedenken dieser Art sind auch heute zu hören. Es hat auch nicht beruhigen können, daß im Falle des 1953 beschlossenen nordrhein-westfälischen Gesetzes vergleichsweise wenig Klagen über bürokratische Einengungen oder gar Bevormundungen laut wurden. Allzu häufig war und ist noch die Einstellung des Bären, der zwar gewaschen, aber nicht naß werden will. Man wünscht sich die finanziellen Vorteile, die Gesetze mit sich bringen, die daraus folgenden Verwaltungsbedingungen möchte man sich aber nicht einhandeln. Indessen haben die Bedenken, es könnte zu bürokratischen Überwucherungen kommen, nicht an der Gesetzgebung der letzten Jahre gehindert. Damit ist allerdings die Kontrolle über die Verwendung öffentlicher Mittel detaillierter geworden. Inwieweit dies eine Einengung der Aktivitäten mit sich bringt, hängt aber auch von der Art des kenntnisreichen Umgangs mit Verordnungen und Erlassen ab. Immerhin kommen sie in erster Linie nur formal zur Geltung, weil sich die Institutionen der Erwachsenenbildung gegen inhaltliche Eingriffe meist mit Erfolg verwahren.

Die Weiterbildungsgesetze der letzten Jahre sind Konsequenz einer Diskussion, nach der die Erwachsenenbildung als vierter Bereich in das Gesamtbildungssystem eingegliedert werden sollte. Dieses Ziel wird in Rücksicht auf die bildungstheoretische Diskussion in den Präambeln der Gesetze auch angesprochen, in den Paragraphen realisiert wird es jedoch nicht. Am ehesten läßt das neue nordrhein-westfälische Gesetz von 1974 erkennen, wie die Realisierung eines solchen Zieles aussehen müßte. Die anderen Gesetze formalisieren nur, was bisher schon ohne gesetzliche Grundlage gefördert worden ist.

Es würde allerdings zu kurz greifen, wenn man bei der Frage nach gesetzlichen Regelungen allein die Ländergesetze heranzieht, die ausdrücklich Erwachsenenbildung/Weiterbildung zum Gegenstand haben. Vielmehr sind auch die Gesetze zu beachten, die indirekt auf die Erwachsenenbildung einwirken, also Bundesgesetze für den Bereich der beruflichen Bildung, zum Fernunterrichtswesen und auch zur Sozialpolitik. Alle diese Gesetze können hier nicht im einzelnen beschrieben werden. Für eine Einführung des vorgesehenen Umfangs ist nur eine exemplarische Behandlung möglich. Es werden daher allein die unterschiedlichen Problemlösungsversuche durch die Ländergesetze vorgestellt.

Bei vergleichenden Darstellungen der Ländergesetze wird gewöhnlich eine Zweiteilung vorgenommen. *Als Zuordnungskriterium gilt, in welcher Weise versucht wird, dem Grundsatz der öffentlichen Verantwortung gerecht zu werden.* Danach wird unterschieden zwischen Hessen (1970) und Nordrhein-Westfalen (1974) einerseits, die nach dieser Interpretation die öffentliche Verantwortung vornehmlich bei den Gebietskörperschaften verankern, und Niedersachsen (1970), Saarland (1970), Bremen (1974), Bayern (1975), Rheinland-Pfalz (1975) und Baden-Württemberg (1976) andererseits, die einer pluralistischen Organisation den Vorzug geben. Es kann hier nicht erörtert werden, inwieweit diese Zuordnungen wirklich treffend sind, genauer gesagt, ob nicht auch die gesetzlichen Regelungen in Hessen und Nordrhein-Westfalen den verbandlichen Trägern mehr Spielraum geben, als öffentlich zugestanden wird. Es kann hier auch nicht weiter ausgeführt werden, warum die hauptberuflichen Mitarbeiter, und zwar unabhängig davon, wo sie arbeiten, die Sorge haben, durch die Gesetze könne nicht nur ein Mehr an Verwaltungsarbeit entstehen, sondern auch — durch Zuständigkeit und Zusammensetzung der Beiräte — eine Verlagerung von Entscheidungen auf Personen und Gremien erfolgen, deren Berührung mit der täglichen Erwachsenenbildungsarbeit gering ist. Es kann hier nur der zentrale Orientierungs- und Ordnungsgesichtspunkt der Gesetze erläutert werden.

Die Weiterbildungsgesetze der Länder bezwecken, die Entwicklung zu sichern, die Förderung zu regeln, ein Mindestmaß an Transparenz des Angebots zu erreichen und Kontrolle zu ermöglichen, ohne die Lehrfreiheit anzutasten. Diese schließt indessen Einsprüche demokratisch legitimierter Gremien nicht aus. Hinter den Gesetzesinitiativen steht das Bewußtsein öffentlicher Verantwortung für die Erwachsenenbildung. Wie diese öffentliche Verantwortung aber gehandhabt werden soll, darüber gehen die Auffassungen auseinander. Dabei machen sich Interpretationsmuster geltend, die hier schon im Zusammenhang mit der Frage nach der Bedeutung von Gesellschaftsinterpretationen für die Erwachsenenbildung angesprochen worden sind.

Öffentliche Verantwortung tritt dann ein, wenn sich im gesamtgesellschaftlichen Willensbildungsprozeß die Ansicht durchsetzt, daß die Befriedigung eines gesamtgesellschaftlichen Bedürfnisses durch den Selbstregulierungsmechanismus nicht mehr zureichend zu leisten ist und es sich um einen Bereich handelt, in dem die staatliche Zuständigkeit durch die Verfassung zwar angelegt, aber in ihrer Ausführung nicht eindeutig geregelt ist. Dies gilt für die Erwachsenenbildung, insofern die allseitige Weiterbildung einer möglichst großen Zahl von Menschen im gesellschaftlichen Gesamtinteresse ist und unter das Sozialstaatsgebot fällt. Der grundrechtliche Teilhabeanspruch auf Bildung zur Optimierung der Selbstverwirklichung bedeutet, die Leistungswirksamkeit der öffentlichen Aufgabenerfüllung im Falle der Erwachsenenbildung zu gewährleisten und dabei für den ökonomischen Einsatz der knappen finanziellen Ressourcen zu sorgen. Leistungswirksamkeit beinhaltet, ein Angebotssystem sicherzustellen, das auf Veränderungen der Funktionsbedingungen der Erwachsenenbildung angemessen reagieren kann. Dies gilt insbesondere auch im Hinblick darauf, daß soziale Gerechtigkeit im Sinne von gerechter Verteilung sozialer Lebenschancen je nach gegebener Situation sehr unterschiedlich gewichtete Planungsinitiativen verlangen kann. Das erfordert ein sehr differenziertes Angebot als Hilfe zur Selbsthilfe, das durch die öffentliche Hand sicherzustellen ist.

Die so umrissene öffentliche Verantwortung wird nun aber in unterschiedlichen Organisationsmustern und damit auch in unterschiedlichen Mustern staatlichen Handelns ausgelegt. *Je nachdem, wie groß das Vertrauen in die Selbstregulation ist, werden die öffentlichen Hände, praktisch die Gebietskörperschaften, als Träger einer Pflichtaufgabe oder als Ausfallbürgen im Falle eines nicht ausreichenden subsidiären Angebots gesehen.* Betrachtet man die Weiterbildungsgesetze der Länder genauer, so kann man feststellen, daß sie zwar eine unterschiedliche Neigung zu der einen oder anderen Art der Funktionszuweisung haben, daß sie diese aber nicht in Reinheit widerspiegeln, sondern Kompromisse eingehen. Angesichts der Rolle, die Verbandsorganisationen in unserer Gesellschaft spielen, nimmt es nicht wunder, wenn die subsidiäre Variante der Kompetenzzuordnung favorisiert wird, und zwar selbst dann, wenn eine kommunale Pflichtaufgabe gesetzlich wie in Nordrhein-Westfalen und Hessen verankert ist. Andererseits kann man aber angesichts des gegenwärtigen Zustandes der Erwachsenenbildung auf einen Typus von Einrichtung nicht verzichten, die für eine Realisierung der Pflichtaufgabe zur Verfügung steht, die Volkshochschule. Dies hat vornehmlich drei Gründe: ein Verbändemonopol der Weiterbildung verweigert denen die Teilhabeverbürgung, die sich keiner leistungsfähigen Gruppierung anschließen können oder wollen; *für eine Verankerung der Erwachsenenbildung im Bildungssystem erscheint eine zwar nicht alles in sich aufnehmende, aber doch umfassende institutionelle Repräsentanz wünschenswert*; die Kooperation, auf die eine verbandspluralistisch organisierte Erwachsenenbildung angewiesen ist, bereitet, wie noch zu zeigen sein wird, einige Schwierigkeiten.

Es sind Anzeichen dafür vorhanden, daß sich die hier skizzierte Problemauseinandersetzung in nächster Zeit vor allem auf die Frage konzentrieren wird, wie ein „Grundangebot" der Erwachsenenbildung sichergestellt werden kann. Darin ist noch eine Nachwirkung des Strukturplans des Bildungsrates zu sehen. Er hat versucht, an den Gedanken zu gewöhnen, daß es selbstverständlich werden muß, ein Angebotssystem der Weiterbildung bereitzustellen, und zwar unabhängig davon, in welchem Maße es zu einer bestimmten Zeit und an einem bestimmten Ort genutzt wird. Bei diesem Grundangebot kann es sich nicht nur um ein Elementarangebot handeln. Wenn dem Sozialstaatsprinzip und der Fortschrittsvorsorge entsprochen werden soll, muß es sich vielmehr um einen Orientierungsrahmen für Nachfrager und Anbieter handeln, der eine bedürfnisorientierte Differenzierung enthält und der Grundlegendes neben Spezialisiertem, Ergebnisorientiertes neben Problemorientiertem erlaubt.

Welche Planungskriterien und Planungsinstrumente für die Entwicklung eines solchen Rahmenprogramms geeignet sind, das zu klären, erfordert eine gesonderte Darstellung (Kapitel 4.3., 6.1.). Hier geht es darum, welche Organisationsform für ein entsprechendes Angebot geeignet ist, und das heißt zugleich, in welcher Weise sich die skizzierten Interpretations- und Organisationsmuster in der örtlichen Arbeit realisieren lassen. Insofern sie einer rechtlichen Fassung bedürfen, bieten sich zwei Möglichkeiten an, die anstaltsmäßige (amtsmäßige) oder die kooperationsrechtliche (mitgliedschaftliche) Regelung. Beide Lösungen, die an Funktion und Zukunftsaufgabe der Erwachsenenbildung orientiert und in Gutachten des Bildungsrates vorgezeichnet sind, übersteigen allerdings die gegenwärtigen institutionellen Realitäten. Diese müssen aber aufgezeigt werden, wenn die Probleme der Angebotsstruktur recht verstanden werden sollen. Zugleich können damit auch im Konkreten die Probleme verdeutlicht werden, die in diesem Kapitel vom Grundsätzlichen her angegangen worden sind.

Literatur

Die Darstellung dieses Kapitels stützt sich vornehmlich auf:

R. Bocklet: Öffentliche Verantwortung und Kooperation. In: Deutscher Bildungsrat (Hrsg.): Umrisse und Perspektiven der Weiterbildung. Stuttgart 1975.

Die skizzierten unterschiedlichen Positionen kommen zum Ausdruck in:

A. Beckel/K. Senzky: Management und Recht der Erwachsenenbildung. Stuttgart 1974.

W. Schulenberg u. a.: Strukturplan Weiterbildung. Köln 1975.

Insgesamt ist die Literatur zur Gesetzesproblematik der Erwachsenenbildung noch mager. Am differenziertesten ist ein Gutachten, das der Deutsche Bildungsrat in Auftrag gegeben hatte:

H. Brinckmann/K. Grimmer: Rechtsfragen der Weiterbildung, der Information und der Statistik. Stuttgart 1974.

Unter welchen Bedingungen ein Erwachsenenbildungsgesetz entsteht, ist dargestellt in:

W. Gotter: Entstehung und Auswirkung des Niedersächsischen Gesetzes zur Förderung der Erwachsenenbildung. Hannover 1973.

Eine Zusammenstellung der Gesetzestexte und zum Teil auch der Ausführungsbestimmungen findet sich in:

K. E. Bungenstab/H. Keim: Grundlagen der Weiterbildung. Köln 1973. 3. Lieferung 1976.

4.2. Rechtsträger und Einrichtungen

Das institutionelle Gefüge der Erwachsenenbildung ist für den Außenstehenden schwer zu durchschauen. Er wird diesen Tatbestand zuerst einmal auf die Breite des Angebots und auf seine sehr unterschiedlichen möglichen Funktionen zurückführen. Indes müßte ein Nebeneinander Transparenz nicht ausschließen. *Das gravierendere Strukturmerkmal ist denn auch die institutionelle Staffelung der Erwachsenenbildungsorganisation, die, vom Adressaten nicht immer bemerkbar, einen Einfluß auf die Angebotsstruktur hat.* Diese institutionelle Staffelung mit ihren unterschiedlichen Initiativen und Blockierungen erklärt am ehesten, warum das Weiterbildungsangebot in Regionen, die sich in ihrer Infrastruktur nicht deutlich unterscheiden, dennoch sehr unterschiedlich sein kann.

Institutionelle Staffelung erscheint als eine treffende Bezeichnung dafür, daß zur Realisierung von Erwachsenenbildung mehrere Instanzen zusammenwirken müssen. Was der Teilnehmer — gleichsam als Letztinstanz — erfährt, ist die Veranstaltung. Diese wird von einer Erwachsenenbildungseinrichtung organisiert. Diese Einrichtung wiederum bedarf eines Rechtsträgers, der entweder zugleich der Unterhaltsträger ist oder der für die Finanzierung sorgt. Da es sich meist um eine Mischfinanzierung handelt, können noch weitere Einflußfaktoren das institutionelle Gefüge komplizieren.

Von dieser institutionellen Staffelung war vor der Gesetzgebungswelle für die Erwachsenenbildung in der Literatur selten die Rede. Obwohl die Theoriedebatte vornehmlich um die Legitimation von Erwachsenenbildung kreiste, wurde der institutionelle Aspekt kaum beachtet. Zum Teil dürfte darin ein Verdrängungsprozeß zum Ausdruck kommen. Zu einem anderen Teil dürfte dieses Ausklammern aber auch darauf zurückzuführen sein, daß das Verhältnis von Träger und Einrichtung außerordentlich variantenreich ist und sich nicht ohne weiteres auf einfache Beschreibungs- und Erklärungsformeln bringen läßt. Nichtsdestoweniger muß man die Grundstruktur dieses Verhältnisses kennen, um die bildungspolitische Diskussion über Erwachsenenbildung einschätzen zu können. Nicht zufällig hat die Gesetzgebung eine solche Beschäftigung unabweisbar gemacht. Während nämlich die spezifisch erwachsenenpädagogischen Probleme unter denen diskutiert werden können, die die Erwachsenenbildungsarbeit selbst tun und wobei die Trägerzugehörigkeit nicht von vornherein die Verständigung erschweren muß, kommen auf der bildungspolitischen Ebene vor allem die Rechts- und Finanzträger ins Spiel.

Die damit wirksam werdenden komplexen Strukturen machen sich vor allem angesichts der Aufforderung zur Kooperation bemerkbar. Sie wirft nämlich die Frage auf, wer die Kooperationspartner sind bzw. sein sollten. Die Regelung, daß, wer operiert, auch kooperieren soll, erscheint zwar plausibel, entspricht in unserem Fall aber nicht ohne weiteres der Realität. Man muß sich klarzumachen versuchen, warum dies so ist. Dazu ist es erforderlich, näher darauf einzugehen, welche verschiedenartigen Beziehungsgeflechte es zwischen Trägern und Einrichtungen geben kann. Wer einwendet, daß dies durch Satzungen fixiert sein müßte, übersieht, daß formale Regelungen oftmals faktisch durch eingespielte Interaktionsmodalitäten überlagert werden.

Die registrierbaren Unterschiede im Verhältnis von Trägern und Einrichtungen sind zum Teil historisch bedingt, zum Teil Ergebnis spezifischer aktueller Interessenkonstellationen; zum Teil verweisen sie auf Grundsätzliches; zum Teil sind sie pragmatisch und taktisch begründet. Meist standen Initiativen von Privatpersonen am Anfang. Im Laufe der Zeit wurde eine Rechtskonstruktion erforderlich. Mit den wachsenden Aufgaben erschien dann vielfach auch der privatrechtliche Status nicht mehr als ausreichend, und es wurde die Verankerung bei einem öffentlich-rechtlichen Träger gesucht. Aber auch der umgekehrte Weg ist durchaus üblich; ein gesellschaftlicher Großverband hat ein Interesse, durch Erwachsenenbildung wirksam zu werden. Er betreibt diese aber nicht selbst, sondern schafft dafür eine Rechtskonstruktion, ja es kann sein, daß für eine solche Auslagerung mehrere Trägerinstanzen geschaffen werden, um so gezielt wie möglich arbeiten zu können. *Diese voneinander abweichenden Trägerstrukturen lassen auf eine unterschiedliche Intensität des Einflusses schließen, den ein Träger auf eine Einrichtung ausübt.* Sie erschweren zudem eine Repräsentation der Erwachsenenbildung im Gesamtbildungssystem.

Relativ eindeutig erscheint die Situation bei den Volkshochschulen. In der Art der Wahrnehmung ihrer Aufgaben erscheinen sie als Einheit. Indessen: ihre Träger sind entweder die Gebietskörperschaften oder eingetragene Vereine. Daß in ihnen in der großen Mehrzahl der Fälle die Gebietskörperschaften maßgeblich vertreten sind, ändert nichts daran, daß Schwierigkeiten entstehen können, wenn eine überregionale Trägervertretung notwendig ist, etwa in Kreisbeiräten und Landeskuratorien. Zum Teil übernehmen die Gebietskörperschaften diese Funktion. Ihre Stellung im Kontext der Erwachsenenbildung ist aber interpretationsbedürftig, weil sie auf das „Ganze" sehen müssen. Deshalb finden sich oftmals in Gremien, in denen ansonsten die Träger erscheinen, Vertreter der Volkshochschulen. Sie sind dort dann oft isoliert. Da aber auch die anderen Mitglieder von Kooperationsgremien nicht immer einen eindeutigen Status im Verhältnis von Träger und Einrichtung haben, verwirrt dies die Frage nach der Kompetenz von Beiräten und Kuratorien (vgl. auch Kapitel 4.4.). Hinzu kommt, daß das Verhältnis von Trägern und Einrichtungen im Falle der Volkshochschulen bisher von keiner der beiden Seiten in seinen Konsequenzen durchdacht ist. Erst Dieter Sauberzweig hat dies in den letzten Jahren unter dem Aspekt der demokratischen Legitimation unternommen, ohne daß seine Anstöße wirklich aufgegriffen worden wären. Statt dessen wird immer noch eine wenig ergiebige Diskussion über den für eine Volkshochschule geeigneten Rechtsstatus geführt. Damit unterbleibt die an sich nicht schwierige Abwehr der Behauptung, die Volkshochschule zu fördern, bedeute eine „Verstaatlichung" der Erwachsenenbildung. Sie wird vielmehr durch eine Diskussion gestützt, die sich an Ausnahmefällen orientiert, in denen eine parlamentarische Instanz einen Programmteil moniert, der ihr in einem kommunalen Weiterbildungszentrum, das zur Ausgewogenheit verpflichtet ist, deplaziert erscheint.

In den Bereichen der Erwachsenenbildung außerhalb der Volkshochschule, die nach den Landesgesetzen anerkannt sind und eine Förderung aus Landesmitteln genießen, ist das Verhältnis von Trägern und Einrichtungen noch um einiges komplizierter. *Für Statistiken und für die Zusammensetzung von Kooperationsgremien ist eine Gliederung nach Trägergruppen üblich geworden.* Danach kann man vor allem Einrichtungen in kirchlicher Trägerschaft und Einrichtungen in der Trägerschaft der Sozialpartner unterscheiden, wobei neben DGB, DAG und Einrichtungen der Wirtschaft auch eine eigene Trägergruppe im Bereich der Landwirtschaft wirksam ist.

Dieses auf den ersten Blick einleuchtende Bild ist von Außenkriterien abgeleitet. Lockere Zusammenschlüsse dienen als Hilfskonstruktionen für die bildungspolitische Wirksamkeit. Diese ist auch beträchtlich. Sie wäre vermutlich noch größer, wenn es nicht innerhalb und unterhalb dieser Außenvertretung ein sehr kompliziertes Gefüge sich zum Teil überlagernder und zum Teil divergierender Träger und Einrichtungen gäbe. Zum Teil ist das Organisationsgefüge aufgabenorientiert, zum Teil ist es durch die unterschiedliche Organisationsstruktur der Träger bedingt. Diese sind teilweise Rechtskonstruktionen, die allein für den Zweck eines Aufgabenbereichs der Erwachsenenbildung geschaffen wurden, teilweise sind sie im gesellschaftlichen Verbundsystem fest verankerte und mit komplexen Aufgaben betraute Organisationen. Daß unter diesen Umständen die Kommunikation in Kooperationsgremien erschwert ist, verwundert nicht.

Eine weitere Komplikation aus institutioneller Sicht kann sich daraus ergeben, daß die überregionalen Zusammenschlüsse Doppelmitgliedschaften nicht ausschließen. Dabei ist nicht nur an Institutionen zu denken, die ausdrücklich zum Zwecke der effizienten Kooperation gegründet worden sind, wie etwa die Arbeitsgemeinschaft zwischen Volkshochschule und

Deutschem Gewerkschaftsbund „Arbeit und Leben". Am auffälligsten ist diese Überlagerung bei Internatseinrichtungen der Erwachsenenbildung. Sie gehen zum einen Zusammenschlüsse ein, die durch ihren Veranstaltungstypus bestimmt sind, wie die Arbeitsgemeinschaft der Heimvolkshochschulen oder der Arbeitskreis deutscher Bildungsstätten. Zum anderen gehören sie aber auch über ihre Träger anderen Zuordnungsgruppierungen an, wie etwa der Arbeitsgemeinschaft katholischer Erwachsenenbildung.

Will man das Feld der Erwachsenenbildung insgesamt ins Auge fassen, reicht es nicht aus, den Blick auf die kommunale bzw. quasi-kommunale Volkshochschule und auf die Einrichtungen der gesellschaftlichen Verbände zu richten. Auch wenn sie durch die Ländergesetze besonders gefördert und damit relativ transparent sind, sollte man nicht unterschätzen, was außerhalb dieser Gruppierungen geschieht. *Erst unter dem Druck der Bildungsurlaubsdiskussion ist erkennbar geworden, in welchem Umfang betriebliche Erwachsenenbildung stattfindet.* Sicherlich ist diese zu einem beträchtlichen Teil auf bestimmte Funktionsveränderungen am Arbeitsplatz bezogen. Schließt man sie aber nicht in die Überlegungen ein, entsteht ein verkürztes Bild von dem, was im Bereich der Erwachsenenbildung geschieht. So sollte auch berücksichtigt werden, was der „größte Arbeitgeber", der Staat, unternimmt. Bei den Angeboten für die eigenen zivilen Bediensteten handelt es sich zwar weitgehend um Veranstaltungen, die denen der Industrie für die Führungskräfteschulung entsprechen. Hinzu kommen aber die umfangreichen Aktivitäten im Interesse der schulischen und beruflichen Qualifikation der Bundeswehrangehörigen. Hier wird im Keim schon für eine Bevölkerungsgruppe das praktiziert, was in der internationalen Diskussion als periodischer Wechsel von Ausbildung und Beruf (recurrent education) bezeichnet wird, sei es in einem eigenen Angebotssystem, sei es in Kooperation mit anderen Einrichtungen.

Zu nennen ist auch der durch kommerzielle Unternehmen ausgefüllte Bereich der Erwachsenenbildung. Diese beherrschen weitgehend den Korrespondenzunterricht. Mit der Einrichtung der Zentralstelle der Länder für das Fernlehrwesen und mit dem Tätigwerden des Bundesinstituts für Berufsbildung auf dem Gebiete der Kontrolle der Fernunterrichtspraxis ist eine spürbare Bereinigung eingetreten. Die pädagogischen Probleme eines Lernens auf dem Wege der Einbahnkommunikation allerdings bleiben. Das sollte allerdings nicht übersehen lassen, daß es eine beträchtliche Zahl erwachsener Lerner gibt, die aus Erfahrungsgründen meinen, auf diesem Wege am besten lernen zu können. Außerdem ist heute die Verbindung mit Direktkursen zumindest dann üblich geworden, wenn es sich um langfristige, abschlußbezogene Lehrgänge handelt, die auch eine staatliche

Anerkennung vermitteln. Die Auswirkungen des am 1. 7. 1977 in Kraft getretenen Fernschulgesetzes sind noch nicht zu übersehen.

Seitdem der Strukturplan des Bildungsrates erschienen ist, ist der Begriff des flächendeckenden Systems der Weiterbildung üblich geworden. Fernunterricht und Massenmedien (Medienverbund) können hier eine Hilfe leisten. *Indessen entheben diese die kommunale Selbstverwaltung nicht der Aufgabe, sei es durch Gesetz dazu verpflichtet, sei es in Rücksicht auf die Interessen ihrer Bürger, auf ein Angebot hinzuwirken, das jedem gewährleistet, in einer für ihn vertretbaren Entfernung das Angebot zu finden, das er sucht oder braucht.* Eine solche Zielprojektion ist sicherlich nicht in aller Konsequenz realisierbar. Auch ist bekannt, daß Erwachsene je nach Härte der Motivation unterschiedlich lange Wege vom Wohn- bzw. Arbeitsort zum Lernort auf sich nehmen. Wichtig aber erscheint es daher, für ein durchlässiges Angebot zu sorgen, d. h. daß man einen Lernweg, den man in relativer Nähe begonnen hat, bei weitergehenden Ansprüchen in größerer Entfernung fortsetzen kann. *Was demnach anzustreben ist, ist ein Baukastensystem gestufter Dezentralisation und Zentralisation.* Darin sollte künftig auf dem Hintergrund der im letzten Kapitel zitierten Grundrechtsverbürgung ein Kriterium für die Weiterbildungsentwicklungsplanung gesehen werden. Zugleich wird dabei aber die gegenwärtige Struktur des Angebots im Hinblick auf Trägerschaft, Verteilung und Differenzierung zu beachten sein.

Literatur

Die „Träger“-Problematik ist noch ein Dunkelfeld der Erwachsenenbildungsliteratur. Eine erste Beschreibung auf der Basis von Selbstdarstellungen bietet:
J. H. Knoll: Einführung in die Erwachsenenbildung. Berlin 1973.

Mit dem Akzent auf Niedersachsen und mit einem Ausblick auf die DDR:
E. Niehuis: Analyse der Erwachsenenbildung in der BRD und in der DDR. Heidelberg 1973.

Für das Verhältnis von Volkshochschule und Kommune bietet Hinweise die Sammlung von Aufsätzen und Vorträgen:
D. Sauberzweig: Bildungsreform und Stadtkultur. Braunschweig 1978.

Die hier vorgenommene Trägergliederung entspricht der Darstellung in:
P. Hamacher: Entwicklungsplanung für die Weiterbildung. Braunschweig 1976.

4.3. Formen und Inhalte des Angebots

In der Diskussion um die gesetzliche Regelung der Erwachsenenbildung hat die mangelnde Transparenz des Angebots häufig Verständigungsschwierigkeiten bereitet. Mit gesetzlichen Regelungen wird daher unter anderem bezweckt, Übersichtlichkeit herzustellen. Sie ist aber nicht nur wegen des im letzten Abschnitt skizzierten vielschichtigen Verhältnisses von Trägern, Einrichtungen und Veranstaltungen schwer zu erlangen. Auch die Veranstaltungen selbst können unterschiedlich strukturiert sein. Sie sind nicht allein schon durch die Nennung von Titeln, die den Inhalt signalisieren, gekennzeichnet. *Während die Organisation der Schule letztlich an Jahrgangsklassen und Unterrichtsstunden orientiert ist, innerhalb derer dann verschiedene Ziele, Inhalte und Methoden plaziert werden, gibt es für die Erwachsenenbildung ein solches einheitliches Organisationsmuster nicht.* Dieser Umstand ist nicht allein durch die Unterschiedlichkeit der Träger bedingt. In ihm kommt vielmehr auch zum Ausdruck, daß Erwachsenenbildung sehr unterschiedliche Funktionen erfüllen kann und daß ihre Adressaten auf sehr unterschiedliche Weise für ein Weiterlernen ansprechbar sind. Um markt- und lernwirksam arbeiten zu können, muß daher mit den Angeboten deutlich markiert werden, was sie bezwecken und welche Form der Mitarbeit sie voraussetzen. Diese vorher ausdrücklich anzukündigen ist auch deshalb notwendig, weil in einem großen Teil der Erwachsenenbildung zu dieser Mitarbeit nicht verpflichtet werden kann. Es haben sich daher verschiedene Beteiligungsmuster eingespielt, auf die mit der Angebotsstruktur von vornherein Rücksicht genommen wird. Diese Rücksicht findet in der Präsentation verschiedener Veranstaltungsformen ihren Niederschlag.

Diese Veranstaltungsformen sind ein spezifisches Kennzeichen der Erwachsenenbildung. Sie erscheinen auf den ersten Blick als Intention von Veranstaltern, die einen Vortrag anbieten, Gesprächsmöglichkeiten oder Unterweisungen. Sie wären in ihren spezifischen Ausprägungen aber nicht möglich, wenn sie nicht jeweils spezifischen Bedürfnissen und Erwartungen der Adressaten entsprechen würden. Diese können nämlich

— sich über ein Thema, von dem sie etwas gehört haben, näher, aber unverbindlich orientieren wollen
— sich über ein Problem, das ihnen begegnet ist, mit anderen in geregelten Formen aussprechen wollen
— bestimmte Kenntnisse und Fähigkeiten für bestimmte Zwecke in kontrollierbarer Weise erwerben wollen
— sich in Betätigungsformen üben wollen, die ihnen als eine Bereicherung des Freizeitlebens erscheinen

— einen für sie entstandenen Konflikt mit anderen, die in ähnlicher Situation sind, gemeinsam lösen wollen, wobei sie annehmen, daß dazu gemeinsame Lernprozesse verhelfen.

Diese unterschiedlichen Intentionen, die mit der Bereitschaft zum Weiterlernen verbunden sein können, verlangen jeweils ein unterschiedliches Maß an Eigenbeteiligung und sozialem Kontakt. Wie diese Beteiligung und dieser Kontakt in einzelnen Angeboten der Erwachsenenbildung aussehen sollte, darüber muß von vornherein Klarheit bestehen bzw. eine Vereinbarung erreicht werden, wenn die Veranstaltung zufriedenstellend und wirksam sein soll. Dabei geht es noch nicht um die im einzelnen anzuwendenden Arbeitsweisen, sondern um die Grundlage der Veranstaltung und um die Rolle, die der Leiter dabei übernimmt, der Vortragender, Unterweiser, Gesprächsleiter, Moderator etc. sein kann. *Mit der Unterscheidung verschiedener Veranstaltungsformen kann transparent werden, was von den Teilnehmern erwartet wird, worauf sie sich einlassen, wenn sie sich anmelden.* Im Rahmen der Veranstaltungsformen sind durchaus noch verschiedene methodische Vorgehensweisen möglich. Sie können allerdings nicht mehr beliebig gewählt werden. Welche Affinitäten und welche Unvereinbarkeiten dabei bestehen, welche Bündelungen in Verbindung mit verschiedenen Lernzielen und Lerninhalten naheliegen, darüber wird im Kapitel 6. noch zu sprechen sein. Hier geht es nur um die Organisationsmuster, gleichsam um die Außenseite der Angebotsstruktur. Diese kommen in den Veranstaltungsformen zum Ausdruck. Auch sie stellen eine institutionelle Bedingung von Erwachsenenbildung dar. Sie sind nicht an bestimmte Träger und Einrichtungen gebunden, wenn diese auch fallweise bestimmte Veranstaltungsformen bevorzugen oder vernachlässigen. Derartige Erscheinungen hängen aber mit inhaltlichen Gewichtungen und mit dem Grad des Organisationsniveaus zusammen.

Der folgende Katalog von Veranstaltungsformen wird im Hinblick darauf erläutert, daß die Teilnehmeranforderungen das wichtigste Unterscheidungsmerkmal sind. Die Erläuterungen werden also so formuliert, daß sie den Adressaten unmittelbar ansprechen und daß die Bezeichnungen für die Veranstaltungen operationalisierbar und für Ankündigungen geeignet sind. Dies erscheint deshalb wichtig, weil unter den Veranstaltern keineswegs Einigkeit in der Verwendung der Terminologie besteht.

Vortrag

Sie hören einen Redner, der sich zu dem angegebenen Thema in einer einmaligen Veranstaltung zusammenhängend äußert; Fragen können in der anschließenden Diskussion geklärt werden.

Sonderformen:

— Podiumdiskussion
Sie hören mehrere Fachleute oder Interessenvertreter zu einem festgelegten Thema verschiedene Aspekte oder Meinungen vortragen und haben dabei die Möglichkeit, durch Fragen oder eigene Beiträge den Verlauf der Diskussion auf dem Podium mitzubestimmen.

— Expertenbefragung
Sie haben die Gelegenheit, mehrere Fachleute oder Interessenvertreter nach ihren Erkenntnissen oder Meinungen zu befragen. Wozu die Experten Stellung nehmen sollen, wird von den Teilnehmern an der Veranstaltung vorbereitet und bestimmt.

Vortragsreihe

Sie hören eine Reihe in sich abgeschlossener Vorträge von mehreren Referenten zu einem Rahmenthema. Der Besuch aller Veranstaltungen ist erwünscht.

Vortragskurs

Sie hören einen Vortragenden, der sein Thema in systematischer Abfolge an mehreren Abenden behandelt und bereit ist, auf Fragen einzugehen. Ihre regelmäßige Teilnahme wird vorausgesetzt.

Unterrichtskurs

Sie werden im Verlauf des Kurses auf eine bestimmtes Unterrichtsziel vorbereitet. Dabei werden Ihre regelmäßige Teilnahme, Ihre regelmäßige Mitarbeit und, je nach Anforderung, auch Ihre Bereitschaft zur häuslichen Vorbereitung vorausgesetzt.

Lehrgang

Sie werden auf ein bestimmtes Prüfungsziel vorbereitet und können am Ende des Lehrgangs bei erfolgreicher Beteiligung ein anerkanntes Zeugnis erwerben.

Arbeitskreis

Sie arbeiten in einer Gruppe unter Leitung eines Fachmannes, der Ihre aktive Beteiligung und Ihre regelmäßige Teilnahme voraussetzt. Die verschiedenen Varianten sind

— Studienkreis
Sie arbeiten sich unter Anleitung eines Fachmannes in den angegebenen Fragenkomplex ein. Hierbei werden von Ihnen Beiträge aus Ihrem eigenen Erfahrungsbereich, kleinere Vorbereitungsarbeiten oder Materialhilfen sowie kritische Äußerungen erwartet. Regelmäßige Teilnahme ist Voraussetzung für eine gute Zusammenarbeit.

— Gesprächskreis oder Aussprachekreis
Sie haben nach einer Einführung des Leiters Gelegenheit, sich selbst Gedanken zu machen, diese auszusprechen und Ihre eigenen Erfah-

rungen und Auffassungen gegenüber denen der übrigen Teilnehmer abzuwägen. Der Leiter übernimmt die Aufgabe, die Meinungen der Teilnehmer zu sammeln, zu ordnen und zu einem abschließenden Ergebnis zu führen.

— Studienbegleitzirkel
  Sie erhalten die Möglichkeit, durch Funk oder Fernsehen gehörte oder gesehene Sendungen in einer Gruppe unter Anleitung zu verarbeiten.
— Arbeitskreis zur Eigentätigkeit
  Sie erlernen unter Anleitung eines Fachmannes die Techniken zur werk- und sachgerechten Ausübung einer Ihren individuellen Neigungen entsprechenden Freizeittätigkeit.

Diese Auflistung ist idealtypisch zu verstehen. Die Veranstaltungsformen werden normalerweise nicht in ihrer reinen Ausprägung realisiert. Es kommt vor, daß sich Kursleiter nicht an die Ankündigung halten und beispielsweise die Teilnehmer weniger zu Worte kommen lassen, als sie es für ihren Studienkreis angekündigt haben. Ebenso muß man damit rechnen, daß die Teilnehmer Hinweise auf die Veranstaltungsformen unbeachtet lassen und aktiveres oder, was noch häufiger ist, passiveres Verhalten an den Tag legen, als es von der Veranstaltungsplanung vorgesehen war. Variabilität im Interesse der Teilnehmererwartung erscheint in der Erwachsenenbildung auch immer vertretbar. Die Spielregeln, die mit der Veranstaltungsform vorgegeben sind, sollten aber nicht ohne ausführlich besprochenen Grund aufgegeben werden. *Setzt man sich nämlich zur Ankündigung in Widerspruch, werden die Erwartungen der Teilnehmer nicht annähernd erfüllt, entstehen Enttäuschungen.* Sie können sehr bald in Verärgerungen übergehen und zum Desinteresse an Weiterbildungsangeboten führen.

Auf einen Mangel des Katalogs muß allerdings aufmerksam gemacht werden. Er ist an den traditionellen Abendveranstaltungen orientiert. In diesen erschöpft sich Erwachsenenbildung aber nicht. Deshalb muß künftig die Zeitorganisation der Veranstaltungen mehr beachtet werden, als es in der hier vorgenommenen Auflistung geschehen ist. Ganztagsveranstaltungen etwa in Verbindung mit dem Arbeitsförderungsgesetz deckt sie noch ab, nicht aber Block- bzw. Internatsveranstaltungen. Von diesen wären ausdrücklich zu nennen

— Wochenendseminare
— Tagungen
— Bildungsurlaubsveranstaltungen
— Studienreisen.

Während Wochenendseminare und Bildungsurlaubsveranstaltungen sich in erster Linie nur durch Zeitrhythmus bzw. Zeitumfang von den Veranstaltungen in Intervallform abheben und am ehesten eine Veranstaltungsorganisation in Projektform erlauben, also die Orientierung an einer Problemstellung, die handlungsorientiert unter verschiedenen Perspektiven erarbeitet wird, stellt die Tagung eine eigenständige Veranstaltungsform dar. Sie ist vornehmlich von Bildungsstätten und konfessionellen Akademien entwickelt worden. Sie vereinigt für zwei oder mehrere Tage einen Kreis von Interessenten um eine problemorientierte Themenstellung, die unter verschiedenen Aspekten dargeboten und erörtert wird, wobei die äußeren Bedingungen und die Organisationsform eine unterschiedliche Beteiligung der Tagungsteilnehmer bei der gleichen Veranstaltung ermöglichen. Studienreisen schließlich werden im allgemeinen nur dann als Erwachsenenbildungsveranstaltungen im Rahmen der gesetzlichen Förderung anerkannt, wenn Vor- und Nachbereitung damit verbunden sind.

Nun ändert das für die Erwachsenenbildung spezifische Problem der Veranstaltungsformen nichts daran, daß sich der Außenstehende vornehmlich dafür interessiert, w a s im Rahmen der Erwachsenenbildung vermittelt wird und was man mit den Angeboten erreichen kann. Damit stellt sich die Frage nach den Inhalten und den Lernzielen. Die erste Antwort darauf kann allerdings nur lauten, daß diese Inhalte und Ziele durch nichts eingeschränkt sind. Letztlich ist es Weiterbildung, wenn ein Fünfzigjähriger noch das Autofahren erlernt oder wenn in der Werbung vielversprechende Yogakurse besucht werden. Diese Art der Unabsehbarkeit hat Erwachsenenbildung einerseits in den Augen vieler so wenig diskussionswürdig erscheinen lassen und andererseits zu so eingrenzenden Definitionen herausgefordert, wie sie im historischen Teil zitiert wurden.

Unabhängig von Abgrenzungsfragen wird man, um einen Überblick zu bekommen, eine Vorordnung vornehmen, sich für einen Raster entscheiden müssen, mit dem dann die Vielfalt des Angebots gegliedert wird. In Rücksicht darauf, daß Erwachsenenbildung sich an Lebenssituationen orientieren muß und auf Motivationen angewiesen ist, hat man in den letzten Jahren — auch für die gesetzliche Regelung etwa in Nordrhein-Westfalen und Rheinland-Pfalz — eine Einteilung in sogenannte Lernfelder versucht und von personorientierter, familienorientierter, berufsorientierter, freizeitorientierter, öffentlichkeitsorientierter, gelegentlich auch von wissenschaftsorientierter und mobilitätsorientierter Weiterbildung gesprochen. Indessen erscheint eine solche Gliederung nicht trennscharf. Sie kann nicht über bevorzugte oder vernachlässigte Inhalte etwas aussagen. Der Praktiker weiß außerdem, daß es keine zwangsläufigen Koppelungen zwischen Teilnehmermotivation und Kursinhalten gibt. Er muß immer damit rechnen, daß ein bestimmtes Thema, eine bestimmte Zielankündigung aus verschiedensten Gründen interessieren kann und daher die Motivation der Teilnehmer an der gleichen Veranstaltung unterschiedlich ist. Es erscheint darum praktikabler und aufschlußreicher, insbesondere, wenn es um die Statistik geht, eine Gliederung nach Stoffbereichen vorzunehmen. Dafür bietet sich der Erhebungsbogen an, den der Deutsche Volkshochschul-Verband und der Städtetag gemeinsam entwickelt haben. Er enthält folgende Aufteilung: Gesellschaft und Politik — Erziehung, Philosophie, Religion, Psychologie — Kunst — Mathematik, Naturwissenschaften, Technologie — Verwaltung und Kaufmännische Praxis — Sprachen — Manuelles und Musisches Arbeiten — Hauswirtschaft — Gesundheit und Körperpflege — Vorbereitung auf Schulabschlüsse.

Die Anwendbarkeit einer solchen Grundgliederung ist nicht an eine Trägergruppe gebunden. *Allerdings werden die einzelnen Stoffbereiche je nachdem, auf welche eine Trägergruppe besonderes Gewicht legt, unterschiedlich stark ausdifferenziert werden müssen, wenn ein konkretes Bild des Angebots entstehen soll.* Dies gilt insbesondere dann, wenn man dieses Bild nicht auf die Veranstaltungen beschränkt wissen will, die durch die Ländergesetze für die Förderung anerkannt sind. Die Struktur der Träger, der unterschiedliche Verbindlichkeitsgrad der Angebote und das Problem der Abgrenzung machen Erhebungen außerordentlich schwierig und begrenzen ihren Aussagewert. So gibt es derzeit nur eine Statistik, die versucht hat, ein Gesamtbild zu erstellen. Dieses sieht unter dem Gesichtspunkt der inhaltlichen Gliederung und der Zuordnung nach Trägergruppen folgendermaßen aus (s. Tab. S. 92/93).

Diese Tabelle läßt Zusammenhänge zwischen Trägergruppen und Inhalten erkennen, die aufgrund der Zielsetzung der Träger meist auch plausibel sind. *Das mit Abstand umfassendste Angebot findet sich bei den Volkshochschulen.* Trotz ihrer Spannweite ist allerdings auch bei ihnen ein Schwerpunkt zu erkennen. Er liegt bei den schulbezogenen Stoffgebieten. Andere aber sind, soweit sie nicht besonders spezialisiert oder funktionalisiert erscheinen, nicht ausgeschlossen.

Ebenso deutlich wie die Relation zwischen Trägergruppen und Inhalten ist die zwischen Trägergruppen und Veranstaltungsformen. Während berufsnahe Träger sich meist auf Veranstaltungen langfristiger Art konzentrieren, der Lehrgangscharakter im Vordergrund steht, herrscht im Bereich der konfessionellen Erwachsenenbildung, soweit sie nicht in Internatsform arbeitet, noch der Vortrag und die Vortragsreihe vor. Die Volkshochschulen nehmen eine mittlere Position ein. Sind sie voll ausgebaut, finden sich meist bei ihnen auch alle Veranstaltungsformen und die durchschnittliche Dauer liegt im Vergleich zum Gesamtangebot in der Mitte. Sie richtet sich gewöhnlich nach der Einteilung in Arbeitsabschnitte (Semester/Tri-

Gesamtangebotsstruktur

Beteiligung der Bildungsträger an den einzelnen Themenbereichen der Weiterbildung nach Unterrichtsstunden 1973

Themenbereich	Unterrichtsstunden insgesamt	Darunter durchgeführt von									
		Unternehmen	Wirtschaftsverbände	Behörden	Arbeitnehmer	Volkshochschulen	Evangelische Kirche	Katholische Kirche	Schulen	Wissenschaftliche Anstalten	Organisationen der Wohlfahrtspflege
	%										
Philosophie	100	3,5	1,3	0,9	—	39,2	18,2	19,4	—	0,8	4,3
Theologie	100	—	0,3	0,4	—	2,3	32,1	50,5	3,0	5,2	4,0
Soziologie	100	0,4	2,4	0,8	15,4	3,5	9,0	7,8	12,1	43,1	2,6
Politikwissenschaft	100	0,7	5,6	2,1	9,6	17,4	16,0	14,3	0,7	25,0	2,3
Pädagogik	100	4,0	6,1	6,6	0,3	31,2	10,6	10,6	15,2	10,4	2,3
Psychologie	100	5,1	1,3	2,0	0,1	45,1	9,7	8,2	1,9	19,8	3,3
Volkswirtschaft, Rechtswiss., Statist.	100	5,1	6,7	32,4	7,2	10,9	4,2	4,1	0,7	22,8	3,1
Mathematik	100	4,4	1,8	10,8	3,3	54,6	0,3	1,3	5,8	16,0	0,2
Naturwissenschaften	100	1,2	4,3	3,3	1,3	51,7	4,5	10,8	2,3	12,9	1,4
Geschichte, Literatur	100	0,1	0,9	14,0	4,9	52,5	5,2	7,8	0,6	9,3	1,1
Sprachwiss., Philologie, Sprachen	100	8,0	1,3	0,4	1,7	74,5	0,1	0,4	10,4	2,8	0,2
Kunst	100	1,3	1,0	1,6	—	64,6	7,6	6,9	1,9	8,9	0,6
Gesundheitswesen, Medizin	100	1,3	1,4	0,8	0,0	4,9	3,1	1,6	2,9	9,2	70,3
Schutzmaßn., Umwelt, Verkehrssich.	100	3,7	4,6	58,9	0,2	2,8	1,2	1,3	0,1	4,7	11,5
Betriebswirtschaft, -führung, -lehre	100	39,0	12,9	1,4	10,9	5,8	1,9	0,3	1,8	22,4	3,2
Arbeitsvorbereitung und Fertigung	100	23,4	6,4	0,1	1,9	2,8	—	0,0	0,5	63,6	0,2
Elektronische Datenverarbeitung	100	45,0	2,6	0,3	29,5	3,9	—	0,0	0,0	16,5	1,1
Rechnungswesen, Buchhaltung	100	6,2	19,4	3,7	16,2	26,2	0,0	—	13,7	11,4	2,6
Einkauf, Verkehr, Absatz, Werbung	100	39,7	27,0	2,2	—	9,0	0,0	0,6	1,2	16,8	3,0
Bürowesen, -technik, -arbeiten	100	2,2	1,1	0,2	9,2	39,5	—	0,2	17,6	29,5	0,2

Konstruktion, Konstruktionselemente	100	27,3	1,1	7,7	18,5	23,5	—	—	3,7	17,3	—
Werkstoffe, Waren (-kunde u. -prüfung)	100	35,4	13,3	6,4	—	19,9	—	0,6	—	23,4	1,1
Metallbe- und -verarbeitung	100	3,0	32,8	5,4	—	0,4	—	—	24,6	33,8	0,0
Kunststoffbe- und -verarbeitung/ Anwendung	100	16,1	24,3	48,4	—	2,3	—	—	0,5	3,2	—
Besondere Techniken	100	20,6	18,4	9,0	6,9	3,9	—	0,2	12,6	26,1	0,1
Fertigungstechniken, -methoden	100	32,6	6,0	2,2	3,8	2,7	0,1	0,1	21,9	25,7	0,2
Land- u. Forstwirtschaft, Tierzucht	100	0,1	14,2	51,9	—	7,7	0,3	0,4	14,4	4,9	—
Dienstleistungen	100	56,5	11,2	2,3	5,5	3,3	0,3	0,6	4,0	12,0	0,6
Vorbereitung auf Prüfungen, Ausbildung zur Fach- u. Hochschulreife, zum Betriebswirt, Wirtschaftsingenieur usw.	100	3,4	8,6	3,5	6,1	10,9	—	0,3	58,0	8,4	0,4
Förderkurse allgemein	100	13,1	6,6	3,2	1,9	35,4	1,2	0,7	17,7	13,2	5,2
Öffentliche Verwaltung, Steuer- u. Finanzwesen	100	24,1	4,5	48,7	1,1	4,7	1,3	0,6	0,0	1,1	0,9
Landes-, Regional-, Städteplanung	100	1,2	3,6	2,3	—	4,2	6,2	2,5	1,1	73,5	0,1
Hauswirtschaft (Kochen, Nähen, Garten)	100	1,9	2,3	3,3	—	45,5	7,0	2,6	11,8	0,9	20,9
Hobby	100	0,2	1,1	1,5	—	71,6	4,3	4,1	1,6	0,2	6,3
Unterhaltung, Spiele	100	—	2,1	6,6	—	69,2	9,7	6,8	0,7	0,2	2,3
Sport, Gymnastik, Wandern	100	—	2,4	9,7	0,2	53,7	1,3	2,9	7,5	6,4	7,8
Ohne Angabe	100	25,6	20,5	0,8	0,5	19,5	5,6	2,4	21,0	3,2	0,7
Themenbereiche insgesamt	100	10,5	5,5	4,6	5,1	28,8	2,8	2,9	15,7	15,0	6,7

Abweichungen in den Summen durch Runden der Zahlen.

Quelle: Baden-Württemberg in Wort und Zahl. Heft 11/75, S. 335.

mester) und beträgt dementsprechend zwischen 20 und 30 Unterrichtsstunden.

Die Angebotsstruktur wird etwas übersichtlicher, wenn man Statistiken heranzieht, die sich auf das Angebot beschränken, das im Rahmen der Ländergesetze gefördert wird. Dafür bieten sich allerdings präzisierte Unterlagen nur aus Niedersachsen an.

	Arbeitsumfang in Unterrichtsstunden		Finanzhilfen nach Nieders. EB-Gesetz
VHS	781 399	(73,8 %)	44,9 %
Arbeit und Leben	65 507	(6,2 %)	29,7 %
AG Ländliche EB	37 332	(3,5 %)	5,3 %
Evangel. EB	30 637	(2,9 %)	6,9 %
Katholische EB	60 817	(5,7 %)	4,7 %
DAG	83 384	(7,9 %)	8,4 %

Quelle: Landesverband der Volkshochschulen Niedersachsens e. V.: Statistische Materialien II. Hannover 1977, S. 189.

Interessieren nicht nur statistische, sondern auch erwachsenenpädagogische Gesichtspunkte, dann ist nicht nur nach den Inhalten, sondern auch nach den Bildungsfunktionen zu fragen, die mit den jeweiligen Veranstaltungen erfüllt werden. In den Diskussionen der letzten Jahre ist zudem die Relevanz der Lernziele immer mehr in den Vordergrund gerückt worden. Auch in diesen Fällen fragt es sich, wie die Vielfalt des Angebots erkenntnisträchtig aufgeschlüsselt werden kann. Bildungsfunktionen und Lernziele sind allerdings nicht statistisch erfaßbar. Es sind nur Profilierungen durch Typologie möglich. *Versucht man das Spektrum der Bildungsfunktionen zu identifizieren, so wird der Unterschied zur Schule deutlich. Er liegt nicht so sehr, wie man lange Zeit suggeriert hat, im Lernprozeß selber, sondern in dem Umstand, daß bei nebenberuflichem Lernen die Funktionen dieses Lernens nicht mehr ohne weiteres in ihrer Vielfalt erfüllt werden können, sondern jeweils deutliche Akzente gesetzt werden müssen.* So kann man etwa für Erwachsenenbildungsveranstaltungen folgende Funktionen heuristisch unterscheiden:
- Aktuelle Information
- Vermittlung von Kenntnissen
- Vermittlung von Fähigkeiten
- Bewahrung von Kenntnissen und Fähigkeiten
- Vermittlung von Überblicken
- Problemorientierung
- Erfahrungs- und Meinungsaustausch
- Entfaltung der Phantasie

— Reflexion von Sinn
— Soziales Lernen und Handlungsanregung.

Zweifellos spricht vieles dafür, eine Veranstaltung nicht auf eine dieser Funktionen zu beschränken. Es kommt andererseits aber der Bildungswirksamkeit zugute, wenn bei einer Veranstaltung klar ist, welche dieser Funktionen mit ihr abgedeckt werden sollen.

Eine Beschreibung der Angebotsstruktur von Erwachsenenbildung unter dem Aspekt ihrer Funktion verweist bei aller notwendigen Abstraktion darauf, daß es besonderer organisatorischer Initiativen bedarf, wenn ein solches Angebot auch realisiert werden soll. Es ist dafür eine Ermittlung von Planungsdaten erforderlich. Das Curriculum-Instrumentarium läßt sich dafür in situationsgerechter Abwandlung nutzen. Wie dies geschehen kann, wird im Kapitel 6. noch zu erörtern sein. An dieser Stelle, an der es um die institutionellen Bedingungen geht, kann nur die Frage der Angebotsorganisation aufgegriffen werden. Faßt man die Erwachsenenbildung insgesamt ins Auge, so ist nur der kleinere Teil durch vorgegebene Lehrpläne festgelegt. Diese begrenzen den Planungsspielraum nicht so sehr wie das Verhalten der Adressaten oder in bestimmten Bereichen auch das Vorhandensein anderer ähnlich gelagerter Angebote. Diese Faktoren, die sich aus der erwachsenenpädagogischen Situation ergeben, machen in eigentümlicher Weise etwas erforderlich, was schon beim Aufzeigen der bildungspolitischen Rahmenbedingungen als ein Bestandteil der Planung genannt wurde, die Kooperation.

Literatur

Vgl. hierzu die bei Kapitel 4.2. angegebene Literatur.

Versuche zu einer terminologischen Festlegung sind in der Bundesrepublik noch nicht unternommen. Welche Differenzierung dabei möglich erscheint, zeigt eine Darstellung aus Österreich:

Konferenz der Erwachsenenbildung Österreichs, Projektgruppe: Zur Terminologie der Erwachsenenbildung (= Erwachsenenbildung in Österreich, Sonderreihe Heft 7, 1977).

Zu den Veranstaltungsformen:

H. Tietgens: Lernen mit Erwachsenen. Braunschweig 1967.

4.4. Anspruch und Wirklichkeit der Kooperation

Wohl kaum ein Begriff ist in der erwachsenenbildungspolitischen Literatur des letzten Jahrzehnts so häufig zu finden wie der der Kooperation. In den Gesprächen der September-Gesellschaft 1966 zuerst ventiliert, ist er mit dem Erscheinen der Empfehlung ›Gesamtplan für ein kooperatives System der Erwachsenenbildung‹ 1968 in Baden-Württemberg zu einem Angelpunkt der öffentlichen Diskussion geworden. Seither wird der „Wildwuchs“, wie es Georg Picht genannt hat, beklagt. *Öffentliche Verantwortung soll Transparenz im Interesse derer schaffen, die weiterlernen wollen.* Indessen wird aus gesellschaftspolitischer Perspektive der öffentlichen Hand eine Koordinierungsfunktion abgesprochen. Daher wird für die Selbstregulation plädiert. Bei der Verwirklichung zeigen sich allerdings Schwierigkeiten. Ein am Verbandspluralismus orientierter politischer Ordnungswille einerseits und die Arbeitsbedingungen, Zielprojektionen und Organisationsstrukturen der Erwachsenenbildung andererseits konnten bisher nicht in die gewünschte wirksame Beziehung zueinander gebracht werden. In diesem Dilemma dürfte die fundamentalste Ursache dafür zu suchen sein, daß der Erwachsenenbildung zwar deklaratorisch zentrale Bedeutung zugesprochen wird, daß sie praktisch aber als eine Nebensache behandelt wird. Dieser Tatbestand ist um so gravierender, als der Kooperationsbegriff ein der Erwachsenenbildung innewohnendes Problem trifft, das auch unabhängig von ordnungspolitischen Gesichtspunkten zu bedenken ist. Es geht darauf zurück, daß Erwachsenenbildung als Ausdruck ihrer relativen Freiwilligkeit von gelungenen Interaktionen im Planungsprozeß abhängt.

Angesichts der hier skizzierten Situation erscheint es angebracht, die Motive zu untersuchen, deretwegen von Kooperation gesprochen wird, und die Formen, die sie faktisch annehmen kann. *Dabei ist an gesetzlich verankerte Kooperationsgremien zu denken, aber auch daran, wie Kooperation bei konkreten Arbeitsvollzügen auszusehen pflegt.* Es ist daher zu fragen, wofür und bei welchen Planungsschritten sie wirksam werden kann, welche Kontaktformen üblich bzw. empfehlenswert sind, welche Schwierigkeiten sie behindern.

Der Kooperationsbegriff ist im Zuge der verstärkten Förderung der Erwachsenenbildung durch die öffentlichen Hände in den Vordergrund gerückt worden. Wer bis dahin, mit welchen finanziellen Mitteln auch immer, Veranstaltungen organisiert hatte, die als Erwachsenenbildung zu bezeichnen waren, meldete Ansprüche an. Für das Verteilungssystem mußten Kriterien gefunden werden. 1964 hat die Kultusministerkonferenz Förderungskriterien formuliert. Selbst die wichtigsten, die Zugänglichkeit für alle und die Offenlegung der Finanzierung, erwiesen sich als auslegbar und damit politischen Einflüssen unterworfen. Man hoffte darauf, diesen Einfluß durch Kooperationsgremien (Landesbeiräte, Kreiskuratorien etc.) zu kanalisieren. Indessen behinderte deren Zusammensetzung ihre Funktionsfähigkeit. Da die Kooperationsgremien aus politischen Motiven eingerichtet wurden, sind ihre Mitglieder nach den formalen Bestimmungen Vertreter der Träger. Insoweit diesen aber pädagogischen Planungsaufgaben angesonnen werden, etwa den vielzitierten „Wildwuchs" einzuschränken und zu Programmabstimmungen zu kommen, wäre es sinnvoller, wenn Vertreter der Einrichtungen Mitglieder der Kooperationsgremien wären. Faktisch ist die Zusammensetzung denn auch meist „gemischt". Dies ist aber eher darauf zurückzuführen, daß das Verhältnis von Trägern und Einrichtungen, wie im Kapitel 4.2. gezeigt, nicht immer eindeutig ist und daß Träger einen unterschiedlichen Aktivitätsgrad entwickeln. Hinzu kommt, daß Vertreter von regionalen Verbänden oftmals eine Zwischenstellung zwischen Trägern und Einrichtungen einnehmen. Auf jeden Fall führt die gemischte Zusammensetzung zu Verständigungsschwierigkeiten. Die multilaterale Kooperation, an der viele beteiligt sind, ist so eher erschwert.

In gleicher Weise wirkt es sich aus, daß von den meisten Kooperationspartnern die Gleichstellung aller zur Bedingung der Kooperation gemacht wird. Da ihre tatsächliche Erwachsenenbildungstätigkeit aber sehr unterschiedlich ist, sowohl was das Angebotsvolumen als auch die regionale Verteilung, was die inhaltliche Gewinnung und was die Bildungsfunktionen und Veranstaltungsformen anlangt, ist die Konsensfähigkeit in den Kooperationsgremien ebenso eingeschränkt wie der Realitätsgehalt ihrer Empfehlungen. *Die Gemeinsamkeit zeigt sich immer dann, wenn es um erwachsenenpädagogische Probleme geht, die sich in den Veranstaltungen selbst zeigen. Daher ist eine Verständigung unter Vertretern von Einrichtungen immer eher zu erwarten als bei Vertretern von Trägern.*

Obwohl also die Ansätze zu einer institutionalisierten Kooperation das, was sie bezwecken sollten, kaum erreicht haben, wird weiterhin, wie vor allem offizielle Stellungnahmen zeigen, ungebrochen für sie plädiert. Angesichts der Interessenlagen und Machtkonstellationen ist dies nicht verwunderlich. Es macht sich daher auch selten Widerspruch bemerkbar, wenn das Eintreten für eine pluralistisch strukturierte Demokratie auf die vorgegebenen Verbandsstrukturen verengt wird. Geht es um die Funktionsfähigkeit eines Sozialkörpers, so hat dies viele Argumente für sich. *Die Verbandsstrukturen aber auch auf den Bildungsbereich und auf die Erwachsenenbildung durchschlagen zu lassen, ist keineswegs so normengerecht und realitätsnah, wie es meist hingestellt wird.* Dies gilt sowohl für die demokratietheoretischen als auch für die lernpsychologischen Begründungen. Im ersten Fall geht es um Legitimierung und Sicherung der Interessen- und Meinungsvielfalt. Diese ist aber durch eine von den öffentlichen Händen getragene Erwachsenenbildung nicht eingeschränkt. Im Gegenteil, diese muß sie gerade gewährleisten und vielfach erst herstellen. Insofern sie durch ein demokratisch legitimiertes Gremium kontrolliert wird, trägt sie den Pluralismus in sich selbst. Daß sie im Einzelfall Einseitigkeiten unterliegen kann, wird damit nicht bestritten. Entscheidend ist aber, daß diese öffentlich korrigiert werden können. Wenn hingegen die Angebotsstruktur der Erwachsenenbildung insgesamt nach dem Subsidiaritätsprinzip organisiert wird, sieht sich der Wahlwille des einzelnen einem vorstrukturierten Angebot gegenüber, das nicht am Individuum, sondern an einer Gruppierung orientiert ist. Daran zu erinnern erscheint an der Zeit, weil ein Sich-Verwahren gegen die Koppelung des Lernens und der Bildung an eine Entscheidung für eine vorweggenommene, vielfach nicht einmal auf den Lerngegenstand bezogene Bindung in der bildungstheoretischen Diskussion selten geworden ist und die Impulse zur Aufklärung damit verleugnet werden. Dieser Tatbestand rührt daher, daß die bildungstheoretische Diskussion heute weitgehend von der Prämisse einer Verknüpfung von Bildung und Parteinahme beherrscht wird. Dies hat zu einer merkwürdigen Allianz von Subsidiaritätsdenken und Kapitalismuskritik geführt.

Auch die lernpsychologische Begründung für ein verbandspluralistisch getragenes System der Weiterbildung ist nicht zwingend. Sie stützt sich auf die schon im Kapitel 3. erörterte These, daß Erwachsene eher und besser weiterlernen, wenn sie es in Verbindung mit ihrer Umgangsgruppe tun können. Eine entsprechende Rücksicht nötigt aber nicht zu einer subsidiären Erwachsenenbildungsorganisation, denn Zugehörigkeit zur Umgangsgruppe und Mitgliedschaft zu Verbandsorganisationen decken sich heute nicht ohne weiteres. *Die Adressaten der Erwachsenenbildung — die, die weiterlernen wollen — erwarten Angebote von einer genuinen Einrichtung der Erwachsenenbildung, die nicht institutionell an eine gesellschaftliche Gruppe gebunden ist, sondern die sich als Schule für Erwachsene ausweist.* Dies zeigt sich an empirischen Untersuchungen ebenso wie an der Existenz der Volkshochschulen. Zu beachten allerdings ist: der Verzicht der Institution auf Bindung muß ein individuelles Engagement der Lehrenden und Lernenden nicht ausschließen.

Bei der bisher erörterten Kooperation handelt es sich um eine organisatorische multilaterale. An ihr sind viele beteiligt, die jeweils ihre generellen Interessen einbringen, sich kaum aber mit gemeinsam konkreten Vorhaben befassen. Äußerungen solcher Gremien bleiben meist im Deklaratorischen. Es kommt kaum dazu, daß ihre Handlungsvollzüge miteinander verzahnt werden. Anders wird dies, wenn man sich zu einer bilateralen pädagogischen Kooperation zusammenfindet, d. h., wenn zwei Einrichtungen über ein bestimmtes Vorhaben miteinander verhandeln, das sie entweder aufeinander abstimmen oder miteinander durchführen wollen. Bildungspolitische Überlegungen treten dann hinter lernorganisatorischen zurück. Die Erfolgschancen sind größer, weil nicht jeweils ein verbandspolitisches Interesse generell auf dem Spiel und weil das gemeinsame Vorhaben eher unter der Kontrolle derer steht, für die es geplant wird. Der Vorteil dieser gemeinsamen Planung ist, daß die jeweils unterschiedlichen Ressourcen der Beteiligten zusammen wirksam werden können.

Trotz der genannten Vorzüge ist auch die bilaterale Kooperation zwischen Einrichtungen verschiedener Träger nicht so häufig und nicht so erfolgreich, wie die optimistischen Grundtöne der Diskussion über Kooperation erwarten lassen. Daß dem nicht allein begreifliches Interessendenken entgegensteht, wird daran deutlich, daß auch die trägerinterne Kooperation, wie zahlreiche Äußerungen erkennen lassen, häufig zu wünschen übrig läßt. Für diese Mängel können mancherlei Gründe angeführt werden. Der Kern der Schwierigkeit dürfte darin liegen, daß die Vorbereitung von Erwachsenenbildungsveranstaltungen von außerordentlich vielen und häufig wechselnden Außenfaktoren abhängig ist. Die Ausgangslage ist unsicher und die Störelemente sind zahlreich. Jederzeit kann die Organisationsplanung von unerwarteter oder veränderter Wirklichkeit überholt werden. Dies ist für die Erwachsenenbildung durchaus das Normale. Vielfach wird die Kooperation daher zur Absicherung von Planungsdaten gesucht. Zugleich aber vermehrt der Kooperationspartner auch die Unüberblickbarkeiten. Kommt es zu Pannen, liegt es nahe, die Gründe dafür beim anderen zu suchen. Das belastet dann die Zusammenarbeit. Man sollte aber bedenken, wie selten auch anderwärts Intentionen zweier Menschen wirklich zusammenspielen. Die Unterschiedlichkeit der intersubjektiven Wahrnehmung macht sich allenthalben bemerkbar. Schon an sich unproblematische Terminabsprachen können zu Mißverständnissen führen. Zugespitzt formuliert: Kooperation erfordert ein Ausmaß an Zuverlässigkeit, wie es kaum noch gelernt wird, wenn es technische Bedingungen nicht erzwingen.

Alle diese Beobachtungen und Bedenken sollten nicht hindern, sich um bilaterale, unmittelbare Kooperation zu bemühen. Man sollte nur nicht suggerieren, die Strukturprobleme der Erwachsenenbildung mit einem Kooperationsgebot lösen zu können. Dieses wäre ein Widerspruch in sich. Das Positive der Kooperation erwächst aus dem freien Entschluß. Wenn er nicht so häufig gefaßt wird, als es wünschenswert erscheinen mag, dann spielt dabei der Zeitaufwand, der mit Kooperation verbunden ist, eine beträchtliche Rolle. Und diese Zeit ist für Mitarbeiter in der Erwachsenenbildung immer knapp. *Am wirksamsten ist Kooperation deshalb dann, wenn sie funktions- und projektbezogen an übersehbaren Beispielen entwickelt wird.* Hier hat die Selbstorganisation ihr festes Fundament. Liegen mit konkreten Beispielen einmal positive Erfahrungen vor, können auch weitere Schritte unternommen werden, wie etwa gemeinsame Datenerhebung, Werbung, Medienmaterialsammlung. Fortbildung, etc.

Zu bedenken ist allerdings: das bisher Gesagte hat sich auf einen Bereich möglicher Kooperation beschränkt, nämlich auf den, zu dem die durch Landesgesetze anerkannten Institutionen untereinander aufgefordert sind. Es gibt jedoch weitere Kooperationsfelder, die für diese Institutionen unterschiedlich sind, weil sie in ihren jeweiligen Trägerbereich hineinreichen. Dies gilt etwa für die Volkshochschulen, die in den letzten Jahren die Zusammenarbeit mit anderen kulturellen Instituten der Gemeinden betont haben. Für konfessionelle Einrichtungen können andere kirchliche Organisationen Kooperationspartner sein und für gewerkschaftliche Bildungseinrichtungen gilt ähnliches.

Kooperation erfährt dann eine weitere Qualität, wenn sie nicht bei Planung und Absprache stehenbleibt, sondern zum Bestandteil des Lehr-Lernprozesses gemacht wird. Dies ist in exemplarischer Weise beim Medienverbund der Fall. Er ist für die Erwachsenenbildung mit dem Ausbau des Bildungsfernsehens bedeutsam geworden. Die Kooperation hat hier mehrere Phasen durchlaufen. Die Aversion, die etwa in den 20er Jahren von der Volkshochschule als dem „Gegen-Kino“ sprechen ließ, wurde sehr schnell überwunden. Sehr früh schon gab es Fernseh-Arbeitskreise, die sich im Kontakt mit Rundfunkanstalten medienkritisch betätigten. Sehr bald wurden auch Begleitkurse zu Bildungssendungen eingerichtet. Inzwischen sind die Anforderungen an die Kooperation aufgrund von Erfahrungen und im Zusammenhang mit konzeptionellen Überlegungen weiter präzisiert worden. *Danach kann von einem Medienverbundsystem erst dann gesprochen werden, wenn die Teile des Verbundes — die Sendung, das schriftliche Begleitmaterial und der Begleitzirkel — in ihrer didaktischen Beziehung zueinander von vornherein gemeinsam geplant sind.* Eine solche enge Kooperation wird derzeit noch selten praktiziert. Es machen sich Schwierigkeiten bemerkbar, die zu einem Teil durchweg bei Kooperationsbestrebungen auftreten, die zu einem anderen Teil aber für das Verhältnis von Medienproduktion und herkömmlicher Unterrichtsorganisation kennzeichnend sind.

Die generellen Probleme der Kooperation treten beim Medienverbund deutlicher als sonst in Erscheinung, weil er einen höheren Grad von Verbindlichkeit bei der Zusammenarbeit erfordert, als dies anderwärts der Fall ist. Beispielsweise wird bei der Kooperation gewöhnlich ein Gleichgewicht der Kooperationspartner angezielt. Faktisch wird es aber selten erreicht. Meist macht sich eine treibende Kraft bemerkbar, die bei der Zusammenarbeit ein Übergewicht erhält. Für den Medienverbund gibt es dementsprechend meist auch ein Leitmedium. Dies erscheint so lange nicht problematisch, wie es im Rahmen des intendierten didaktischen Kontextes bleibt. Oftmals wird dieser Rahmen aber gesprengt. Jeder Kooperationspartner und jede Medienart hat eine eigene Präsentationsgesetzlichkeit. Eine pflegt sich gewöhnlich durchzusetzen und die Verbundkooperation zu prägen. Dieser Tatbestand hat nicht nur eine technische und eine didaktische Bedeutung. Vielmehr bringen die Kooperationspartner unterschiedliche Lebensdeutungen ein, die ihre Aktivitäten akzentuieren. Die unterschiedlichen Arbeitsstile in den verschiedenen Lehr-Lernbereichen, die im Medienverbund zusammenwirken müssen, verursachen Reibungsflächen. Hinzu kommt, daß die produktionspolitischen Erwägungen der Rundfunkanstalten und die adressatenbezogenen Bedenken und Sorgen der Erwachsenenbildungseinrichtungen, die jeweils durchaus verständlich sind, nur schwer in der Kommunikation miteinander auf den gemeinsamen Nenner einer Verständigung gebracht werden können. Nicht zuletzt wird immer wieder das zu späte Einbeziehen der Verbundpartner in die Planung der Sendeanstalten moniert. Indessen sind die vielzitierten Probleme der Zeitorganisation, zu denen auch der unterschiedliche zeitliche Sende- bzw. Veranstaltungsrhythmus gehört, nur der sichtbare Ausdruck von Strukturproblemen. Solange der Zeitdruck die Produktion bestimmt, wird die Kritik am Medienverbund immer Anknüpfungspunkte haben. Bisher hat die Medienproduktion kaum je ihren Vorteil zu nutzen verstanden, ungestört vorausplanen zu können und nicht unmittelbar in einem Prozeßverlauf reagieren zu müssen. Eine andere Schwierigkeit besteht zweifellos darin, daß die Kooperationspartner im Bereich der Direktkurse nicht ohne weiteres den Funktionswandel vollziehen können, den ihnen der Medienverbund abverlangt, nämlich aus der Rolle des Informators in die des Lernberaters überzugehen (vgl. Kapitel 6.6.).

Schwierigkeiten der Interaktion müssen deshalb besonders auffallen, weil Erwachsenenbildung insgesamt, auch wenn sie nicht unter einem politischen Kooperationsgebot steht und auch keine Verpflichtungen durch den Medienverbund anstehen, häufiger auf kooperative Aktivitäten, auf soziale Interaktion außerhalb des Unterrichts selbst angewiesen ist, als dies für andere Bildungsbereiche gilt. *Für die Erwachsenenbildung ist diese soziale Interaktion geradezu konstituierend. Denn sie kann nicht von festen Beständen ausgehen, sondern sie muß sich prozessual je neu herstellen.* Sie kann weder mit festen Lehrplänen rechnen noch mit festem Personal, weder mit sicherem institutionellen Rahmen, noch mit einem gesicherten Bestand von Teilnehmern. Sie muß dies alles durch soziale Interaktion ständig erneuern. Die Arbeitsvoraussetzungen müssen immer neu recherchiert, Meinungsführer müssen angesprochen, Kursleiter gewonnen, Räume ausgehandelt, Teilnehmer gehalten werden. Insofern ist die politisch angestoßene Kooperation für die Erwachsenenbildung nur ein Teilaspekt der Interaktionsanforderungen, die im Interesse ihrer Adressaten generell gegeben sind. Damit stehen aber auch diejenigen unter Anforderungen besonderer Art, die in der Erwachsenenbildung tätig sind. Das Personal stellt so einen wichtigen Faktor im Bedingungsrahmen der Erwachsenenbildung dar.

Literatur

Die Kooperationsdebatte ist vor allem angeregt worden durch das im Auftrag des Kultusministers von Baden-Württemberg herausgegebene Gutachten:
Gesamtplan für ein kooperatives System der Erwachsenenbildung. Villingen 1968.

In der hier vorgenommenen Problemdarstellung wird vor allem Bezug genommen auf:
R. Bocklet (vgl. Kapitel 4.1.).

Eine weitere Beschäftigung mit der Problematik ermöglicht:
H. Keim/J. Olbrich/H. Siebert: Strukturprobleme der Weiterbildung. Düsseldorf 1973.

Zur projektbezogenen Kooperation vgl.:
H. J. Jüchter: Kooperation der Träger der Weiterbildung auf lokal-regionaler Ebene. In: Deutscher Bildungsrat (Hrsg.): Bildungsurlaub als Teil der Weiterbildung. Stuttgart 1973.

Über Probleme des Medienverbundes informieren:
G. Dohmen/G. Kadelbach/K. Meissner: Fernstudium, Medienverbund/Erwachsenenbildung. Braunschweig 1970.
S. Grimm: Fernstudium und Studienabbruch. München 1976.
H. Ruprecht u. a.: Medienzentren im Bildungssystem. Braunschweig 1971.
H. Ruprecht u. a.: Bildungsfernsehen und Weiterbildung. Braunschweig 1977.

4.5. Das Personal und seine Aufgaben

Das in der Erwachsenenbildung tätige Personal ist mit sehr unterschiedlichen Aufgaben befaßt. Der größte Teil der Lehrtätigkeit wird nebenberuflich ausgeübt. Das gilt vor allem für die betriebliche Fortbildung und für die offenen Veranstaltungen, die am Abend stattfinden. Dieser Tatbestand wird nicht nur als Nachteil angesehen. *Da Erwachsenenbildung flexibel auf die Bedarfslagen reagieren und ihre Angebote häufig verändern muß, liegt es nahe, mit nebenberuflichen Kursleitern zu arbeiten.* Für sie spricht auch, daß sie aufgrund ihrer Berufsfelderfahrung für große Teile des Erwachsenenbildungsangebots die Erwartungen der Teilnehmer kennen. Auf diesem Hintergrund wird es verständlich, daß der größte Teil der hauptberuflichen pädagogischen Mitarbeiter, sieht man einmal von den Internaten ab, mit disponierenden Aufgaben befaßt ist. Dies gilt auch unabhängig davon, wie die Mitarbeiter im einzelnen bezeichnet werden (Fachbereichsleiter, Studienleiter, Programmassistent etc.).

Die Hochschätzung der Berufserfahrung für eine Tätigkeit in der Erwachsenenbildung ging lange Zeit so weit, daß hauptberufliche Mitarbeiter generell für nicht angebracht gehalten wurden. Zumindest wurde Erwachsenenbildug nicht als eine eigenständige Berufsmöglichkeit angesehen. Man wünschte sich vielmehr Mitarbeiter, die aus anderen Berufen kamen. Man nahm an, daß ihnen der Umgang mit Erwachsenen besser gelingen würde, weil sie deren Lebenswelt aus eigener Erfahrung besser kennen. *Erst in den 60er Jahren hat sich die Einsicht durchgesetzt, daß hauptberufliche Kräfte unentbehrlich sind, daß der Personalbestand ausgebaut werden muß und daß es Vorteile hat, wenn die neuen Mitarbeiter sich im Studium mit Erwachsenenbildung beschäftigt haben.* Wenn Erwachsenenbildung zu selbständigem Lernen anregen soll, dann muß kritische Reflexion auch für die Mitarbeiter wünschenswert erscheinen. In den letzten Jahren hat sich denn auch die Zahl der hauptberuflichen Mitarbeiter beträchtlich vermehrt. Die Erfahrungen mit Hochschulabgängern haben allerdings vielfach dazu veranlaßt, doch wieder in stärkerem Maße auf Bewerber zurückzugreifen, die schon Berufserfahrung mitbringen.

Das Rekrutierungsfeld für den Berufsnachwuchs in der Erwachsenenbildung ist nicht genau fixiert. Eine solche Offenheit ist in jüngsten Erklärungen sowohl von ministerieller Seite als auch von den anstellenden Instanzen mehrfach betont worden. Der Studienabschluß wird zwar als Normalvoraussetzung angesehen, der Inhalt dieses Studiums ist aber nicht generell festgelegt. Dies ist auch nicht verwunderlich, wenn man an die sehr unterschiedlichen Aufgaben denkt, die in einer Erwachsenenbildungseinrichtung anstehen. Die Bestimmungen des Nordrhein-Westfälischen Weiterbildungsgesetzes, auf das z. Z. der größte Teil der Neueinstellungen zurückgeht, läßt dahin tendieren, nach Fachbereichsgesichtspunkten auszuschreiben. Für die Volkshochschulen gilt dies auch über Nordrhein-Westfalen hinaus. So wird es zwar als positiv angesehen, wenn Bewerber sich während des Studiums mit Problemen der Erwachsenenbildung vertraut gemacht haben, aber ein Studienabschluß als Diplom-Pädagoge mit Schwerpunkt Erwachsenenbildung gilt keineswegs als Königsweg zur Tätigkeit in der Erwachsenenbildung. Da zu den Arbeitsplatzanforderungen in erster Linie der Kontakt mit den nebenberuflichen Kursleitern gehört, sind Mitarbeiter mit fachdidaktischer Kompetenz im Vorteil. Kann diese bewiesen werden, ist es für sie leichter, Kursleiter vom Wert erwachsenenpädagogischer Gesichtspunkte und Anregungen zu überzeugen. Diese Funktion erscheint aus zwei Gründen wichtig. Zum einen ist für einen großen Teil der nebenberuflichen Mitarbeiter die Lernsituation von Erwachsenen ungewohnt und zum anderen sind bisher allgemeine androgogische Erkenntnisse nur selten in fachdidaktische Kategorien umgesetzt worden. Unter diesem Aspekt erscheint die Einführung eines Zusatzstudiums naheliegend, das auf einem Fachstudium aufbaut. Ein entsprechendes Konzept, das der Arbeitskreis Universitäre Erwachsenenbildung vorgelegt hat, konnte aber noch nicht realisiert werden. Bedenkt man die Situation an den Hochschulen und den begrenzten Bedarf in der Erwachsenenbildung, so erscheint eine solche Realisierung am ehesten in Form eines Fernstudiums denkbar. Ansätze dazu gibt es an der Fernuniversität Hagen.

Wenn die Zahl hauptberuflicher pädagogischer Mitarbeiter sich im letzten Jahrzehnt schätzungsweise vervierfacht hat, was bei absoluten Zahlen von ca. 3000 im Hinblick auf das Angebotsvolumen der Erwachsenenbildung immer noch unzulänglich ist, so steht dieser Trend offensichtlich in Zusammenhang mit dem Bedeutungszuwachs, den die Erwachsenenbildung in dieser Zeit erfahren hat. Wenn sie nicht mehr als eine Randerscheinung angesehen wird, kann auch die Betätigung für sie nicht länger als eine periphere, nebenberuflich zu bewältigende Aufgabe angesehen werden. *Seitdem die Erwachsenenbildungseinrichtungen eine Entwicklung nehmen, die man als Weg von der Improvisation zur Planung bezeichnen kann, ist der Ausbau des hauptberuflichen Personals unabdingbar.* Angesichts der steigenden Anforderungen ist systematische Planung nur durch hauptberufliche Mitarbeiter zu erreichen.

Die hier angedeutete Entwicklung ist gelegentlich als Tendenz zur Professionalisierung bezeichnet worden. Versteht man diesen Begriff aber streng in dem Sinne, wie er in den Sozialwissenschaften eingeführt ist, so trifft er nicht das, was in den letzten zehn Jahren in der Erwachsenenbildung geschehen ist. Die Bezeichnung war als Postulat gewählt worden. Man durfte hoffen, mit dem in Mode gekommenen Begriff der Forderung noch mehr hauptberuflichen Mitarbeitern größeren Nachdruck verleihen zu können. Dieser Hinweis erscheint deshalb angebracht, weil einige Kriterien, die wissenschaftlich mit dem Begriff der Professionalisierung verbunden werden, in der Erwachsenenbildung derzeit nicht gegeben sind. Man sollte sich auch davor hüten, über einer theoretischen Professionalisierungsdebatte die realen Anforderungen am Arbeitsplatz der hauptberuflichen Mitarbeiter aus dem Auge zu verlieren.

Diese Mitarbeiter befinden sich, welche Aufgabe sie im einzelnen auch wahrnehmen mögen, in einem Spannungsdreieck von Teilnehmererwartungen, Trägeranforderungen und Selbstanspruch, man kann auch sagen, von Adressatenverhalten, Organisationsbedingungen und eigenem Gestaltungswillen. Dieser Gestaltungswille ist gemeinhin vor allem zu Anfang der Berufstätigkeit relativ stark. Erwachsenenbildung erscheint dem Außenstehenden als ein Tätigkeitsfeld mit einem vergleichsweise großen Freiheitsspielraum. Wer vor einer Berufsentscheidung steht, hofft im Bereich der Erwachsenenbildung von Einengungen verschont zu bleiben, wie er sie in der Verwaltung oder in der Betriebsorganisation vermutet. Er erwartet ein Arbeitsfeld, in dem die Eigeninitiative anerkannt wird und das die Chance vermittelt, etwas zu bewirken, was durch soziale Bezüge entsteht. Manch einer meint auch, in der Erwachsenenbildung eine Sachkenntnis besser erhalten und zur Geltung bringen zu können als in der Schule und durch Disziplinschwierigkeiten weniger gestört zu werden.

Für alle diese Annahmen gibt es Anhaltspunkte. Dennoch entspricht ihnen die Realität gemeinhin nicht. Sie bringt vielmehr mancherlei Enttäuschung mit sich. Sowohl mit den Adressaten als auch mit den Trägern ist es komplizierter. Der Freiraum enthält auch Risiken. *Der hauptberufliche Mitarbeiter ist von den Reaktionen abhängig, die er hervorruft.* Diejenigen, die er mit seinen Initiativen ansprechen will, reagieren keineswegs immer so, wie er es sich wünscht. Daß aus Adressaten Teilnehmer werden, erweist sich gerade dann als schwierig, wenn der Planende meint, etwas Besonderes anzubieten. Es ist zeitraubend, die Kontakte zu pflegen, die notwendig sind, um Zielgruppen zu gewinnen, die nicht von sich aus kommen. Und ein erstes Kommen bedeutet noch lange nicht ein Bleiben. Die zahlreichen Bedingungsfaktoren des Alltagslebens, die davon abhalten, eine Bildungsveranstaltung dauerhaft mitzumachen, werden in ihrer Wirkungskraft oft unterschätzt. Es muß schon viel Einfühlungsvermögen, Kommunikationsgeschick und Geduld aufgebracht werden, wenn es nicht bei einem Programm im Rahmen der Routine bleiben soll.

Es sind aber nicht nur die Teilnehmer, die die Möglichkeiten beschränken. Die Aufwertung der Erwachsenenbildung in den letzten Jahren hat noch nichts daran geändert, daß die finanziellen Mittel begrenzt sind. Vielfach muß noch unter sehr behindernden äußeren Umständen gearbeitet werden. Innovationen sind oft nur im Rahmen eines vorgegebenen, an der Vergangenheit orientierten Finanzvolumens möglich, oder die Deckung der mit ihnen verbundenen Kosten muß in sehr mühsamen Verhandlungen, bei denen es keineswegs nur um das Geplante selbst geht, sichergestellt werden. Wer für Innovationen eintritt, wird an der Erfahrung nicht vorbeikommen, daß mit der Freigabe oder der Zurückhaltung von finanziellen Mitteln auch eine Steuerung verbunden sein kann. Es wird so nahegelegt, zu resignieren und sich auf das zurückzuziehen, was „schon immer gemacht“ worden ist. Frustrationen bleiben nicht aus.

Der Kern der Problematik liegt darin, daß der Entscheidungsspielraum der hauptberuflichen Mitarbeiter formal wenig eingeschränkt ist. Eine andere Frage ist jedoch, was dies in der Realität bedeutet. Es kann sehr anstrengend sein, nicht zu wissen, worin man freie Hand hat. Es wird dann als Nachteil empfunden, daß die Kompetenzen nicht klar festgelegt sind, daß sich vielleicht der eine Initiativen erlauben kann, die dem anderen als ein Überschreiten seiner Zuständigkeit angelastet werden. *Eigenart und Schwierigkeit einer Position in der Erwachsenenbildung besteht darin, nicht nur immer von neuem erproben zu müssen, was bei potentiellen Teilnehmern Resonanz findet und was nicht, sondern zugleich auch je neu bedenken zu müssen, was von seiten des Trägers und letztlich der Öffentlichkeit für vertretbar gehalten wird und was nicht.* In dieser Hinsicht gibt es bei jedem Träger eigene Problemzonen, in denen die Reaktionen nur schwer voraussehbar sind. Geht der hauptberufliche Mitarbeiter von einem theoretischen, während des Studiums selbst gesetzten Anspruch aus, darf er sich nicht scheuen, in diesen Problemzonen tätig zu werden. Gewöhnlich wird er auch nicht ausdrücklich davor gewarnt. Aber gerade deshalb kann er dann sehr bald erfahren, daß er seine ihm zugestandene Kompetenz überschritten hat. Daß diese häufig nicht klar definiert ist und daß es ihm deshalb schwerfällt, die eigene Arbeitssituation zu strukturieren, was eine Voraussetzung dafür ist, sich in ihr wohlzufühlen, ist denn auch ein immer wieder genannter Grund für den Stellenwechsel oder den Berufswechsel, die beide in der Erwachsenenbildung relativ häufig sind. Was also ursprünglich als das Vorteilhafte angesehen wurde, erweist sich nach der Erfahrung oft als das Belastende, Zermürbende.

Die Frage ist allerdings, inwieweit es sich bei der hier beschriebenen Situation um Übergangserscheinungen handelt. Zumindest die internen Schwierigkeiten rühren meist daher, daß ein zu kleiner Mitarbeiterstab ein zu großes Arbeitsvolumen zu bewältigen hat. Zuständigkeiten lassen sich dann nur schwer festlegen, und die Letztentscheidung bleibt allenthalben spürbar. Inzwischen gibt es aber auch voll ausgebaute Erwachsenenbildungseinrichtungen, in denen die Rollenstrukturen geklärt und Reibungsflächen auf ein Minimum beschränkt sind. Indessen können daraus Probleme eines unbezogenen Nebeneinanders entstehen. Das Arbeitsklima ist dann nicht gerade pädagogisch produktiv. Impulse regt es kaum an. Ohne Versuche und Wagnisse kommt es aber zur Stagnation. Und diese bedeutet in der Erwachsenenbildung immer auch einen Rückgang des Angebots. Ob Bedarfsdeckung noch erfolgt, wird nicht mehr kontrolliert, auf Bedürfnisweckung wird verzichtet.

Derartige Folgen einer Formalisierung sind nicht zwangsläufig, zumal die Gefahr einer solchen Tendenz allgemein gesehen wird. Ebenso sollte man sehen, daß Regelhaftigkeit auch Kräfte freisetzen kann. Die Problematik besteht indessen darin, daß Regelungen allzu oft erst dann eingeführt werden, wenn es zu Konflikten zwischen Einrichtung und Träger gekommen ist. Sie werden dann als Restriktion empfunden, und sie sind auch oft als solche gedacht. Darüber gerät in Vergessenheit, daß eine rechtzeitige Institutionalisierung, wozu beispielsweise die Formulierung einer Satzung gehört, für Konfliktfälle Transparenz herstellt. Insofern bedeutet Institutionalisierung auch Absicherung, ein Heraushalten allzu persönlicher Wirkungsfaktoren. Nichtsdestoweniger wird Institutionalisierung heute im Falle der Erwachsenenbildung, wenn man sich an den Improvisationsspielraum erinnert und an die ständige Aufforderung zur Flexibilität denkt, eher als eine Tendenz zur Verfestigung empfunden. Dieser Umstand hat dazu beigetragen, die Ausweitung der Hauptberuflichkeit als Professionalisierung auszugeben. Zu dieser gehört neben anderen Kriterien die Selbstorganisation der Professionalisierten. Das würde für die Erwachsenenbildung eine Solidarisierung über die Träger hinweg bedeuten. Indessen hat sie bisher nicht stattgefunden. Dies erscheint auch nicht verwunderlich, wenn man bedenkt, welche unauffällige, aber starke Position den Trägern in der Organisationsstruktur der Erwachsenenbildung insgesamt zukommt, und wenn man zugleich berücksichtigt, daß Mitarbeiter in der Erwachsenenbildung dagegen kaum ein zugleich systematisiertes und spezialisiertes Wissen, das ebenfalls als Kennzeichen der Professionalisierung gilt, ins Spiel bringen können.

Diese hier grob skizzierte Situation wird von jungen Mitarbeitern insbesondere deshalb als problematisch empfunden, weil sie ihre Funktion nicht nur im Sinne einer auf das Technische beschränkten Planung und einer Wissensvermittlung sehen, sondern weil sie davon ausgehen, daß sie mit ihrer Tätigkeit indirekt Werte und Normen vermitteln und insofern eine sozialisierende Funktion ausüben. In dieser Rolle aber fürchten sie unglaubwürdig zu werden. Denn die Verhaltensnormen, die sie vermitteln wollen, sind wohl treffend mit den Begriffen Mitbestimmung, Autonomie und Solidarität gefaßt. Gerade diese aber sehen sie vielfach in ihrer eigenen Position nicht gewährleistet. Inwieweit dies auf Mißverständnisse und auf einen überhöhten Selbstanspruch zurückgeht, ist nur fallweise zu entscheiden. *Das Kernproblem dürfte sein, daß hauptberufliche Mitarbeiter sich bei ihrem Berufseinstieg eine sozialisierende Wirkungsmöglichkeit versprechen.* Diese ist angesichts der konkreten Arbeitsplatzbedingungen jedoch nur selten gegeben.

Es ist niemandem damit gedient, wenn die Wirkungsmöglichkeiten eines Berufes von einem Idealbild des Arbeitsplatzes abgeleitet werden. Die Wirkungsmöglichkeiten sind letzten Endes größer, wenn man sich an dem orientiert, was das tägliche Geschäft der Erwachsenenbildung ausmacht. Der Teamer in einer Bildungsstätte, als unmittelbarer Sozialisationsfaktor, ist nicht der Normalfall. Und die Bildungsurlaubsgesetze sind so strukturiert, daß er es auch auf absehbare Zeit nicht werden wird. Nicht zu bestreiten ist die sozialisierende Funktion in der betrieblichen Fortbildung. Aber diese zielt nicht gerade auf Autonomie ab. *Außerhalb der genannten Bereiche steht für hauptberufliche Mitarbeiter vornehmlich das im Vordergrund, was heute meist als disponierende Funktionen bezeichnet wird.* Woraus aber bestehen diese im konkreten Fall? In den Arbeitsplatzbeschreibungen wird gewöhnlich ein großzügiges Bild entworfen. Souveräne Planungsaufgaben scheinen danach im Mittelpunkt zu stehen. Indessen reduzieren sie sich sehr bald, wenn hauptberufliche Mitarbeiter von ihrem Tageslauf berichten. Dann wird die Kleinarbeit sichtbar, dann wird deutlich, wieviel Zeit in Details investiert werden muß, wieviel Aufmerksamkeit organisatorischen Abläufen zuzuwenden ist, wie hier und da in letzter Minute etwas geregelt, etwas richtiggestellt werden muß und wie wenig für das Konzeptionelle oder für Kontakte bleibt, von denen ein pädagogischer oder sozialisierender Einfluß ausgehen könnte. Immer wieder geht es darum, alle möglichen Fakten aufeinander abzustimmen, nur auf den Kern der Dinge scheint man nicht zu kommen, wenn man diesen schließlich nicht doch in den bedingenden Faktoren sieht, in der Aufgabe, Hindernisse aus dem Weg zu räumen.

Um ein Aus-dem-Weg-Räumen von Hindernissen handelt es sich im Grunde auch dann, wenn sich der hauptberufliche Mitarbeiter der Bildungs- und Lernberatung widmen kann. Gerade diese Aufgabe wird in jüngster Zeit besonders herausgestellt. Insofern das Beratungsbedürfnis allenthalben zunimmt, wird auch die Bedeutung dieser Aufgabe wachsen. Gegenwärtig indessen ist sie für den hauptberuflichen Mitarbeiter in der Erwachsenenbildung eher so etwas wie eine Nebentätigkeit. Seinen sozialpädagogischen Entfaltungsmöglichkeiten sind zeitlich Grenzen gesetzt, wenn auch je nach Erwachsenenbildungsinstitution in unterschiedlichem Ausmaß. Wie schon in einem anderen Zusammenhang hervorgehoben (vgl. Kapitel 4.4.), steht der Mitarbeiter in der Erwachsenenbildung unter der ständigen Anforderung sozialer Interaktion. Dabei ist er aber genötigt, sie so weit zu verzweigen, daß sie nur selten eine sozialpädagogische Qualität erhält. Ebensowenig aber kann sich der Mitarbeiter in der Erwachsenenbildung allein als Organisator gerieren, wenn er seiner Aufgabe und seinem Interesse gerecht werden will. Denn kaum je hat er es mit Objekten zu tun, immer auch spielen menschliche Qualitäten und menschliche Versäumnisse hinein, wenn es nach außen hin um Sachentscheidungen geht.

Für einen großen Teil der Mitarbeiter allerdings gibt es einen Bereich, auf den sich die Dispositionsaufgaben etwas konzentrieren können. Es ist dies der Kontakt mit nebenberuflichen Mitarbeitern, mit dem Personenkreis also, von dem die Endwirkung ausgeht. In den meisten Fällen ist das Zahlenverhältnis von Haupt- und Nebenberuflichen allerdings so, daß die Kontakte formaler Natur bleiben. Bis vor wenigen Jahren war auch das Finden geeigneter Kurs- und Gesprächsleiter schon schwierig genug. Heute bestehen indessen des öfteren Auswahlmöglichkeiten. Vorentscheidende Gespräche und Einführungen gewinnen damit an Bedeutung. *Auch eine weitergehende Beratung erscheint angebracht, hängt doch die Qualität des Angebots von der Qualität der Kursleiter ab, die sich vor allem in ihrer didaktisch-methodischen Beweglichkeit zeigen muß.* Beratung ist wiederum am sinnvollsten, wenn sie mit Hospitation verbunden ist. Daß hier die zentrale pädagogische Aufgabe des hauptberuflichen Mitarbeiters liegt, wird denn auch weithin anerkannt. Dennoch sind Beratung und Hospitation immer noch recht selten. Wenn nicht die Zeitknappheit daran hindert, dann sind es überlieferte Vorbehalte, die sich hinter dem Hinweis auf die Lehrfreiheit verbergen. Jüngere freie Mitarbeiter sind allerdings in dieser Hinsicht meist aufgeschlossener. Durch häufiger werdende Teamarbeit ist auch die Hospitation auf Gegenseitigkeit selbstverständlicher geworden. Aufgabe des hauptberuflichen Mitarbeiters ist es daher in erster Linie, ein Arbeitsklima zu schaffen, das die freien Mitarbeiter dazu bewegt, nicht nur ihren Kurs „abzuwickeln", sondern sich für den Zusammenhang zu interessieren, in dem er stattfindet.

Eine solche Aufgabe ist nicht einfach, denn der Kreis der freien Mitarbeiter ist bei Einrichtungen, die ein breitgefächertes Programm anbieten, recht heterogen. *Will der hauptberufliche Mitarbeiter die geeigneten Kontaktformen entwickeln, wird er beachten müssen, was die freien Mitarbeiter unabhängig von ihrer nebenberuflichen Mitarbeit tun.* Da gibt es diejenigen, die auch im Hauptberuf in einer Lehrtätigkeit stehen, aber auch solche, die ein berufliches Fachwissen einbringen, das in der Erwachsenenbildung gefragt ist. Ebenso gibt es diejenigen, die ihre private Freizeitneigung anderen zugute kommen lassen wollen. In manchen Bereichen sind auch Personen stark vertreten (z. B. Hausfrauen), die keinen Beruf mehr ausüben, die sich aber zur Verfügung stellen. Einen anderen Typus stellen diejenigen dar, die für bestimmte Aufgaben in ihrem Hauptberuf zeitweilig mit einer erwachsenenbildnerischen Tätigkeit beauftragt und dafür freigestellt werden. Und schließlich sind diejenigen zu nennen, die freiberuflich tätig sind und ihren Lebensunterhalt in mehr oder weniger großem Umfang aus ihrer Mitarbeit in der Erwachsenenbildung bestreiten. Ob es nun darum geht, freie Mitarbeiter zu gewinnen oder sie zu beraten, für die Fortbildung zu sorgen oder ihre Rechtslage zu erkennen, immer wird der Hauptberufliche die unterschiedliche Herkunft seiner Kursleiter zu beachten haben. Noch sind Einstellung und Arbeitsweise der freien Mitarbeiter nur sehr sporadisch untersucht. Immerhin wird es an ihrem Sachverstand für ihre nebenberufliche Aufgabe in den seltensten Fällen fehlen. Die Frage für den hauptberuflichen Mitarbeiter ist aber, inwieweit sie in übergreifende Konzeptionen einzubeziehen sind. Ebenso stellt sich für ihn die Frage, inwieweit sie erwachsenenpädagogischer Hilfen bedürfen, wie diese aussehen können und unter welchen Bedingungen sie angenommen werden. Versucht der hauptberufliche Mitarbeiter darüber eine Kommunikation herzustellen, wird er auf sehr unterschiedliche Vorstellungen treffen. Um für diese Kommunikation selbst befähigt zu sein, muß er mit der theoretischen Diskussion über Erwachsenenbildung und ihrer didaktisch-methodischen Planung vertraut sein.

Literatur

Einen ersten Einblick in die Probleme des Erwachsenenbildungs-Personals bietet:
W. Schulenberg u. a.: Professionalisierung der Erwachsenenbildung. Braunschweig 1972.

Einen neueren Stand vermittelt:
U. Wirth, in: H. H. Groothoff/U. Wirth: Erwachsenenbildung und Industriegesellschaft. Paderborn 1976.

Eine Perspektive für die Zukunft vermittelt:
Planungskommission Erwachsenenbildung und Weiterbildung des Kultusministers Nordrhein-Westfalen: Zur Entwicklung der Weiterbildung. Köln 1975.

Die Personalsituation für den Bereich der Volkshochschulen ist im Rahmen der Berufsbilder der Bundesanstalt für Arbeit dargestellt:
H. Tietgens: Leiter und pädagogischer Mitarbeiter an Volkshochschulen. Bielefeld 41976.
Neuerdings auch: W. Gieseke/H. Tietgens/A. Venth: Zur Berufseinführung und Fortbildung für eine Tätigkeit in der Erwachsenenbildung, Heidelberg 1979.

Hinweise für die Situation der nebenberuflichen Kursleiter finden sich in:
W. Schneider u. a.: Freie Mitarbeiter in der Erwachsenenbildung. Braunschweig 1975.

5. ANSÄTZE ZU EINER THEORIE

5.1. Wandel der Legitimation

Die verschiedenen Zugänge zur gegenwärtigen Situation der Erwachsenenbildung, die hier zu eröffnen versucht wurden, zeigen die Komplexität der Bedingungen und Erscheinungen, mit denen es der zu tun bekommt, der sich der Erwachsenenbildung zuwendet. Bei allen dargestellten Ansätzen konnte auf eine Fülle realer, aber längst nicht immer durchschaubarer Faktenzusammenhänge verwiesen werden. Alle Ansätze konnten aber auch nur verfolgt werden, indem auf theoretische Implikationen hingewiesen wurde, ja indem auch eigene derartige Implikationen in die Darstellung eingebracht wurden. Gerade das notwendige außerordentliche Maß an Vorverständnis und Vorentscheidung hat indessen dazu beigetragen, daß sich zwar eine Fülle von Elementen für eine Theorie der Erwachsenenbildung benennen lassen, daß es sie selbst aber nicht eigentlich gibt.

Insofern bisher Erwachsenenbildung nichts Selbstverständliches war, führte jede nachdenkliche Beschäftigung mit ihr auf die Frage des Wozu. In den verschiedensten Zeiten sind darauf die verschiedensten Antworten gegeben worden. Immer dann, wenn dies nicht nur individuell, gleichsam zur privaten Entschuldigung geschah, hatten die Antworten eines gemeinsam: Sie griffen sehr weit aus. Ob es auf das Individuum bezogene Ideale waren oder mit der Gesellschaftsinterpretation begründete Ziele, immer war der Anspruch hoch gespannt. Dies wohl nicht zuletzt, weil die Realität, die als Erwachsenenbildung vorgewiesen werden konnte, und die öffentliche Anerkennung, die sie fand, vergleichsweise dürftig waren. *Erwachsenenbildung sah sich seit eh und je einem Legitimationszwang ausgesetzt.* Das hat ihr Nachdenken über sich selbst verkrampft. Und das hat dazu beigetragen, daß sie gerade deshalb selten ernst genommen wurde.

Auf diesem Hintergrund erscheint es im ersten Augenblick paradox, bei einigem Nachdenken aber nicht mehr verwunderlich, wenn die erste relativ geschlossene, repräsentative und gesellschaftlich bemerkbare Selbstdarstellung der Erwachsenenbildung als ihren Zweck gerade das Zweckfreie herausgestellt hat. Dies jedenfalls ist eine Vorstellung, die in den zwanziger Jahren dieses Jahrhunderts die Äußerungen über Erwachsenenbildung fast durchweg beherrscht hat. Und sie blieb noch maßgebend bis weit in die fünfziger Jahre hinein (vgl. Kapitel 1.2. und 1.3.). Allerdings gab es auch schon immer zielgewissere Ansätze zur Erwachsenenbildung. Sie konnten sich indessen nur geltend machen, wenn sie sich in den Dienst einer Gesinnung stellten, die gesellschaftliche Wirksamkeit beanspruchte, gleichgültig, ob diese nun christlicher oder marxistischer Provenienz war. Demgegenüber betonte die Erwachsenenbildung, wie sie etwa von den Volkshochschulen vertreten wurde, ihre Freiheit in Distanz von allem kollektiven Ansinnen. Indem sie aber, angetrieben durch ein tief verankertes, aber selten präzisiertes Unbehagen an der Gesellschaft, dieses Freiheitspostulat zur Ideologie der Zweckfreiheit entgleiten ließ, blieben zwei in ihr virulente Bildungsmotive unwirksam: die Kritik an der Warengesellschaft und die Einsicht, daß gesellschaftliche Veränderungen Mentalitäts- und Verhaltensänderungen des Individuums voraussetzen. Denn sosehr auch die Lebensbedeutsamkeit betont wurde, das Ziel war doch in eine ästhetische Sphäre verlegt. Dabei reüssierte die Wendung zur Innerlichkeit keineswegs zu einer Machtinstanz, weder unter den Polarisierungstendenzen der Weimarer Republik noch unter dem Restaurationssog der Nachkriegszeit. Dieser ließ vielmehr die private Resonanz immer geringer werden. Unter ihm verlor der geheime Orden der zweckfrei Gebildeten seine letzte Anziehungskraft.

Wodurch es zu dem Wandel im Selbstverständnis der Erwachsenenbildung gekommen ist, worauf die Änderung der Legitimationskonzepte zurückzuführen ist, ob mehr durch Selbsteinsicht und kritische Diskussion oder eher durch die Notwendigkeit der weltwirtschaftlichen Konkurrenz nach dem Mauerbau, die eine Aufwertung der Bildung, wenn auch weiterhin unter Herrschaftskontrolle, erforderte, das ist heute ein Streitpunkt, hinter dem verschiedene gesellschaftstheoretische Prämissen stehen. Diese Kontroverse ist aber durch historische Daten entschieden. *Die Abkehr vom zivilisationskritischen Argumentationsarsenal, die Hinwendung zu einem neuen Bestimmungsgrund vollzog sich, bevor die ökonomische Expansion bildungspolitisch relevant wurde.* Der Bewußtseinswandel ging hier vorauf. Allerdings: Wenn er Resonanz fand, dann hatte dies durchaus auch ökonomische Gründe. Aber auch sie waren mentalitätsbedingt. Das Ungewöhnliche, was gefangennahm, war das stetige Wachstum. Seine durchaus auch vorhandene Problematik wurde verleugnet. Gesehen wurde nur, daß Weiterlernen sich lohnen konnte, auch wenn es keine anerkannten Bescheinigungen dafür gab.

Wenn so Erwachsenenbildung von ihren Teilnehmern als Chance angesehen wurde, relativ unauffällig ihre eigenen Möglichkeiten zweckbestimmt zu erproben, so stützte dies zwar den Wandel der Legitimationsargumente, bestimmte ihn aber nicht. *Das treibende und zugleich absichernde Moment war die früher nicht gekannte Orientierung an der Wis-*

senschaft und insbesondere an einer Sozialwissenschaft, die sich freizuhalten bemühte von vorweggenommenen Interpretationsmustern der Gesellschaft und diese daher als eine offene zu erkennen vermochte. Gestärkt wurde dieser Konnex auch dadurch, daß man auf diese Weise Erwachsenenbildung aus der Tradition ihrer Deutschtümelei zu befreien erhoffte. Komplexität als Chance und nicht als Verhängnis erkennen zu lassen, darum ging es, wenn über nüchtern empirisch gewonnene Einsichten hinaus Orientierungsmarken gesetzt wurden. Aber indem der Erwachsenenbildung angesonnen wurde, Modernitätsrückstände aufzuholen, die Diskrepanz zwischen gesellschaftlicher Realität und gesellschaftlichem Bewußtsein aufzuheben, bewegte man sich abermals auf einer Anspruchsebene, die über die Realität hinwegging.

An dieser war orientiert, was in der Erwachsenenbildung faktisch geschah, insofern sie marktgerecht sein mußte. Das aber war das Gegenteil des Zweckfreien, insofern die Bildungserwartungen in den sechziger Jahren sich weitgehend als instrumentell erwiesen. Die Basis für personalistische Ansätze ging dabei allerdings keineswegs verloren. Daran sollte man erinnern, weil gemeinhin nur das, was zu überwiegen scheint, zur Charakteristik einer Zeit herangezogen wird. *Selbsterprobung bezieht sich und bezog sich auch damals nicht allein auf das Weiterkommen, sondern auch auf das Zurechtfindenkönnen.* Der personale Kern privater Sorgen und Bedürfnisse blieb durchaus erkennbar. Auf diesen bezog sich Erwachsenenbildung, wenn sie für sich in Anspruch nahm, „Antwort auf die Not der Zeit" zu sein. Auch dies war ein nicht geringer Selbstanspruch. Immerhin entsprang er nicht einem systematischen Konzept, sondern war das Resümee von Erfahrungen, auf die man sensibel und pragmatisch zugleich zu reagieren versuchte.

Man unterstellte damit eine mögliche Effizienz des individuellen Engagements für ein Weiterlernen. *Diese Legitimation gelangte über den individuellen Horizont hinaus, als sie sich in den 60er Jahren mit der Forderung nach dem Bürgerrecht auf Bildung verband.* Erwachsenenbildung wurde als Beitrag zur individuellen Emanzipation deklariert. Mit diesem liberaldemokratischen Anspruch, der zwar seine Tradition hatte, aber nun mit neuem Elan sich geltend machte, setzte sie sich auch erneut der Kritik aus, sich selbst zu überfordern. In vollem Umfang zum Ausdruck kam sie allerdings erst, als die politökonomische Gesellschaftsinterpretation die Herrschaft über die Diskussion gewann. Mit ihr wurde bezeichnenderweise nicht der Anspruch selbst für vermessen erklärt, sondern der Vorwurf der Blindheit gegenüber den ökonomischen Bedingungen, die seine Realisierung verhindern, erhoben. Individuelle Emanzipation wurde zur Illusion erklärt. Als einzig vertretbare Legitimation sollte der Beitrag zur Veränderung der Herrschaftsstrukturen anerkannt werden. Das Reden vom „Umwälzungsferment" ging um.

Die Instrumentalisierung der Erwachsenenbildung erhielt damit einen weiteren, wenn auch nicht neuen, so doch die Kontroversen verschärfenden Akzent. Als vertretbar erwies er sich allerdings nur so lange, wie der pädagogische Aspekt aus der Diskussion ausgeklammert wurde. Da man an den Vermittlungsproblemen aber auf die Dauer nicht vorbeisehen konnte, blieb nicht lange verborgen, daß der politökonomische Ansatz in der bei uns tradierten Form keinen Zugang zu spezifisch pädagogischen Problemen bietet. Man fand diesen aber mit dem Blick auf die internationale Szene. *So wie der Klassenkampf in der weltweiten Dimension der Nord-Süd-Auseinandersetzung gesehen wurde, so holte man sich von exemplarischen Initiativen in den Entwicklungsländern die didaktisch-methodischen Kategorien für eine alternative Pädagogik.* Paolo Freires „befreiendes Lernen" wurde zum neuen Credo.

Mit dieser neuen Perspektive waren allerdings Brüche nicht zu vermeiden, denn mit ihr wurde das Kriterium der konkreten historisch-gesellschaftlichen Verhältnisse als Bedingungsfaktor für Bildungsstrategien ignoriert. Die zweifelnde Frage mußte aufkommen, ob das, was auf die Situation der Entwicklungsländer passen mochte, auf hochindustrialisierte Gesellschaften anwendbar sei. Diese Frage kann je nach Abstraktionsvermögen und Abstraktionsrichtung unterschiedlich beantwortet werden. Sie hat denn auch zu einer Ausfaserung der Legitimationen geführt. Man kann sie weiterhin allein in der polit-ökonomischen Argumentation „festmachen", und das heißt, allein in der Kaderschulung eine sinnvolle Form von Erwachsenenbildung sehen. Man kann die Übertragbarkeit von Freires Konzept für möglich halten, wenn man die Arbeitsbedingungen für vergleichbar hält. Auch dann erscheinen allerdings allein subversive Formen der Erwachsenenbildung als legitim. Oder man kann für ein befreiendes Lernen in einem pädagogischen Rahmen plädieren. Das heißt, man hält selbstbestimmtes Lernen relativ unabhängig von gesellschaftlich-ökonomischen Implikationen für möglich. Man sieht in diesem Lernen ein Veränderungspotential, das begrenzt zur Geltung kommen kann, ohne sich vom Selbstanspruch der Systemveränderung frustrieren zu lassen. Das methodische Moment als Fortführung der antiautoritären Bewegung tritt dabei in den Vordergrund, ohne daß die gesellschaftliche Relevanz aufgegeben würde.

Diese gesellschaftliche Relevanz und Legitimation wird insbesondere im Hinblick darauf herausgehoben, daß sich auf internationaler Ebene auch eine andere, als gegenläufig empfundene Tendenz bemerkbar macht. Die bildungsökonomischen Analysen und Konzepte — etwa im Bereich der

OECD — haben nämlich der Weiterbildung im engeren Sinne des Wortes eine neuartige Bedeutung zugewiesen. Sie fand in dem Modell der Recurrent Education ihren Niederschlag. *Diese Vorstellung eines periodischen Wechsels von Arbeits- und Lernzeit betonte einen anderen Begründungszusammenhang als das Konzept der Umverteilung der Lernzeiten, das in den sechziger Jahren in der Bundesrepublik zur Sprache kam* und beispielsweise die Diskussion um den Bildungsurlaub mitgetragen hat. Während bei dieser Forderung vornehmlich an das Entfaltungspotential des einzelnen gedacht war und die Legitimität in der Befähigung zur Selbst- und Mitbestimmung gesehen wurde, erfolgten die Überlegungen zur Recurrent Education unter dem Aspekt der funktionalen und flexiblen Verwendung der Arbeitskraft. Insofern war ihre Legitimation im Feld der ökonomischen Kriterien angesiedelt und sie erfuhr daher nicht nur aus marxistischer, sondern auch aus der Sicht liberaler Aufklärung Widerspruch.

Insoweit derartige Legitimationen nicht von vornherein als unangemessen abgelehnt wurden, stellte sich die Frage nach der Möglichkeit ihrer Verknüpfung. Sie wurde in der Diskussion der 60er Jahre um die Art des Qualifikationsbedarfs, wie schon im Kapitel 2.2. gezeigt, für möglich gehalten. *Dem entsprach es, in der Integration beruflicher und politischer Bildung ein Leitziel der Erwachsenenbildung zu sehen.* Seine Realisierung allerdings ist auf beträchtliche Schwierigkeiten gestoßen. Zu einem Teil waren sie personeller und organisatorischer Natur. Daß außerdem der Qualifikationsbedarf in der Arbeitswelt nicht bloß stringent auf Selbständigkeit verwies, wie zeitweilig angenommen, darauf wurde schon verwiesen. Hinzu kam aber auch ein Hindernis auf der grundsätzlich theoretischen Ebene. Es gelang nämlich nicht, einen Konsens darüber zu finden, wie die Integration zu verstehen war. Indem das Berufliche unterschiedlich gewichtet und das Politische verschieden interpretiert wurde, kam es zu keinem allgemein anerkannten Integrationskonzept. Die konträren Legitimationsmuster blieben offensichtlich. Einerseits ging es um humanitäre Abpolsterung ökonomischer Notwendigkeiten, andererseits um die Artikulation der beruflichen Abhängigkeit. Daß zur Integration die Annahme der Rolle des anderen gehört und daß erst dann geklärt werden kann, was Interessen sind, blieb unbeachtet. Insofern aber die Annahme des anderen ein zentrales Kriterium der Bildung und zugleich eine Voraussetzung des Überlebens ist, bleibt das, was mit der Integration beruflicher und politischer Bildung gemeint sein kann, weiterhin eine nicht nur nicht gelöste, sondern auch kaum als solche erkannte Aufgabe der Erwachsenenbildung.

Wenn das Konzept der Recurrent Education unter den in der Erwachsenenbildung Tätigen selten die erwartete Freude über die Aufwertung ihrer Bedeutung hervorgerufen, sondern eher alarmierend gewirkt hat, so hängt dies mit einer Zukunftsperspektive zusammen, wie sie sich gegenwärtig aufdrängt. Danach ist mit einer weiteren Verringerung der für das Produktionsvolumen notwendigen Gesamtarbeitszeit zu rechnen. Wie die freiwerdende Zeit ausgefüllt wird, bestimmt daher die künftige Gestaltung unseres Lebens. Im Ansatz eines periodischen Wechsels von Arbeit und Lernen sieht man die Gefahr, daß die freiwerdende Zeit weiterhin und verstärkt für die Funktionstüchtigkeit verplant werden soll, nicht aber der Selbstentfaltung zugute kommen kann. Demgegenüber wird nicht so sehr für eine zeitliche Verlagerung des Erwerbs beruflicher Qualifikationen, sondern für eine wirkliche Freistellung von der Arbeit für die Bildung plädiert. Beide Konzepte sehen allerdings nicht, daß schon heute viele Menschen auf ihre Weise auf die Ausdehnung ihrer selbstbestimmbaren Zeit reagieren. Auf die immer differenziertere Arbeitsteilung antworten sie mit Betätigungen, die sie für den häuslichen Bereich autark machen können. Immense Verteuerung der Handwerker-Arbeitszeit und psychologisch interpretierbare Kompensationsbedürfnisse wirken dabei zusammen. Dies geschieht durch ein Lernen, das kaum organisiert ist. Und es wird in der Erwachsenenbildungsdiskussion auch nicht beachtet, sollte aber unter ihren Horizont gebracht werden.

Nicht erst die Stichworte „methodische Relevanz des befreienden Lernens" oder „Bildungsurlaub" sollten deutlich gemacht haben, daß die theoretische Reflexion und der Wandel der Legitimation einen Bezug zur Praxis haben. *So wie die konzeptionellen Ansätze in unterschiedlichen Gesellschaftsinterpretationen begründet sind, so ergeben sich aus ihnen auch Folgen und Folgerungen für inhaltliche Präferenzen, für das Einschätzen von Verfahrensweisen, kurz, für die Gewichtung der Angebotsformen der Erwachsenenbildung.* Ein Blick auf den Erwachsenenbildungsalltag zeigt allerdings, daß die verschiedenen Ansätze nur teilweise auf das reale Geschehen durchgeschlagen sind. Man ist versucht, zu sagen: Sie haben sich um so mehr ausgewirkt, je weniger anspruchsvoll sie auftraten. Das Erwachsenenbildungsangebot reagiert zwar sehr flexibel auf aktuelle Anforderungen und auch nicht nur, wenn sie laut angemeldet werden; sobald aber Intentionen, die über Konkretes hinausgehen, Praxis werden sollen, finden sie nur sehr begrenzt Resonanz. Theoretische Dispute über Erwachsenenbildung erscheinen so fast wie ein Kampf der Geister über den Wassern, deren Strömung sich durch den Wind über ihnen nur wenig verändert. Selbstverständlich zeichnen sich auch im konkreten Angebot wechselnde Trends ab. Für neue Intentionen lassen sich auch immer Paradepferde vorweisen. Vom Eifer der Legitimationsdebatte erfaßt wird die Erwachsenenbildungswirklichkeit aber nur sporadisch. Die, die von den theoretischen Überlegungen betroffen werden sollen, die potentiellen Veranstaltungsteilnehmer, werden nur wenig berührt. Die Entwicklung der Erwachsenenbildungspraxis vollzieht sich träger, als die Aufgeregtheit der theoretischen Diskussion vermuten läßt.

Gründe für diese Diskrepanzen lassen sich identifizieren. Solange die *Vermassung* als Bestimmungsgrund für Erwachsenenbildung herausgestellt wurde, konnte sie nur die erreichen, denen — um es in der Sprache der Zeit zu sagen — der Verlust der traditionellen Kulturgüter ein Anliegen war. Handfester Unterricht wurde nichtsdestoweniger unter dem Motto „konkrete Lebenshilfe" geboten. Als dann die *Mobilität* als Kern des Begründungszusammenhanges bevorzugt wurde, entsprach dies dem Erwartungshorizont weiterer Kreise. Auf die Beschäftigung mit Sinnfragen wurde deshalb im Angebot jedoch nicht verzichtet. Seitdem aber der Wert der Mobilität und damit individuelle Leistung als Maßstab in Frage gestellt und die *Emanzipation als Legitimationskriterium* postuliert wurde, erhöhte sich erneut die Spannung zwischen Anspruch und Wirklichkeit. Dazu trugen nicht nur die Stabilitätsbedürfnisse der Adressaten bei. Ebenso wurde die Wirksamkeit durch die Aufsplitterung der Repräsentanten des Emanzipationspostulats in die verschiedensten, sich wissenschaftlich gebärdenden, das heißt, sich terminologisch stilisierenden Schulen und Richtungen gehemmt. Realkontakte konzentrieren sich so auf Gruppierungen, die unmittelbar im Banne der Erziehungsrevolution stehen, die mit der Studentenbewegung ausgelöst wurde. Diese hat beträchtliche Veränderungen des Normensystems und des zwischenmenschlichen Verkehrs mit sich gebracht. Eine Breitenwirkung ist aber in erster Linie nur dann eingetreten, wenn diese Veränderungen Lebenserleichterungen bedeuteten. Verlangten sie hingegen Anstrengungen, war die Bereitschaft, Veränderungen mitzuvollziehen, begrenzt. Sobald daher das Emanzipationspostulat nicht nur Lässigkeiten legitimierte, sondern zum Lernen im engeren Sinne aufforderte, wurde der Widerhall gering. Auch das Prinzip des exemplarischen Lernens findet nach seinem ersten didaktisch-methodischen Entgegenkommen nicht den erwünschten Rückhalt, wenn es darum geht, Bildung zu vermitteln. Denn das beinhaltet — und dies widerspricht keineswegs der emanzipatorischen Zielsetzung — das Exemplarische einer Situation unter verschiedenen Aspekten zu bedenken.

Es besteht kein Anlaß, das Auseinanderklaffen von Theorie und Praxis in der Erwachsenenbildung nur als Nachteil zu sehen. Immerhin kann man auch sagen: Die Erwachsenenbildungswirklichkeit hat gute Gründe gehabt, die verschiedenen Wechsel der Legitimationskonflikte nicht mitzuvollziehen. Sie hat gegenüber dem wiederholten Sich-Distanzieren von voraufgegangenen Aufgaben Gelassenheit und Kontinuität bewahrt. Allerdings ist ihre Bedarfsnähe vordergründig geblieben. *Will man über beflis-*

sene Geschäftigkeit hinauskommen, hilft es jedoch wenig, sich auf eine monokausale Daseinsinterpretation zu versteifen und von ihr ein Programm ableiten zu wollen. Mag der theoretische Interpretationsansatz seinen Initiatoren auch noch so schlüssig und überzeugend erscheinen, er bleibt hermetisch, wenn er nicht dem Bedürfnishorizont potentieller Lernender entspricht. Ebensowenig führt es weiter, einen bestimmten wissenschaftlichen Erkenntniszusammenhang auf die Erwachsenenbildungspraxis zu extrapolieren. Wird er zum einzigen Legitimationsgrund gemacht, unterscheidet er sich kaum von einem Glaubensansatz. Es führt im Gegenteil nur zu einer Rechtfertigung des Alltagsbetriebes, wenn das theoretische Engagement sich darauf konzentriert, verschiedene Annahmen und Positionen gegeneinander auszuspielen. Das verhängnisvollste Beispiel hat sich gerade jüngst gezeigt, indem unter dem Vorwand der Emanzipationsziele Leistungsvorstellungen und sogenannte bürgerliche Tugenden pauschal diffamiert wurden. Damit wurden die Voraussetzungen des Lernens selbst in Frage gestellt. Mit Fleiß erreicht man in der Tat nicht alles, aber ohne ihn kommen nicht viele sehr weit.

Es erscheint an der Zeit, das Verhältnis von Theorie und Praxis in eine Balance zu bringen. *Welche Legitimation für Erwachsenenbildung in der Vergangenheit auch immer hervorgekehrt wurde, sie hatte jeweils ihren historischen Sinn. Problematisch wurde sie durch ihre Verabsolutierung.* Auch der personalistische Ansatz war nicht nur pseudo-elitärer Aufputz oder verschleierte Herrschaftstechnik, wie es heute gerne dargestellt wird. Die bindende Kraft der Kulturtradition bestand nicht nur aus scheingoldenen Ketten. Hinter der vielfach romantisierenden Präsentationsform personalistisch sich verstehender Erwachsenenbildung verbirgt sich ein legitimes Bedürfnis, das Reflexion und Planung der Erwachsenenbildung nicht außer acht lassen sollte, dem es aber eine reale soziale Bindung geben muß. Ebensowenig kann Erwachsenenbildung eine nüchterne Pragmatik entbehren. Die Frage nach dem Verwendungszweck ist legitim und bedarf keiner Überhöhung. Beängstigend wird es erst, wenn keine andere Frage mehr gestellt wird, keine anderen Antworten angeboten werden. Insofern sind die Anmahnungen des emanzipatorischen Ansatzes ernst zu nehmen, ist kritisches Bewußtsein als ein Bildungsziel unstrittig. *Kritik aber heißt unterscheiden können. Und in Anbetracht der gegenwärtigen öffentlichen Diskussion geht es vor allem um ein Unterscheiden-Lernen, was veränderungswert und was unveränderbar ist. Die Problematik dieser Fragestellung bleibt über der aktuellen Diskussion hinaus ein zentrales Thema der Erwachsenenbildung als politischer Bildung.* Mit dieser Frage hat sie eine Verankerung in der gesellschaftlichen Realität, auch wenn es kleinste Lebensausschnitte sind, mit denen man sich befaßt, oder wenn es sich um schlichte Techniken handelt, die man als Erwachsener zu lernen unternimmt.

Worum es also gehen sollte für eine von der Praxis distanzierte, aber sie durchdringende Reflexion, ist, die bisherigen Ansätze nicht zu den Akten einer kaum begonnenen Geschichte zu legen, sondern den Kern ihrer jeweiligen Intentionen aufzudecken, ihren Funktionszusammenhang herauszustellen und dabei von ihrem jeweiligen Legitimationsnotstand abzusehen. Dieser Funktionszusammenhang kann sichtbar werden, wenn man die Verselbständigung der jeweiligen theoretischen Konzepte zurücknimmt. Ihn sichtbar zu machen, erscheint aber notwendig, weil die Subsumption unter ein normatives Menschenbild, das Sich-Klammern an die Realität des Marktes, das Eingeklemmtsein in eine Gesellschaftsinterpretation immer nur Facetten einer verkürzten Theorie hervorbringen, die bestenfalls partiell etwas mit der Erwachsenenbildungsrealität zu tun haben. Daß ein solcher Zugriff auf die Theorie der Erwachsenenbildung nicht eklektisch zu werden braucht und doch Realität im Konkreten zu erfassen und in ihrer Komplexität zu interpretieren vermag, dafür gibt es seit jüngster Zeit zumindest Ansätze.

Literatur

Vgl. hierzu die Literatur für Kapitel 2.1. und 2.2.

Als Versuch einer „Balance" im hier gemeinten Sinn kann angesehen werden:
H. Siebert: Erwachsenenbildung. Aspekte einer Theorie. Düsseldorf 1972.

Die Grundproblematik wird deutlich in:
A. v. Cube u. a.: Kompensation oder Emanzipation. Braunschweig 1974.

Für die Rezeption einer „befreienden Erwachsenenbildung" nach dem Ansatz Paolo Freires sind exemplarisch:
H. Dauber/E. Verne (Hrsg.): Freiheit zum Lernen, Reinbek 1976.
K. Bergmann/G. Franke (Hrsg.): Bildungsarbeit mit Erwachsenen. Reinbek 1977.

5.2. *Konstruktion der Lebenswelt*

Die Diskussion über Erwachsenenbildung war nie auf sich selbst beschränkt. Immer machte sich ein Bestreben bemerkbar, Vergewisserungen außerhalb ihrer selbst einzuholen, die das eigene Tun stützen konnten. In den letzten Jahrzehnten wurden mehr und mehr die Wissenschaften herangezogen. Teils nutzte man sie, wie noch zu zeigen sein wird, für Verbesserung der Planungs- und der Interaktionsprozesse, teils dienten sie, wie gezeigt wurde, der Legitimation. Curriculum-Forschung und gruppendynamische Analyse für den einen, Bildungsökonomie und kritische Theorie für den anderen Bereich sind nur die herausragendsten Beispiele. Worauf immer man zurückgriff, es gab dem Reden über Erwachsenenbildung das Gepräge und färbte auch auf das Handeln ab. *Im Hintergrund stand letztlich die Frage, welche Paradigmen der Wissenschaft für die Strukturierung der Probleme der Erwachsenenbildung am angemessensten sind.* Es ging also nicht nur um die Funktion von Hilfswissenschaften, etwa in der Weise, wie die Sozialpsychologie und die Sozialisationsforschung die Voraussetzungen für Erwachsenenbildung zu durchdringen vermag. Der Blick war vielmehr darauf gerichtet, wie ein Handlungsrahmen gefunden werden kann, der es erlaubt, die zu beobachtenden Einzelprobleme aus ihrer scheinbaren Zufälligkeit herauszuheben und zu verorten. Soll dies nicht dogmatisch geschehen, unter dem Vorzeichen absolut gesetzter Prämissen, gilt es, ein Zuordnungssystem für die in der Erwachsenenbildung sich geltend machenden Faktoren der Wechselwirkung zu entwickeln.

Das Dilemma, in dem sich Erwachsenenbildung befindet, wenn es ihr um Selbstvergewisserung jenseits ihrer Einzelaktivitäten und doch im engsten Bezug auf sie zu tun ist, besteht zweifellos darin, daß sie sich in einem außerordentlich komplexen Bedingungsgeflecht vollzieht. Es läßt sich als Ganzes nur schwer erfassen. Daran hindert zum einen der hohe Abstraktionsgrad, zum andern der Umstand, daß die Interdepenzen nicht fixiert sind. Die Faktorenkonstellationen können sich verändern, ohne daß dies immer bewußt wird oder gar gesteuert werden kann. Dies alles wird deshalb als besonders belastend empfunden, weil es nicht allein um das Funktionieren eines Organisationsapparates geht. Im Mittelpunkt des Geflechts stehen Menschen, die ihrerseits wechselseitige Beziehungen haben und die sich zudem in Situationen befinden, die sie — und sei es nur im Hinblick auf ihr eigenes Können — nicht einzuschätzen vermögen, die aber erwarten, daß ihnen die angebotene Bildungsaktivität eine Hilfe vermittelt.

Versucht man das Bedingungsgeflecht, in dem diese Bildungsaktivität angeboten wird, etwas in seiner Struktur zu durchdringen, wird man *mehrere Ebenen* zu unterscheiden haben: eine *formale, institutionelle,* die abgesehen von einigen Organisationsanweisungen meist wenig direkt in Erscheinung tritt, die aber gleichsam als materielle Existenzbedingung der Aktivität in ihrer möglicherweise eingrenzenden Bedeutung nicht unterschätzt werden darf; zum zweiten die *intentionale,* die Ebene, auf der verschiedenes Wollen zum Ausdruck kommt, auf der über Inhalte und ihre Reduktion verhandelt wird und wo sich vor allem entscheidet, was nicht geschieht. Das aber ist für eine theoretische Reflexion höchst relevant, und zwar auch dann, wenn sie sich vornimmt, realitätsbezogen zu argumentieren. Die *dritte Ebene ist die des realen Geschehens,* die am ehesten registrierbar ist. Insofern sich aber auf dieser Ebene Prozesse abspielen, deren Determinanten weitverzweigt und verschlungen sind, kann auch hier nicht auf Gewißheiten rekurriert werden. *Vor allem bleibt eine vierte Ebene, die der Interaktion, zu beachten.* Da die verdeckten Beziehungen keineswegs immer mit dem beobachtbaren Geschehen gleichsinnig verlaufen, erweitert sich der Bedingungskranz um eine weitere Dimension mit Unwägbarkeiten, die darum um so wirksamer sein können. Aber nur wenn auch auf dieser Ebene ein Mindestmaß von unausgesprochener und eingehaltener Vereinbarung erreicht wird, findet Erwachsenenbildung statt. Zugleich kann ihre Wirkung darunter leiden, daß die Vereinbarung zwar formal eingehalten, aber, aus welchen Gründen immer, innerlich nicht bejaht wird. Planung steht hier vor unbekannten Größen. Sensibilität ist unabdingbar.

Das Grundmuster der hier skizzierten Problematik ist keineswegs kennzeichnend für die Erwachsenenbildung allein. Es erscheint für sie nur besonders bedrängend, weil die Wirksamkeit der einzelnen Bildungsfaktoren in ihrer Interdependenz besonders schwer vorauszusehen ist, und zwar nicht erst wegen unbeabsichtigter Nebenwirkungen, sondern auch schon bei den Vormerkungen, die für eine Planung notwendig sind. Insgesamt gesehen ist die beschriebene Problemlage aber nur selbstverständlicher Ausdruck der gesellschaftlichen Zusammenhänge, wie sie sich allenhalben bemerkbar machen. Nur sind sie im Falle der Erwachsenenbildung relativ spät bemerkt worden, weil lange Zeit in der theoretischen Diskussion dem Intentionalen absoluter Vorrang zugesprochen und so getan wurde, als könne sich Erwachsenenbildung den zunehmenden Interdependenzen und Verwicklungsprozessen entziehen. Ebenso ist es nicht ein auf die Erwachsenenbildung beschränktes Problem, wenn Signale von der Beziehungsebene Abläufe stören, die allein unter Sachzielaspekten geplant wurden. Man kann es sich nur in anderen Bereichen leisten, manipulierender darauf zu reagieren. Für die Erwachsenenbildung aber kommt es auf dem Hintergrund ihrer bisherigen Selbstreflexion zuerst einmal darauf an, sich für ihre Konzeptualisierung bewußtzumachen, daß wir mit Bildern voneinander miteinander leben.

Wenn eine Gesellschaft unter den hier umrissenen Bedingungen lebt, verwundert es nicht, wenn sie versucht, Kategorien und Instrumentarien zu entwickeln, mit denen solche Bedingungen handlungsrelevant analysiert werden können. Dies wird zwar immer nur unzureichend möglich sein, aber Ansätze sind hier eine angemessenere Reaktion als Abwenden des Blicks. Gerade auch für die Doppelbelastung der Erwachsenenbildung durch ihre schwer erkennbare gesellschaftliche Abhängigkeit und ihre im Situativen je neu sich generierende Existenz, ihre Interaktionsabhängigkeit also, bieten sich seit einiger Zeit wissenschaftsmethodische Zugriffe an, die, in Begriffe gefaßt, mit dem systemtheoretischen Ansatz und dem Ansatz des symbolischen Interaktionismus bezeichnet sind.

Auf das zweite Paradigma wurde schon zurückgegriffen, als es darum ging, die anthropologische Dimension der Erwachsenenbildung zu erschließen. Es wurde der Versuch unternommen, das Denken über Erwachsenenbildung aus den alternativen Vorstellungsmustern zu befreien, die es weithin beherrscht haben. Sowohl personale als auch kollektiv bestimmte Konzepte übersehen, worauf es beruht, wenn Erwachsene lernen. Insofern sie es als soziales Wesen tun, bewegen sie sich in einem Lebenszusammenhang, in dem sie geworden sind, was sie sind. Und das, was sie weiter mit sich und aus sich machen können, geschieht nicht isoliert von ihrer Umwelt. Ihr Eingebundensein ist aber nicht total. Es läßt einen Spielraum, der allerdings als Freiraum des Sich-Weiterbilden-Könnens je nach der Sozialisationserfahrung unterschiedlich weit oder eng sein kann.

Das situative Bestimmtsein, das als Einbindendes unter Umständen auch Bildung behindern kann, ist nicht allein in den materiellen Gegebenheiten zu sehen. *Denn Lernen vollzieht sich in der Dimension der Auslegungen. Diese Auslegungen betreffen das zu Lernende ebenso wie die Hilfe, die dabei gegeben wird, und nicht zuletzt, wie der Lernende sich selbst sieht.* Sie erhalten zudem ihr Spezifisches durch die Art des Umgangs mit anderen. Insofern deren Verhalten auch von Auslegungen bestimmt ist, vollziehen sich Interaktionen in einem Interpretationszusammenhang. In diesem wird Weiterlernen existent. *Was immer im einzelnen konkret gelernt werden mag, ihm sind Vorstellungsschemata der Wirklichkeit unterlegt, die zur Lebenswirklichkeit geworden sind.* Sie sind der bestimmende Gegenstand, von dem eine Theorie der Erwachsenenbildung ausgehen muß, wenn sie situationsbezogen und universal zugleich sein will.

Es liegt nahe, derartige Einsichten unmittelbar auf die Frage nach den geeigneten Methoden der Erwachsenenbildung zu beziehen. Es bietet sich an, die schon seit langem vertretene These, Erwachsenenbildung habe von den Voraussetzungen der Teilnehmer auszugehen, sie „da abzuholen, wo sie stehen“, in der Weise zu konkretisieren, daß man die Orientierung an den Daseinsauslegungen als Chance der Anknüpfung sieht. In der Tat kann Teilnehmerorientierung, beim Wort genommen, nichts anderes sein. *Die Analyse der Deutungsmuster erscheint danach für die Erwachsenenbildung als eine besonders geeignete Form der Planungsvorbereitung.* Dies gilt erst recht, wenn man bedenkt, daß diese Deutungen auf angenommene Bedeutungen zurückgehen und solche auch dem zu Lernenden entgegengebracht werden. Insofern die Deutungsmuster als selten reflektierte Auswahlinstrumente fungieren, stellen sie einen Relevanzfilter dar. Durch ihn wird signalisiert, was als lernrelevant gilt. Wird dies erkannt, erscheint intersubjektive Verständigung erleichtert, die Wahrscheinlichkeit des Lernerfolgs erhöht.

So nützlich ein solches instrumentelles Verständnis des Deutungsmusteransatzes sein mag, es greift doch für sich genommen zu kurz und läßt sein Potential für eine Theorie der Erwachsenenbildung verkennen. Es wird obendrein auch in der Praxis auf Schwierigkeiten stoßen, denn wenn auch die Deutungsmuster allenthalben als Strukturierungshilfe dienen, wenn sie, mit P. L. Berger/Th. Luckmann zu sprechen, als „Stützkonzeptionen für Sinnwelten" ins Spiel gebracht werden, so sind sie doch vielfach nicht von der Eindeutigkeit, die gegeben sein muß, wenn aus ihnen lernorganisatorische Konsequenzen abgeleitet werden sollen. Indem sie sich aus lebensgeschichtlichen Ablagerungen gebildet haben, stellen sie gewöhnlich eine Verbindung von Bezugsgruppen bestimmenden Auslegungsschemata mit individuellen Varianten dar, wobei es häufig diese Varianten sind, die ein zur Erwachsenenbildung motivierendes Spannungsmoment hervorrufen. Von dieser Besonderheit abgesehen haben sie aber zugleich eine Entlastungsfunktion, die es dem einzelnen erübrigen soll, jeder Situation neu begegnen zu müssen. Indem sie so eine Hilfe darstellen, sich etwas zurechtzulegen, um sich nicht damit auseinandersetzen zu müssen, können sich Deutungsmuster als Lernbarriere erweisen.

Abgesehen von dieser Schwierigkeit bleibt aber das Problem, daß die Deutungen eben auch gedeutet werden müssen, wenn sie als lernstrategische Anhaltspunkte wirksam werden sollen. Dies kann nur durch die Interpretation ihrer Äußerungsformen geschehen. Diese sind gewöhnlich Redefloskeln, in denen die Deutungsmuster zum Ausdruck kommen. Orientiert man sich aber allein an ihnen, kann übersehen werden, daß weniger verbalisierte Momente zu den Situationsdefinitionen beitragen, die als Faktoren der Lernsituation wirksam sind.

Wenn hier auch der sedimentäre Charakter der Deutungsmuster hervorgehoben wurde, so wäre es doch nicht ihrer Lebensbedeutsamkeit angemessen, sie allein als Absinkprodukte des gesellschaftlichen Bewußtseins zu klassifizieren. In ihnen nur einen defizienten Modus der Daseinsauslegung zu sehen und zu meinen, es handele sich um etwas zu Überwindendes, kann sehr leicht zu einem elitären Gestus führen, der unterschlägt, daß auch Eliten bzw. die, die sich dafür halten, sich an Interpretationsschemata orientieren. Was als Erwachsenenbildung gilt, wird dann wieder eine dezidierte, aber ihre Realität einschränkende Aufgabe. Selbstverständlich bleibt es unbenommen, sie als Aufklärung über Deutungsmuster zu deklarieren. Eine solche Zielsetzung erscheint sogar unabweislich, wenn — wie hier geschehen — Bildung als Arbeit an sich selbst verstanden wird. Dies kann aber zuerst einmal nur heißen, die Deutungsmuster zu reflektieren, die sich auf das Lernen selbst beziehen. Da dies jedoch selten ohne inhaltliche Bezüge geschieht, ist es angebracht, auf ihren Interpretationszusammenhang zu reflektieren.

Solche Interpretationszusammenhänge sind immer gegeben, ob nun Politik oder Stenographie Inhalt eines Erwachsenenkurses sind. *Lernprozesse vollziehen sich in jedem Fall in einem Austausch von Symbolen.* Deren Interpretationshof ist bei Erwachsenen potentiell besonders weit, faktisch aber meist als Produkt der Sozialisation eingeengt. Die Chancen des Weiterlernens stehen damit in Relation zu dem Toleranzspielraum, den der einzelne gegenüber seinen eigenen kognitiven Schemata hat. *Je besser Anverwandlung von Umweltinformation und Umverwandlung der Aneignungsmuster als Entfaltungskräfte des Lernpotentials sich die Waage halten, desto ergiebiger kann Weiterlernen sein.* Um diesen Prozeß der Äquilibration zu fördern, muß annähernd bekannt sein, wie die Symbolqualitäten des Interaktionsprozesses ausgelegt werden, wie die kognitiven Schemata „ausgefüllt" sind, welcher Strukturierungsstil am Werk ist, welche impliziten Theoriestücke dabei eingehen und in welcher Weise die Reziprozität der Vorannahmen wirksam wird.

Diesen Bedingungszusammenhang des Lernens zu eruieren, ist keine Angelegenheit der Lernpsychologie allein, wie etwa eine Begrifflichkeit vom Typ „kognitive Strukturierung" nahelegen könnte. Eine besondere Schwierigkeit besteht darin, daß den zu identifizierenden Faktoren die Eindeutigkeit fehlt. Schon gar nicht sind sie meßbar. *Dieser Mangel an Eindeutigkeit ist aber nicht in Unzulänglichkeiten des zu Untersuchenden oder der Untersuchungsinstrumente und -methoden begründet, sondern in der Realität selbst, in der lebensgeschichtlichen Komplexität des Situativen, das für Erwachsenenbildung konstituierend ist.* Indem dieses Situative durch gesellschaftlich vermittelte, aber individuell ausgedrückte Projektionen definiert wird, unterliegt Erwachsenenbildung einer zweifach bedingten Fragilität. Die Schwierigkeiten intersubjektiver Verständigung gehen darauf zurück, daß der Vorgang des Lernens selbst und die Aktivitäten, diesen Prozeß zu fördern, sich in einer Dimension verschiedener miteinander verschränkter Realitätsebenen vollziehen.

Diese Problematik wird im Prinzip am ehesten durchsichtig, wenn gesellschaftliche Wirklichkeit als Konstruktion erkannt wird, wenn man die Elemente dieser Konstruktion zu analysieren unternimmt. *Von daher ist es nicht nur methodische Rücksicht, sondern für eine Theorie der Erwachsenenbildung grundlegend, auf die Konstruktion der Lebenswelten zu rekurrieren.* Soll ein solcher Ansatz praktische Relevanz haben, ist allerdings eine Schwierigkeit zu sehen. Es gehört zwar zum Geschäft der Wissenschaft, den Entstehungszusammenhang von Symbolen der Interaktion aufzudekken, ja vielleicht sogar nachzuvollziehen, unter dem Handlungsdruck der konkreten Lehr-Lern-Situation mit ihren notwendigen Verzweigungen ist dies aber nicht möglich. Wer Weiterbildungsprozesse fördern will, kommt nicht umhin, solange es an Forschungsmaterial fehlt, Grundmuster des Alltagswissens zu unterstellen und fallweise zu antizipieren. Er kann allerdings damit rechnen, daß die Chancen einer Rückkoppelung über die Metakommunikation des Unterrichts, wie im folgenden Kapitel zu zeigen sein wird, besser werden.

Dabei sollte gegenwärtig sein: Der Versuch einer Orientierung an der Struktur des Alltagswissens ist weder als methodischer Trick im Interesse eines wirksamen Zugangs zu den Lernenden zu verstehen noch als eine Absage an Notwendigkeit und Wert wissenschaftsorientierten systematischen Lernens. Wenn vielmehr über aller Pragmatik des laufenden Geschehens auf eine Konzeptualisierung der Erwachsenenbildung gedrängt wird, bietet sich die Rekonstruktion der Lebenswelten als eine Fundierungsmöglichkeit an. *Mit ihr können die wichtigsten Problemfelder, die im Interesse einer realen Verankerung von Erwachsenenbildung aufgehellt werden müssen, in einem Zusammenhang gesehen werden:* Die Tatsache, daß Erwachsenenbildung abhängig ist von den Erscheinungen gesellschaftlich vermittelter Verhaltensmuster der Sozialisation; daß sie abhängig ist von dem, was für die Weiterlernenden leistbar ist und das heißt von ihrer kognitiven Strukturiertheit; daß sie abhängig ist davon, daß ein zwischenmenschlicher Verkehr, eine intersubjektive Verständigung zustande kommt, daß sie also abhängig ist von der Interaktion.

Wird die Konstruktion der Lebenswelt als Erscheinungsform des dialektischen Verhältnisses von Mensch und Gesellschaft als realer Basis und als Impuls ideell gesteuerter Veränderungsversuche gesehen, kann dies der Konzeptualisierung von Erwachsenenbildung sowohl für ihren theoretischen Entwurf als auch für ihre detaillierte Planung einen kategorialen Rahmen geben. Es wird ein Aspekt entfaltet, der sozialisationsbedingte Grenzen und humanitär gesetzte Ansprüche in Relation zueinander sehen läßt. *Es handelt sich um einen Ansatz, mit dem die bisherigen theoretischen Anstrengungen nicht verworfen, aber unter dem Horizont erwachsenenpädagogischer Handlungsmöglichkeiten in einer Weise geortet werden, die ihre Relation zueinander sichtbar macht.* Es ist eine Konzeptualisierung, in der der personalistische Entwurf aufgeht, insofern der Anspruch der Individualität in seinem ethischen Potential ernst genommen, aber nicht durch Interpretationen der Transzendenz überhöht wird; in der der Markt seinen Platz hat, insofern die Bedürfnisse, die er zur Geltung bringt, als bildungsrelevant, als Antwortversuche auf eine Lage akzeptiert, aber nicht zum alleinigen Entscheidungskriterium erklärt werden; mit der die Mobilität als eine veränderliche betrachtet wird, insofern ihre Entwicklungstendenzen im Diskurs bleiben und nicht als zwangsläufig hingenommen werden; mit der die Varianten des Emanzipationsanspruchs aufgenommen werden, insofern sie zur Erweiterung der Lebenswelt beitragen können und sich nicht absolut setzen wollen. Schließlich ist es ein Ansatz, der nicht, wie es neuerdings wieder anklingt, die Wissenschaftsorientierung und die Lebensweltorientierung der Bildungsprozesse als gegensätzliche Interpretationen der Bildungsaufgabe versteht, sondern der ihre Verschränkung betont, weil er davon ausgeht, daß ohne Wissenschaftlichkeit Lebensweltorientierung gar nicht reflektiert und zum Diskussionsthema werden könnte.

Literatur

Vgl. Literatur zu Kapitel 3.4. und 3.5.

Als erste Versuche, sich empirisch der Problematik zu nähern, soweit sie die Erwachsenenbildung betrifft:

G. Holzapfel u. a.: Konzeption zur Auswertung des Lernprozesses auf dem Bildungsurlaub. Heidelberg 1977.

H. Siebert: Praxis und Forschung in der Erwachsenenbildung. Opladen 1977.

5.3. Systemtheoretische Perspektive

Die Versuche einer Fundierung der Erwachsenenbildung auf dem Wege über die Konstruktion der Lebenswelten, wie sie im letzten Kapitel umrissen wurden, haben verdeutlicht, wie Adressatenorientierung der Erwachsenenbildung realitätsorientiert sein kann. Welche Probleme dabei entstehen, wenn die Wissensstrukturen der Adressaten, die Sachstrukturen der Lernziele und die Lernstrukturen des Erwachsenenbildungsangebots aufeinander bezogen werden müssen und sich Divergenzen in den vorgegebenen Strukturen zeigen, davon wird noch im letzten, didaktisch-methodischen Kapitel zu handeln sein. In diesen Divergenzen ist jedenfalls der Hauptgrund dafür zu sehen, warum die Wirksamkeit von Erwachsenenbildung häufig unbefriedigend erscheint. Er ist aber keineswegs der einzige. So wird etwa aus guten Gründen unter bildungspolitischem Aspekt auf die Unzulänglichkeit der Organisationsstruktur des Weiterbildungsangebots verwiesen, und dieser Vorwurf ist durchaus theoretisch gedeckt.

Für eine Fundierung der Erwachsenenbildung, für eine mögliche Theorie der Weiterbildungsprozesse reicht es nicht aus, wie es im letzten Kapitel geschehen ist, von der Perspektive der Adressaten aus zu denken. Das, was für sie getan werden kann, steht in institutionellen Bedingungs- und Wirkungszusammenhängen. Diese müssen in die Betrachtung einbezogen werden. *Die Situation der Erwachsenenbildung wäre nicht hinreichend interpretiert, wenn man die Interaktionsabhängigkeit allein darin sehen würde, daß Lehrende und Lernende „miteinander können" müssen. Zu dem, was diese Situation konstituiert und zugleich fragil erscheinen läßt, gehört auch die Organisationsstruktur des Angebots mit der Komplexität ihrer Determinanten.* Gerade aber das Konstrukt der Konstruktion der Lebenswelt ist offen für eine solche Perspektive.

Diese ist bisher meist nur mit dem Blick auf die politische Beeinflussung verfolgt worden. Ihre Problematik ist aber vielschichtiger. Beispielsweise verweist die im Kapitel 4.2. herausgestellte institutionelle Staffelung darauf, daß ein mehrdimensionaler Bezugsrahmen anzusetzen ist, wenn die Wirkungsfaktoren identifiziert werden sollen, die von der Organisationsstruktur her die Lehr-Lern-Situation in ihren Grundmustern und in ihrer jeweiligen Eigenart konstituieren. Bedenkt man dieses Bedingungsfeld mit seinen in sich verschränkten Abhängigkeiten, bedenkt man des weiteren, daß in diesen Interdependenzzusammenhängen Vorbereitungen und Entscheidungen getroffen werden sollen und geht man ferner davon aus, daß diese Entscheidungen nur erwachsenenpädagogisch angemessen sind, wenn sie die Lebenswelten beachten, auf die sie sich beziehen und die Sachstrukturen, die in den geplanten Vermittlungsgegenständen involviert sind, dann wird offensichtlich, wie grundlegend auch eine Analyse der institutionellen Planungsvoraussetzungen für eine Konzeptualisierung von Erwachsenenbildung ist. *Dies gilt auch dann, wenn man von der Beobachtung beeindruckt ist, daß die konkreten Vollzüge auf den ersten Blick mehr vom Zufall bestimmt als geplant verlaufen.* Aber auch hinter der Improvisation steht ein System.

Wir hängen noch immer weithin der überlieferten Neigung nach, der Dynamik des Pädagogischen das Formalisierte, Verhärtete des Organisatorischen gegenüberzustellen. Die Erwachsenenbildung war in der Vergangenheit geradezu stolz darauf, die Abneigung gegen das Organisatorische zu pflegen. Sie sah in ihm meist nur die bürokratische Anmaßung, was sich dann gelegentlich auch als sich selbst erfüllende Prophezeiung auswirkte. Mit der Ausweitung und dem Bedeutungszuwachs, vor allem aber mit der gesetzlichen Verankerung von Erwachsenenbildung waren indessen Gesichtspunkte der Verwaltung nicht länger auszublenden. *Nicht nur die gestiegenen Förderungsmittel, auch die Komplexität der Planungsabwicklung setzt eine Fülle von Arbeitsgängen voraus, die man gemeinhin als Verwaltung und Organisation bezeichnet. Es kommt der Effizienz von Erwachsenenbildung zugute, in ihnen nicht nur ein notwendiges Übel, sondern ein pädagogisch relevantes Gestaltungsmittel zu sehen* und sie dementsprechend in eine Konzeptualisierung einzubeziehen. Soll dies nicht nur in einem unfruchtbaren Spannungsverhältnis geschehen, wird man nicht nur im Pädagogischen und Politischen, sondern auch im Organisatorischen die Realität der Möglichkeiten erkennen müssen.

Das hier angesprochene Problem hat Klaus Senzky auf die Formel des Gegensatzes von elementarer Ordnung und formaler Organisation gebracht. Solange wie Erwachsenenbildung sich vornehmlich als Chance und Ort der Begegnung verstand und sie damit auf dem Sozialkontakt der Nähe beruhte, konnte sie meinen, auch die Modalitäten ihrer Angebotsorganisation mit Handlungsmustern, die durch ihre Unmittelbarkeit charakterisiert sind, bewältigen zu können. Im Rahmen einer subkulturellen Erwachsenenbildung sind derartige, aus der Spontaneität entwickelte Konstituierungsverfahren auch heute noch üblich und den Intentionen angemessen. Auch ihr partiell bleibender Wert sollte nicht bestritten werden. Mit den Ansätzen zum Ausbau eines Weiterbildungssystems aber wird es notwendig, auch entsprechende Formen der Angebotsorganisation zu entwickeln. Dies geschieht gegenwärtig mit beträchtlichen inneren und äußeren Reibungen. Dabei werden vornehmlich zwei Reibungsfaktoren bemerkbar, die hinderlich, aber nicht zwingend sind. Zum einen wird formale Organisation zu ausschließlich in der Variante bürokratischer Regulierung gesehen und zum anderen — zweifellos damit zusammenhängend — wird verabsäumt, die institutionellen Bedingungen in die Ansätze zu einer Theorie der Erwachsenenbildung einzubeziehen.

Diese Einschätzung und dieses Versäumnis werden verständlich, wenn man bedenkt, wie auch in der hier gebotenen Darstellung der Akzent darauf gelegt wurde, daß sich Erwachsenenbildung in der Vereinbarung durch Interaktion konstituiert. Indessen darf dies nicht dazu führen, die institutionellen Voraussetzungen außer acht zu lassen, die solche Vereinbarung durch Interaktion in der Realität der Veranstaltung erst ermöglichen. Es ist auch wenig dienlich, von dieser Ebene des direkten Kontakts sofort zu einer Analyse der gesamtgesellschaftlichen „Hintergründe" überzugehen. Es gilt vielmehr, zu verdeutlichen, was sich auf einer Zwischenebene abspielt und wie dies zieladäquat organisiert werden kann. Diese Zwischenebene ist aber kaum thematisiert worden, weil dies auf den ersten Blick dazu führen muß, von den Trägern der Erwachsenenbildung zu sprechen und deren Gebaren in concreto zu analysieren. Dazu hat aber bisher wenig Neigung bestanden. Es würde allerdings auch die Problematik, um die es geht, die Angebotsorganisation in der Typik ihrer Abläufe in den theoretischen Horizont der Erwachsenenbildung einzubringen, nicht zureichend erfassen, wenn Organisationsstrukturen der Erwachsenenbildung allein in ihrer Abhängigkeit vom Rechts- und Unterhaltsträger gesehen würden.

Es ist vielmehr von dem komplexen Beziehungsgefüge zu sprechen, das ein „Programm“ entstehen läßt. *Dieses Gefüge wird durch Personen akzentuiert, die einen Spielraum für die Entscheidung über Aufgaben haben, die dabei aber an Ressourcen gebunden sind, weil zur Realisierung dieser Aufgaben Sachmittel und wiederum Personen erforderlich sind, über die sie nicht frei verfügen können.* Unter diesen Bedingungen wird das für die Erwachsenenbildung der Vergangenheit beliebte und erfolgreiche Improvisieren zu einem nicht mehr durchzuhaltenden Arbeitsstil, der nur in einem Lavieren enden kann. Geht man aber davon aus, daß die konstituierende interaktive Vereinbarung in der konkreten Veranstaltung bei einem ausgebauten Weiterbildungssystem und einer vielseitig arbeitenden Einrichtung mehrfacher Vorvereinbarungen bedarf, bedenkt man ferner, daß mit den Prozeduren der organisatorischen Vorbereitung auch Prioritäten gesetzt werden und damit vorentschieden wird, was unter dem Namen Erwachsenenbildung als Geschehen möglich wird, dann sollte dies Grund genug sein, Organisation nicht als « quantité négligeable » zu behandeln, sondern Notwendigkeit und Wert einer formalen Organisation für die Erwachsenenbildung zu überdenken.

Daß Erwachsenenbildung angeboten wird, beruht auf einem komplexen Bedingungsgefüge, was und wie es angeboten wird, hängt von Vorbereitungsprozessen ab, in denen — sei es „unter der Hand“, sei es ausdrücklich — Entscheidungen getroffen werden. Diese profilieren die Angebotsstruktur. Kriterien dafür sind auf der Ebene des theoretischen Vorverständnisses der Einrichtung und der Träger meist vorhanden. Bevor sie sich in der Interaktion mit Teilnehmern bewähren können, sind sie vielfach schon in der Organisation der Vorbereitung abgeschliffen. Wie dies geschieht, wird vielfach nicht bewußt. Daß es geschieht, wird aber von den Mitarbeitern empfunden und wirkt auf sie häufig frustrierend. Es sollte also sowohl objektiv als auch subjektiv hilfreich sein, Organisationsabläufe transparent zu machen bzw. sie zu optimieren.

Das komplexe Beziehungsgefüge, von dem die Rede war, ergibt sich aus Innen- und Außenverhältnissen, die in sich wiederum mehrschichtig sind und die im Organisationsvollzug wirksam werden. Diese Vollzüge sind, wenn sie einigermaßen aufgabengerecht gehandhabt werden, außerordentlich variabel. Deshalb passen bürokratische Regulierungen schlecht auf die Situation der Erwachsenenbildung. Demgegenüber bietet sich aber der moderne systemtheoretische Ansatz als Interpretationshilfe und als eine Möglichkeit der Verortung von Problemen und Vorgängen an. Er verbindet, wie ihn Klaus Senzky präsentiert hat, den Vorzug der sozialen Adäquanz mit einer inneren Konsistenz. Soziale Systeme existieren vorrangig als Handeln in Situationen. Die traditionelle

klassifikatorische Verallgemeinerung vernachlässigt oder negiert diese Erkenntnis. Ihrer Theorie nach geht das Situative, wenn nicht restfrei, so doch vermeintlich zureichend in das Systematische ein. Widerlegt die Praxis diese Annahme, so gelten situationsbedingte Schwierigkeiten und Widerstände ausnahmslos als ein Fehlverhalten der Mitglieder eines derartigen Systems. Es kommt, sofern es gelingt, Theorie und Praxis zur Deckung zu bringen, zu einem Dauerstreit zwischen „Theoretikern" und „Praktikern", der trotz begründbarer Positionen unergiebig bleibt, weil jede Seite in der weiterreichenden Realität an Argumenten findet, was sie sucht. Der systemtheoretische Angang zielt mit Hilfe seiner andersgearteten Verfahrensweise darauf ab, über die bloße Positionsbehauptung hinaus zur Problematik des Wirklichen vorzustoßen. Er verharrt nicht im herkömmlichen Gegensatz von Situation und System, sondern nimmt die sozialen Situationen selbst als Systeme besonderer Art, die eigenen Entwicklungsbedingungen folgen.

Hier wird deutlich, inwiefern die Klagen über das gespannte Verhältnis von Theorie und Praxis nicht sosehr auf Defiziten als auf paradigmatischen Fehlschlüssen beruhen und daß diese von ähnlicher Art sind wie die, die zu dem Spannungsverhältnis von Pädagogik und Organisation in der Erwachsenenbildung führen.

Wenn offensichtlich ist, daß Erwachsenenbildung nicht mehr allein auf der Grundlage spontaner, unmittelbarer kommunikativer Akte existieren kann — und das haben alle hier vorgenommenen Einleitungen in die Erwachsenenbildung bestätigt —, wenn formale Organisation also unabdingbar ist, *dann ist es nur aufgabengerecht, Organisationsformen zu finden, die variable Verknüpfungen organisatorischer Vorgänge erlauben. Das Modell der systemtheoretisch konzipierten Organisation bietet dafür Möglichkeiten, insofern es zur Analyse von Funktionen herausfordert, Strukturen in ihrer Prozeßhaftigkeit erkennen läßt, dem Kriterium der Spezifikation Rechnung trägt und die Systemleistung im Modus der Interaktion als selbstverständlich unterstellt.* Damit bietet sich die Chance, institutionelle Organisation flexibel zu halten, so daß sie den Anforderungen der Komplexität gerecht zu werden vermag. Anders gesagt: Der systemtheoretische Ansatz lenkt den Blick darauf, worin der Stellenwert der Faktoren eines Organisationsgefüges und ihres jeweiligen Beitrages zu einer Situation besteht. Damit vermag er Verfestigungen entgegenzuwirken, ohne je neuen Situationen ungeschützt auszusetzen.

Gerade der letzte Aspekt verweist darauf, daß der systemtheoretische Angang eine Konzeptualisierung von Erwachsenenbildung stützen kann, die nicht auf eine dogmatische Positionsbestimmung abzielt, sondern die das pragmatische Vortasten in den Kontext einer menschlich-gesellschaftlichen Bedeutsamkeit bringt und *ein Relationsbewußtsein für alltägliches Handeln* bewirken möchte, das sich zum Teil in Anpassung an und zum Teil in Konfrontation zu dem Alltagswissen der Adressaten vollzieht. Bisher ist der systemtheoretische Ansatz jedoch eher in zwei Richtungen weiterverfolgt worden. In der Tat liegt es nahe, ihn in die Diskussion um die Organisationsstruktur der Erwachsenenbildung im Sinne der pluralistischen Trägerstruktur einzubringen und ihn für die Analyse der internen Organisationsstrukturen einer Erwachsenenbildungseinrichtung zu nutzen.

Es war mehrfach von der Fragilität als Kennzeichen der Erwachsenenbildung die Rede. Sie ist Ausdruck der Tatsache, daß Erwachsenenbildung erst existent wird im vereinbarten interaktionären Vollzug. Dies erscheint angesichts der Bedeutung, die der Erwachsenenbildung inzwischen zukommt, keine hinreichende Verankerung in der gesellschaftlichen Realität. In die Funktionslücke drängen begreiflicherweise die, die ein unmittelbares Interesse am Vorhandensein bestimmter Qualifikationen haben, die erst Erwachsene und nicht schon Schüler sich aneignen können. Eine entsprechende Entwicklung wird durch die Macht der Verbände gestützt. Die Folgen sind mangelnde Transparenz und ein Hintanstellen solcher Bedürfnisse, die als individuelle oder gesamtgesellschaftliche gelten. Es besteht die Gefahr, daß sie einerseits ins Subversive, andererseits ins Schulische abgedrängt werden. Soll aber den vielfältigen Aufgaben entsprochen werden, die sich der Erwachsenenbildung heute stellen, soll sie Chancen für die Befriedigung eines nicht schulisch gestalteten schulischen Nachholbedarfs bieten, soll sie die Flexibilität auf dem Arbeitsmarkt sichern, soll sie die Einübung in die eigengearteten Mitspracherechte auf verschiedenen Lebensgebieten anregen, soll sie dazu beitragen, daß wir den Veränderungen unserer Umwelt durch die Technik, durch das Zusammengerückt- und Aufeinanderangewiesensein auf menschliche Weise Herr werden, soll sie die Möglichkeiten eröffnen, lebensgeschichtliche Beschädigungen zu verarbeiten, soll sie der Freude an der Betätigung für sich und mit anderen Raum geben, dann ist ein Organisationsgefüge erforderlich, das diesen mannigfachen Anforderungen entspricht und zugleich noch ihren Zusammenhang erkennen läßt. *Es bedarf eines differenzierten Systems, das der Spezifikation und der Interdependenz gerecht wird.* Eine entsprechende Ordnung des Gesamtbereichs Erwachsenenbildung ist noch nicht gegeben. Bezeichnenderweise kommen ihr die Gesetze am nächsten, die aus den Parlamenten und nicht aus der Administration hervorgegangen sind. Insbesondere das nordrhein-westfälische Gesetz läßt erkennen, wie eine Regelung der Angebotsorganisation freigegeben werden kann, die zugleich das Notwendige sichert. Der öffentlichen Hand ist Weiterbildung zur Pflichtaufgabe gemacht und der Ermessensspielraum von Verbänden ist nicht nur gegeben, er wird auch durch das Gesetz gefördert.

Am schwierigsten zu lösen scheinen die Probleme, die hier mehrfach unter dem Begriff der institutionellen Staffelung angeführt worden sind. In ihr tritt die Notwendigkeit formaler Organisation in Erscheinung. Sie hat das Willkürliche, sowohl des Angebots als auch der Situation der Mitarbeiter, noch nicht eindämmen können. Das nordrhein-westfälische Gesetz versucht es über eine Regelung der Mitwirkungsrechte der verschiedenen an dem Existentwerden von Erwachsenenbildung beteiligten Gruppen. Wie groß die Schwierigkeiten dabei sind, muß sich noch zeigen. Sie liegen vor allem im unterschiedlich begrenzten zeitlichen Engagement, das für eine Vertretung von Mitwirkungsrechten aufgebracht werden kann. Deshalb werden die Entscheidungsquellen in erster Linie bei den hauptberuflich Beteiligten zu suchen sein. Dies sollte im Interesse der Transparenz der Verantwortung auch nicht negativ gesehen werden. *Um so mehr drängt es sich aber auf, auch die innere Organisation einer Erwachsenenbildungseinrichtung unter systemtheoretischem Aspekt zu sehen.* Es kann nicht nur im Hinblick auf das schon angesprochene Verhältnis von Pädagogik und Verwaltung hilfreich sein, sondern auch im Hinblick auf die Kommunikationsstruktur des hauptberuflichen pädagogischen Personals. Wenn dies, wie künftig meist, aus einer kleinen Gruppe besteht, die zwar formal hierarchisch strukturiert ist, die aber intern kollegial arbeiten möchte, weil ihr dies aufgabengerechter erscheint, muß mit einem beträchtlichen Gruppendruck gerechnet werden, der zumindest für eine öffentliche Einrichtung mit unterschiedlichen Funktionen wiederum nicht aufgabenadäquat ist. Es wäre verhängnisvoll, wenn die hier notwendige Differenzierung und Spezifikation durch die Personalentscheidungen des Trägers erzwungen und nicht durch die einsichtige Selbstregulation des Personals gesichert wird. Andernfalls kann das sehr leicht verlorengehen, was eine Erwachsenenbildungseinrichtung im Verfolgen ihrer Aufgaben beanspruchen muß, die relative Autonomie, die sie aber nur in Anspruch nehmen kann, wenn sie den Interpretationszusammenhang, in dem sie steht, für sich selbst realisiert. Leistet sie dies nicht, wird die Notwendigkeit zur Formalisierung, die mit dem Ausbau der Erwachsenenbildung verbunden ist, nicht mehr für die Gestaltungsfreiheit genutzt werden können, sondern Restriktionen mit sich bringen, deren inhaltliche Begründung ungenannt bleiben kann.

Unterschiedliche Funktionen in einer Institution miteinander zu verbinden, ist das spezifische Problem — sowohl unter personalorganisatorischem Aspekt als auch für die Selbstdarstellung — der von den Gebietskörperschaften verantworteten Erwachsenenbildungseinrichtung, der Volkshochschule. Wenn sie ihr Angebot mehrdimensional strukturiert darstellt nach Inhalten und Lernzielen, Funktionen und Motiven, Anspruchsebenen und Verbindlichkeitsgraden, um es auf diese Weise aufgabengerecht und erwartungsbezogen zu profilieren und zu begründen, dann ist dies eine Differenzierung, die zeigt, wie auch bei der Angebotsplanung mehr und mehr Verfahrensmodalitäten angewandt werden, die systemtheoretischen Kriterien entsprechen. Sie zeigen daran ihr konzeptionelles Potential.

Dieses Potential beruht im Falle der Erwachsenenbildung zum einen darauf, daß der systemtheoretische Angang wenig Eigenschaften und statt dessen Variablen des Geschehens unterstellt, und zum anderen darauf, daß er bei aller Anerkennung der Komplexität Möglichkeiten bietet, handlungsfähig zu bleiben. Er geht auf die Dimension des „Zwischen", die hier mehrfach angesprochen wurde, ein und gibt der in der Interaktion gewonnenen Identität auch im Organisatorischen Raum. Wirkungsfaktoren haben immer die Tendenz, sich zu stabilisieren, und die menschliche Reaktion darauf verstärkt sie eher, als daß sie ihr entgegenwirken würde. Nur das Bewußtsein von der Relation zu anderen Faktoren kann zu einer solchen Gegensteuerung befähigen, wenn nicht von Zeit zu Zeit der Umschlag in ein Veränderungsbedürfnis um jeden Preis eintreten soll, der jede Strukturierung aufhebt und wiederum massiven Gegendruck erzeugt. Bildungsbemühungen bleiben bei solchen Konfrontationen auf der Strecke, ja die Möglichkeit der Bildsamkeit als Potential zu schrittweisen Versuchen der Veränderungen wird geleugnet. *Wenn es der „Kern der systemtheoretischen Betrachtungsweise" ist, „unterschiedliche Konstellationen von Möglichkeitsbedingungen aufzufinden", dann ist es gerade das, was Erwachsenenbildungsplanung braucht und womit sie vermeiden kann, sich monokausal zu begründen,* zwar einer Aufgabe gerecht zu werden, vor anderen aber zu versagen oder sich ihnen zu verweigern.

Wer Erwachsenenbildungsangebote vorbereitet, muß mit der Erwartung von Situationseigenschaften rechnen, ja er muß selbst solche unterstellen. Sie sind aber nur mit einem hohen Unbestimmtheitsgrad vorgegeben. Dennoch müssen sie für die Planung sowohl auf makro- als auch auf mikrodidaktischer Ebene systematisiert werden. Dabei gilt es zu vermeiden, daß Erscheinungen des Veränderbaren vergewaltigt werden. Viele der Arbeitsbedingungen werden durch die Planung in der Lehr-Lern-Situation erst selbst produziert. Wie immer die Vorbereitung von Weiterbildungsangeboten aussieht und wie immer sie begründet sein mag, sie stößt auf die Interpretation von Rollenerwartungen als Artikulation der Lebenswelt. Sie bedürfen der Reflexion und Selbstreflexion, wenn Bildungsprozesse in Gang kommen sollen. Diese sind zum einen abhängig von der Kovariation von Bildungsschicksal und Komplexitätstoleranz als dem für das Weiterlernen wichtigsten Faktor der kognitiven Strukturiertheit. In welcher

Weise sie mobilisiert wird, hängt aber auch ab von der Angebotsstruktur der Erwachsenenbildung. Dabei ist diese Angebotsstruktur nicht nur unter den didaktischen und methodischen Aspekten zu sehen, die im folgenden Kapitel erörtert werden. Sie erhält ihr Profil und ihre Wirksamkeit ebenso durch die Modalitäten, mit denen das Organisationsgefüge auf die Adressaten des Angebots durchschlägt. Insofern sind auch diese Organisationsgefüge mit zu reflektieren, wenn Erwachsenenbildung über eine kasuistische oder monokausale Begründung hinaus als ein Bildungsbereich mit eigenem theoretischem Gewicht erscheinen will. Dabei besteht das Dilemma, daß die Interdependenz, von der dabei auszugehen ist, von Faktoren mit einem hohen Unbestimmtheitsgrad abhängig ist. Diese aber zu einer Passung zu bringen, ist die Aufgabe in der konkreten Kurssituation, und zwar bei der Vorbereitung dieser Situation und bei der Verankerung dieser Vorbereitung in eine Gesamtvorstellung von Erwachsenenbildung.

Literatur

K. Senzky: Systemorientierung der Erwachsenenbildung. Stuttgart 1977.

6. EBENEN ERWACHSENENPÄDAGOGISCHER PLANUNG

6.1. Reflexion der Programmplanung

Die Tendenz von der Improvisation zur Planung kann als kennzeichnend für die Erwachsenenbildung des letzten Jahrzehnts angesehen werden. Jedoch kann mit Planung sehr Verschiedenes gemeint sein. *Am weitesten ist der Rahmen gespannt, wenn von Weiterbildungsentwicklungsplanung die Rede ist.* Das nordrhein-westfälische Gesetz macht sie verpflichtend, und auch andernorts sind entsprechende Aufforderungen zu hören. Werden sie von Repräsentanten der Bildungspolitik und der Bildungsverwaltung ausgesprochen, so kommt in ihnen das Interesse zum Ausdruck, eine vermutete Expansion voraussehbar zu machen und unter Kontrolle zu bringen. Das Aufkommen der Bildungsökonomie hat sich bei dieser Einstellung ausgewirkt. Dem Ordnungsbedürfnis scheint eine Handhabe gegeben. Indessen sind die Kriterien, nach denen geplant werden soll, nicht eindeutig. Wie schwierig Bedarfsanalysen oder gar Bedarfsprognosen sind, wurde schon erläutert. So ist eine Ernüchterung gegenüber der Planungseuphorie eingetreten. Mit der Förderung der Erwachsenenbildung aus öffentlichen Mitteln sind aber meist weiterhin Planungsanforderungen verbunden. Zugleich mehren sich die Klagen darüber, daß formale Planungskriterien der Vielfalt des Erwachsenenbildungsalltags nicht gerecht werden. Diese Klagen sind zum Teil in Traditionen begründet, denn die Zeit liegt noch nicht lange zurück, in der das Wort Planung in der Erwachsenenbildung entweder vermieden wurde oder heftige Abwehrreaktionen hervorrief. Zu einem anderen Teil sind sie neuerer Art, nämlich dann, wenn sie durch die Intentionen einer Selbststeuerung von Lernprozessen ausgelöst sind. Es kann jedoch nicht daran vorbeigesehen werden, daß die Tendenz von der Improvisation zur Planung durch die veränderten, verbindlicheren Anforderungen an die Erwachsenenbildung bedingt ist. Zugleich erscheinen Sorge und Kritik begreiflich, Erwachsenenbildung könne insgesamt „verplant“ werden. Es würden dann wichtige ihrer Aufgabenbereiche aus dem Blick geraten. Alles, was spontan geschieht und was dem Spielerischen zugute kommt, was den privaten Raum kultivieren kann, würde unterbewertet. Zugespitzt formuliert: *Weiterbildungsplanung darf das Nichtplanbare nicht unbeachtet lassen.* Sie muß auch den Teil ihres Angebots vor sich selbst und in der Öffentlichkeit ernst nehmen, der nicht funktional verrechenbar ist.

Auf diesem Hintergrund ist es hilfreich, verschiedene Planungsebenen zu unterscheiden, je eigene Planungsinstrumentarien zu nutzen und Planungsziele bewußtzumachen, um einer nur quantitativen Entwicklungsplanung entgegenzuwirken, bei der der Lernsituation fernstehende Planungsinstanzen Entscheidungen treffen.

Wenn es nicht um bildungspolitisch motivierte Rahmenplanung als der allgemeinsten Ebene, sondern um erwachsenenpädagogisch verstandene inhaltlich-methodische Planung geht, so bietet es sich aufgrund der konstitutionellen Struktur der Erwachsenenbildung an, Programmplanung und Veranstaltungsplanung — also zwei weitere, eine makrodidaktische und eine mikrodidaktische Ebene — zu unterscheiden. *Beide, Programm- und Veranstaltungsvorbereitung, nehmen in der Erwachsenenbildung einen großen Raum ein, weil die spezifische Eigenart der Erwachsenenbildung ein immer neues Ingangsetzen erforderlich macht.* Dafür sind die jeweiligen Voraussetzungen der Angebotsplanung zu ermitteln und zu reflektieren, Intentionen der Veranstalter und Erwartungen der Adressaten sowie Inhalte und Methoden aufeinander abzustimmen.

Für eine bildungspolitisch orientierte Planung und ein aufgabengerechtes Angebot sind in den voraufgegangenen Kapiteln vornehmlich vier Gesichtspunkte herausgestellt worden:
— die Einbeziehung der Erwachsenenbildung in das Gesamtbildungssystem
— die engere Verknüpfung von Bildungs- und Beschäftigungssystem
— die Vorstellung, durch Erwachsenenbildung zu einer über den Status quo hinausgehenden Realisierung der Menschenrechte beitragen zu können
— das Bemühen, auch diejenigen zum Weiterlernen zu bewegen, die dazu nicht von sich aus motiviert sind.

Danach muß es der Erwachsenenbildung darum gehen, Nachholbedarfe zu befriedigen, die Dispositionsfähigkeit am Arbeitsmarkt zu erhöhen, die Voraussetzungen für gesellschaftliche Innovation zu verbessern und Bildungsbenachteiligte für die Erwachsenenbildung zu gewinnen.

Welche Probleme mit derartigen Zielprojektionen verbunden sind, ist in den letzten Jahren deutlich geworden. So sind mit dem Nachholen von Schulabschlüssen für die Erwachsenenbildung zwar neue Akzente gesetzt worden, aber die didaktische Planung für die entsprechenden Lehrgänge konnte nur partiell von den Maßstäben der Schulverwaltung gelöst werden. Die Ausweitung der beruflichen Fortbildung ist zwar unverkennbar, aber gegenüber fallweise vermittelten arbeitsplatzbezogenen Qualifizierungen ist die prognostisch bestimmte Forderung, Schlüsselqualifikationen in den Mittelpunkt des Angebots zu stellen, Postulat geblieben. Teilweise ist es zwar zu einer Veränderung des Lernverhaltens gekommen, aber gesellschaftliche Innovationen wurden damit nur selten bewirkt. Im Interesse der Arbeiterbildung ist zwar ein methodischer Zugriff wie das exemplarische Lernen entwickelt worden, die Absicht, lernungewohnte Erwachsene zu erreichen, konnte aber nur punktuell realisiert werden.

Gegenwärtig ist die Neigung weit verbreitet, den Tatbestand, daß die Planungsintentionen durchweg auf halbem Wege steckengeblieben sind, auf gesellschaftliche Widersprüche zurückzuführen. Indessen haben nicht allein Druck des ökonomischen Gegeninteresses oder Abwehr der Verwaltung hemmend gewirkt. *Die Diskrepanz zwischen Planungszielen und Wirklichkeit geht vielmehr auch auf die subjektive Einstellung derer zurück, an die sich die Planungsintentionen wenden.* Der konkretistische Erwartungshorizont der Teilnehmer schränkt Wirkungsmöglichkeiten ebenso ein wie der Eigenwille der Mitarbeiter. Diese Schwierigkeiten sollten jedoch nicht daran hindern, dafür zu sorgen, daß sich das schulische Qualifikationsspektrum und die beruflichen Anforderungsprofile im Erwachsenenbildungsangebot wiederfinden lassen. Soll dies erwachsenengerecht geschehen, müssen allerdings die entsprechenden Angebote entbündelt werden können. Das heißt, es muß im Nacheinander erwerbbar sein, was dem Jugendlichen im Vollzeitunterricht oder in der Ausbildung ermöglicht wird. Außerdem bedarf es der Angebote, die in einer spezifischen Weise auf die Lebenssituation Erwachsener eingehen. Das aber heißt, sie können nicht allein an einer Sachsystematik orientiert sein. *Die divergierenden Anforderungen, Verwendungsbezug und freigegebene Entscheidungsspielräume legen das Konzept eines Bausteinsystems nahe.* Es bietet die Chance, die Notwendigkeit der Objektivierung und die Ansprüche auf Individualisierung miteinander zu verbinden.

Zu einem Bausteinsystem gehört ein Angebot von Kursen, die durch die Voraussetzungen für eine Teilnahme und durch das Endverhalten, das sie bewirken wollen, definiert und aufeinander bezogen sind. Sie bieten damit Wahlmöglichkeiten an und nehmen zugleich darauf Rücksicht, daß ein großer Teil der Lernwege nur erfolgreich beschritten werden kann, wenn die Hierarchie von Lernstrukturen beachtet wird. Es handelt sich also um ein Konzept, das immer dann hilfreich ist, wenn Lernziele angestrebt werden, die mit aufeinander aufbauenden Lernanforderungen und Lernschritten verbunden sind. Bei weniger ergebnisbezogenen, vorwiegend problemorientierten Lernzielen erscheinen definierte Lernkontrollen, die zu einem Bausteinsystem im engeren Sinne gehören, nicht angebracht. Insoweit aber auch dann eine gemeinsame Kommunikationsbasis erforderlich oder zumindest wünschenswert ist, könnte eine solche durch Medienmaterial geschaffen werden. Daran hindert allerdings, daß gegenwärtig bei der

Medienproduktion allzu häufig pädagogische Überlegungen von kommerziellen überlagert werden.

Eine weitere Schwierigkeit kommt hinzu: Es kann nicht übersehen werden, daß die Einstellung der in der Erwachsenenbildung Tätigen gegenüber dem Bausteinkonzept, wie es vor allem der Bildungsrat im Strukturplan und die Planungskommission für die Erwachsenenbildung in Nordrhein-Westfalen skizziert haben, zwiespältig ist. *Diese zwiespältige Einstellung verwundert nicht, wenn man an das Prinzip des Okkasionellen denkt, das die Tradition der Erwachsenenbildung beherrscht hat, und an den Einfluß, den Wunsch und Theorie des befreienden Lernens gegenwärtig ausüben.* Man kann in der Tat nicht leugnen, daß mit dem Bausteinprinzip ein Ansatz konzipiert ist, der eine sachorientierte Komponente hat. Insoweit eine solche aber im Hinblick auf gesellschaftlich oder individuell relevante komplexe Lernziele unentbehrlich ist, erscheint es angesichts der heute herrschenden Neigung, im ‚autonomen Lernen' den Königsweg der Erwachsenenbildung zu sehen, zum Zwecke der notwendigen Gegensteuerung angebracht, das Bausteinkonzept als eine Möglichkeit herauszustellen, ein Mindestmaß an Beweglichkeit, das für die Erwachsenenbildung notwendig erscheint, mit einer ebenso notwendigen Systematik verbinden zu können. Was dies unter mikrodidaktischem Aspekt und im Verhältnis zu verschiedenen Lehr-Lernstrategien bedeutet, wird noch zu erörtern sein. Hier gilt es herauszustellen, daß es den Funktionswert der Erwachsenenbildung entscheidend schwächen würde, wollte man darauf verzichten, Angebote zu machen, deren Verläßlichkeit darin besteht, daß die Adressaten übersehen können, was mit ihnen bewirkt werden soll und erreicht werden kann. Auf diese Verläßlichkeit Wert zu legen, erscheint nicht zuletzt deshalb wichtig, weil den Angeboten der Erwachsenenbildung noch allzu häufig von ihren potentiellen Adressaten mangelnde Solidität unterstellt wird.

Für eine didaktische Planung im Sinne eines Bausteinsystems bietet sich — und zwar auf der makrodidaktischen und auf der mikrodidaktischen Ebene — das Curriculum-Instrumentarium an, um Curriculum-Ressourcen zu erschließen. *Damit aber sieht man sich den Kontroversen über offene und geschlossene Curricula gegenüber.* Bei genauer Betrachtung wird man allerdings feststellen, daß vieles daran eine Scheinkontroverse ist. Vielfach wird auch unter dem Vorzeichen „offenes Curriculum" sehr detailliert, wenn auch mit verbalen Gesten des Entgegenkommens, geplant. Bei im strengen Sinne prozeßorientierten Verfahren aber, die soziales Lernen ermöglichen sollen, ist das Erarbeitete schwerlich übertragbar. Wie immer man im einzelnen auch vorgeht, man greift doch auf Fragestellungen zurück, die teils mit der lerntheoretischen Didaktik, teils mit der Curriculum-Diskussion üblich geworden sind. Das heißt, man versucht, das Bedingungsfeld mit seinen gesellschaftlichen und anthropogenen Faktoren zu analysieren, den Verwendungszusammenhang des zu Lernenden zu klären, das Anzustrebende kontrollierbar zu bestimmen, Materialien und Erfahrungen auszumachen, die bei ähnlichen Lernvoraussetzungen, -wegen und -zielen angefallen sind. Je präziser die Konsequenzen sind, die daraus gezogen werden, um so mehr ist auch für ein Bausteinsystem getan. Auf dieses didaktische Instrumentarium wird daher in einem eigenen Abschnitt noch einzugehen sein.

Bausteinkonzept und Bausteinpraxis müssen also nicht einem anderen, vielzitierten Planungsprinzip der Erwachsenenbildung entgegenstehen, der *Teilnehmerorientierung.* Diese *ist für Erwachsenenbildung konstitutiv, insofern organisierte Erwachsenenbildung gar nicht geschieht, wenn sich nicht Teilnehmer für sie entscheiden.* Sie ist zugleich ein normatives Prinzip, insofern organisierte Erwachsenenbildung zu selbständigem Lernen anregen und befähigen soll. Dieses Kriterium hat vielfach veranlaßt, Sachorientierung und Teilnehmerorientierung im Gegensatz zueinander zu fixieren. Dabei wird übersehen, daß Sachorientierung durchaus im Teilnehmerinteresse sein kann. Dies gilt selbst noch dann, wenn das Prinzip der Teilnehmerorientierung zugespitzt wird. Dies geschieht seit langem mit dem Hinweis, daß Erwachsenenbildung am wirksamsten ist, wenn sie von der Betroffenheit der Teilnehmer ausgeht. Dabei stellt sich die Frage, inwieweit diese durch die Planenden antizipierbar ist oder inwieweit sie erst im Lernprozeß selbst für alle Beteiligten zutage tritt. Auch in diesem Fall trifft eine ausschließende Antwort die Wirklichkeit nicht, sondern behindert eher das erwachsenenpädagogische Entfaltungspotential. Das gleiche gilt, wenn in einer weiteren Zuspitzung die Konfliktorientierung zum maßgeblichen Planungskriterium erklärt wird. Auch in diesem Fall schlägt die Neigung durch, eine Möglichkeit neben anderen absolut zu setzen. Damit aber wird Erwachsenenbildungsplanung restriktiv und kann nicht ihre Aufgaben erfüllen, die Entfaltungsspielräume von Erwachsenen zu erweitern und die in ihnen liegenden Wirkungschancen abzusichern.

Didaktische Planung wird immer in Relation zu Zielvorstellungen praktiziert werden. *Auf der makrodidaktischen Ebene der Erwachsenenbildung stehen diese Zielvorstellungen in Relation zu der Einrichtung, in der und für die eine Programmplanung vorgenommen wird.* Man wird also mit institutionsspezifischen Planungsbedingungen zu rechnen haben. An ihnen können sich Wille der Planenden und Erwartungen der Adressaten brechen. Es ist hier nicht der Raum, institutionsspezifische Planungsreflexionen zu beschreiben. Es müssen zwei Hinweise genügen: in dem Konzept eines Bausteinsystems kann eine Chance gesehen werden, die institutionsdidaktischen Grenzen zu übersteigen und erwachsenen Lernenden Übergangsmöglichkeiten von einer Institution zur anderen zu bieten. Unabhängig davon werden verschiedene Erwachsenenbildungseinrichtungen aufgrund ihrer institutionellen Bedingungen und Intentionen ihre Planungsverfahren mit unterschiedlicher Stringenz oder Situationsbezogenheit handhaben.

Unabdingbar für alle bleibt allerdings das Kriterium der Adressatenorientierung auf der makrodidaktischen Ebene und der Teilnehmerorientierung bei der mikrodidaktischen Veranstaltungsplanung. *Das heißt, daß Erwachsenenbildung darauf zu achten hat, was ihren Adressaten als lebensbedeutsam erscheint.* Indessen sind Lernorientierung und Lebensbedeutsamkeit verschieden auslegbar. Insofern erweist sich didaktische Planung, wie immer sie auch angelegt ist, von Situationsdefinitionen bestimmt, und in diesen werden die Legitimationsvarianten wirksam, von denen im letzten Kapitel die Rede war.

Der Begriff der Lebensbedeutsamkeit hatte schon die ersten Theorieansätze von Erwachsenenbildung in den 20er Jahren bestimmt. Was damals aber vor allem als psychologisch begründetes Entgegenkommen verstanden wurde, wird heute vielfach als eine Möglichkeit angesehen, ein Veränderungspotential zu mobilisieren. Daß dies nur begrenzt möglich ist, wurde schon begründet. *Die Lebenszusammenhänge bei Erwachsenen sind z. T. so ausdifferenziert und z. T. so festgelegt, daß ein individuelles Ansprechen notwendig ist. Es ist daher nicht zufällig, wenn die individuelle Beratung immer größere Bedeutung für die Erwachsenenbildung gewinnt* und wenn immer häufiger die Forderung zu hören ist, Weiterbildungsberatung zu institutionalisieren. Dabei kann es sich um Bildungslaufbahnberatung, Kursberatung oder Lernberatung handeln. Je intensiver die Beratung ist, desto mehr wird man allerdings auch auf Insuffizienzgefühle stoßen, die nicht allein gegenüber Lernzielen, sondern die gegenüber Interaktionsbedürfnissen bestehen. Darin ist ein Anzeichen dafür zu sehen, daß die sozialpädagogische Komponente der Erwachsenenbildung an Bedeutung gewinnt.

Für Lernungewohnte wird individuelle Beratung allerdings selten zureichend sein. Insofern die Lernbereitschaft in Relation zu den Verhaltensnormen der Gruppe steht, in der man lebt, erscheint daher Zielgruppenarbeit als ein naheliegendes Planungsprinzip, wenn es nicht nur um Bedarfsdeckung, sondern um Bedürfnisweckung geht, wenn dem vierten hier genannten Begründungszusammenhang für eine Erwachsenenbildungsplanung entsprochen werden soll, gerade auch diejenigen zu gewinnen, die nicht aus individuellem Entschluß in Erwachsenenbildungsveranstaltungen kommen. Auf die Möglichkeiten und Grenzen der Zielgruppenarbeit soll daher im folgenden Abschnitt eingegangen werden, zumal damit auch erste

Hinweise auf eine lern- und sozialpsychologisch begründete Unterrichtsplanung gegeben werden können.

Literatur

Der Planungshorizont der Erwachsenenbildung ist am umfassendsten beschrieben in:

Deutscher Bildungsrat (Hrsg.): Umrisse und Perspektiven der Weiterbildung. Stuttgart 1975.

Mögliche Planungskriterien insbesondere auf der bildungspolitischen Ebene sind dargestellt in:

P. Hamacher: Entwicklungsplanung für Weiterbildung. Braunschweig 1976.

Der bildungs- und gesellschaftspolitische Zusammenhang kann deutlich werden bei:

B. Dieckmann u. a.: Gesellschaftsanalyse und Weiterbildungsziele. Braunschweig 1973.

Das Baustein-Konzept wird konkretisiert durch:

Planungskommission des Kultusministers Nordrhein-Westfalen: Entwicklung der Weiterbildung. Köln 1975.

W. Schulenberg: Plan und System. Weinheim 1968.

H. Tietgens/G. Hirschmann/M. Bianchi: Ansätze zu einem Baukastensystem. Braunschweig 1974.

Das Problem der abschlußbezogenen Weiterbildung wird erörtert von:

W. Spieß/H. Bruns/K. Schick: Verschulung oder Befreiung. Braunschweig 1973.

Die eigentlich erwachsenenpädagogische Dimension der didaktischen Planung wird angesprochen in den Beiträgen von H. D. Raapke in:

O. Lange/H. D. Raapke: Weiterbildung der Erwachsenen. Bad Heilbrunn 1976.

Materialien zu einer institutionsspezifischen Didaktik finden sich in:

H. Dolff (Hrsg.): 25 Jahre Deutscher Volkshochschulverband. Braunschweig 1978.

Alternative Konzepte einer situationsbezogenen, sich befreiend verstehenden Erwachsenenbildung werden vorgestellt von:

H. Dauber/E. Verne (Hrsg.): Freiheit zum Lernen. Reinbek 1976.

Ausblicke für die Zukunft bieten:

W. Schulenberg u. a.: Strukturplan Weiterbildung. Köln 1975.

H. Tietgens/W. Mertineit/D. Sperling: Zukunftsperspektiven der Erwachsenenbildung. Braunschweig 1973.

6.2. Das Dilemma der Teilnehmerstruktur

Ob es ausgesprochen wurde oder nicht — seit eh und je muß Erwachsenenbildung, um wirksam zu werden, sich an ihren Adressaten orientieren, da sie erst durch eine Resonanz dieser Adressaten existent wird. Neben dieser Marktabhängigkeit sprach aber auch die Intention, denen Bildung zu ermöglichen, die nicht schon durch ihren Status von Jugend an dazu angeleitet waren, für eine Adressatenorientierung. Man mußte davon ausgehen, daß es Menschen gab, die sich ihre Weiterbildung sowohl aufgrund ihrer Lernerfahrung als auch aufgrund der ihnen zur Verfügung stehenden Zeit selbst organisieren konnte. *Demgegenüber wandte sich die öffentlich angebotene Weiterbildung an die, die nicht auf eine solche Selbstorganisation des Lernens vorbereitet waren.* Daher ist die Teilnehmerstruktur der Erwachsenenbildung seit langem als ein Kriterium ihrer Wirksamkeit angesehen worden. Ebenso ist unverkennbar, daß zu allen Zeiten und in allen Ländern dennoch immer nur eine kleine Gruppe aus den Schichten, die man ansprechen wollte, für die Beteiligung an Erwachsenenbildungsveranstaltungen gewonnen werden konnte.

Das Dilemma der Teilnehmerstruktur ist aber nicht nur ein quantitatives und schichtspezifisches. Es ist immer auch über Diskrepanzen zwischen dem, was mit Erwachsenenbildungsangeboten intendiert wurde, und dem, was die Teilnehmer erwarteten bzw. die Art, wie sie diese Angebote aufnahmen, geklagt worden. *Allenthalben ist ein Gegensatz festzustellen zwischen den übergreifenden Zielen, von denen die Protagonisten der Erwachsenenbildung gesprochen haben und noch sprechen, und der konkretistischen Einstellung ihrer Adressaten.* In immer neuen Varianten haben sich humanistische bzw. gesellschaftliche und instrumentalistische Bildungsverständnisse einander gegenübergestanden. Es ist, zugespitzt formuliert, immer Weitergehendes angeboten worden, als nachgefragt wurde. Eine Entwicklungstendenz, wie sie schon für die erste Heimvolkshochschule in Deutschland — Rendsburg 1842 bis 1848 — kennzeichnend war, eine Verlagerung der Akzente vom Politischen auf das Berufliche, ist beispielsweise später immer wieder zu beobachten. Zugleich sind aber auch immer wieder Gegentendenzen ausgelöst worden. Auf jeden Fall waren aus der Sicht der Initiatoren der Erwachsenenbildung Kompromisse unvermeidlich.

Die historisch-gesellschaftlichen Umstände legten es nahe, daß insbesondere in der Zeit der Weimarer Republik die Probleme der Teilnehmerstruktur kritisch diskutiert wurden. Wir verdanken es vor allem der Verbindung von ökonomischem Durchblick, statistischer Erfahrung und bildungspolitischem Engagement eines Paul Hermberg, daß wir von der Teilnehmerstruktur der 20er Jahre etwas wissen. Vergleiche sind angesichts der veränderten Bildungs- und Beschäftigungsstruktur nur begrenzt möglich. Immerhin kann man sagen: die Wirklichkeit der Teilnehmerstruktur entsprach nicht den Zielen. Und diese Lage hat sich angesichts der gegenwärtigen Anforderungen und Maßstäbe eher noch verschärft.

Dieser Tatbestand ist in den 60er Jahren durch eine Reihe empirischer Untersuchungen ins öffentliche Bewußtsein gerückt. Seither sind die Determinanten der Teilnehmerstruktur in der Diskussion. Insbesondere Wolfgang Schulenberg und Willy Strzelewicz haben auf die Bedeutung der Vorbildung aufmerksam gemacht. *Das Dilemma besteht darin, daß Erwachsenenbildung zwar einen Ausgleich des Bildungsgefälles beabsichtigt, dieses aber durch die Teilnehmerzusammensetzung eher verschärft wird.* Dieser Umstand belastet ein schon immer bestehendes Problem mit einem neuen Akzent: weil das Bildungsniveau am Maßstab des Schulabschlusses gestiegen ist, sind diejenigen, die keine weiterführenden Schulen besucht haben, noch weniger als früher für Erwachsenenbildungsangebote zu gewinnen.

Die Einsicht in die Komplexität der Determinanten des Weiterbildungsverhaltens hat nicht daran gehindert, Versuche der Gegensteuerung zu unternehmen. Wenn sowohl Bildungsplanung als auch didaktische Planung seit den 60er Jahren für die Erwachsenenbildung eine immer größere Bedeutung erlangt haben, so hängt dies nicht zuletzt mit Bestrebungen zusammen, die Teilnehmerzusammensetzung an den Veranstaltungen im Sinne eines Abbaus von Chancenungleichheit zu verändern. Indessen hat sich gezeigt, daß die Steuerungsmöglichkeiten begrenzt sind. Dies gilt auch dann, wenn sie subventionspolitisch gestützt werden. So wird beispielsweise das Arbeitsförderungsgesetz vornehmlich von Interessenten genutzt, die schon eine relativ gute Vorbildung mitbringen, und die bevorzugte Förderung der Politischen Bildung in einigen Bundesländern hat deren Teilnehmerstruktur auch nicht entscheidend verändern können. Am ehesten zeichnet sich bei Bildungsurlaubsveranstaltungen eine Teilnehmerzusammensetzung ab, die sozialkritisch orientierten Bildungsvorstellungen entspricht.

Obwohl unbestritten ist, daß die Teilnehmerstruktur nur sehr begrenzt zu verändern ist, weil Erwachsenenbildung nicht auch die Arbeitssituation verändern kann, die für Weiterbildungsimpulse Antrieb oder Hindernis darstellt, und zwar nicht nur für den Bereich der beruflichen Weiterbildung, ist in den letzten Jahren versucht worden, die Gründe für die Bildungsabstinenz nicht allein bei den Adressaten, sondern auch in der Art des Angebots zu suchen. Welche Bedeutung unter diesem Gesichtspunkt die Arbeitsweise und der Sprachgebrauch in Kursen der Erwachsenenbildung haben, wurde schon im Kapitel über das Lernverhalten deutlich. Darüber hinaus aber wird unterstellt, daß Angebote, die offen für alle sind, von vornherein die abhalten oder doch benachteiligen, denen Weiterlernen nicht etwas Selbstverständliches ist.

Seit einigen Jahren ist daher in der Diskussion über Erwachsenenbildung kaum ein Begriff so häufig zu hören wie der der Zielgruppenarbeit. Um so mehr muß auffallen, daß keineswegs klar ist, was jeweils damit gemeint wird. Es ist deshalb zu fragen: *Warum wird heute in der Zielgruppenarbeit eine Art Patentschlüssel für die Lösung aller Probleme der Teilnehmerstruktur gesehen?* Wie kann diese Zielgruppenarbeit konkret aussehen? Welche Schwierigkeiten und eventuell auch unbeabsichtigte Nebenwirkungen entstehen dabei? Worin liegen also die Grenzen der Zielgruppenarbeit?

Die Hoffnung auf sie und das Engagement für sie gehen letztlich auf lernpsychologische und sozialpsychologische Einsichten zurück, die schon im Kapitel 3. erörtert wurden: wer seine kognitiven Fähigkeiten nicht regelmäßig trainiert hat, lernt am ehesten und am besten, wenn er sich wohl fühlt. Ein solches Sich-Wohl-Fühlen stellt sich vornehmlich in einer vertrauten Umgebung ein. Das heißt: *Lernungewohnte sind am ehesten zum Weiterlernen zu bewegen, wenn sie es mit Menschen gemeinsam tun können, die ähnliche Milieuerfahrungen haben.* Dies gilt zumindest dann, wenn nicht eine spezifische Konkurrenzsituation mit dem Weiterlernen verbunden ist. Für Zielgruppenarbeit wird außerdem deshalb plädiert, weil sie die Heterogenität der Teilnehmervoraussetzungen verringert. Diese wird von Kursleitern in der Erwachsenenbildung am häufigsten als Schwierigkeit genannt. Eine ihrer Folgen ist, daß sich Kurse oft auf ein mittleres Anspruchsniveau einpendeln, das vornehmlich Mittelschichten anspricht. Eine andere Gefahr besteht darin, daß niemand ganz zufriedengestellt wird, weil auf keine der unterschiedlichen Erwartungen konsequent eingegangen werden kann. Die Sachverhalte als solche bekommen damit ein Übergewicht, die möglichen Lebensbezüge treten in den Hintergrund. Die Chance der Zielgruppenarbeit aber besteht darin, auf spezifische Lebenssituationen eingehen zu können.

Seitdem die Vorzüge der Zielgruppenarbeit hervorgehoben werden, wird der Eindruck erweckt, als handele es sich um etwas Neues. *Demgegenüber ist daran zu erinnern, daß schon seit langem für die außerschulische Bildung die Forderung erhoben wurde, die Teilnehmer „da abzuholen, wo sie stehen“.* Damit war das zentrale Problem schon genauer erfaßt, als dies bei dem gegenwärtig allzu großzügigen Gebrauch des Zielgruppenbegriffs der Fall ist. Es entspricht seinen Intentionen noch nicht, wenn Kurse zur Elternbildung, Gesprächskreise für ältere Menschen oder Arbeiterbildung als Zielgruppenarbeit bezeichnet werden. Der Wert des Ansatzes kommt erst voll zum Tragen, wenn die angesprochene Zielgruppe näher bestimmt wird.

Versucht man den allzu beliebigen Wortgebrauch etwas zu ordnen, so kann man zwischen realen und intentionalen Zielgruppen unterscheiden. Im ersten Fall ist die gemeinte Gruppe schon vorhanden, ihre Abgrenzung ist unstrittig, und mit ihr kann ein Plan für einen Kurs im Direktkontakt vereinbart werden. Es handelt sich dann meistens um das, was als geschlossene Erwachsenenbildung bezeichnet wird. Das heißt, die Veranstaltung ist nicht allgemein zugänglich. Allerdings ist reale Zielgruppenarbeit nicht zwangsläufig Mitgliederschulung. Die Zielgruppe muß nicht vororganisiert sein, sondern sie kann sich auch aufgrund einer konkreten Situation bilden. Dies trifft beispielsweise auf die in den letzten Jahren immer mehr ins Gespräch kommende Stadtteilarbeit zu. Insofern sich die Gruppe dann meist aus Anlaß einer Problembewältigung zusammenfindet, entspricht Zielgruppenarbeit dieser Art dem Konzept eines handlungsorientierten Lernens.

Im zweiten Fall werden die Voraussetzungen und Erwartungen der Zielgruppe sowie ihre kognitiven Strukturen antizipiert. Die didaktische Strukturierung des Kurses wird an einer angenommenen Lebenssituation mittleren Abstraktionsgrades orientiert. Es geht dann nicht um Eltern oder Arbeiter allgemein, aber auch nicht um eine bestimmte Gruppe an einer Schule oder in einem Betrieb, die ein ihnen gemeinsam aktuelles Problem über eine Bildungsveranstaltung angehen wollen, sondern es wird meist unter Nutzung des curricularen Planungsinstrumentariums ein Merkmalsyndrom der erwarteten Mentalstruktur potentieller Teilnehmer entworfen, die in ihrem Lebenszusammenhang Probleme sehen, die sie zur Teilnahme an einer Bildungsveranstaltung veranlassen können.

Man kann einwenden, daß ein solches Vorgehen nichts anderes als marktgerecht und daher für die Erwachsenenbildung nicht etwas Besonderes ist. Demgegenüber wird die These vertreten, daß es erst dann angebracht ist, von Zielgruppenarbeit zu sprechen, wenn das formale Verfahrensmuster inhaltlich gefüllt und die existentielle Betroffenheit in einer Weise interpretiert wird, die bestimmte Handlungskonsequenzen nach sich zieht. In diesem Zusammenhang wird Zielgruppenarbeit als eine bisher nicht hinreichend ausgelotete Chance der betriebsnahen Arbeiterbildung propagiert. Da Arbeiter in ihrer Lebensperspektive kaum Aufstiegsmöglichkeiten zu erkennen vermögen, könne für sie der Sinn des Lernens nur darin bestehen, vorhandene Konflikte zu analysieren bzw. potentielle Konflikte bewußtzumachen. Die damit hervorgerufene Lernmotivation soll, so impliziert es der Ansatz, dazu genutzt werden, das gesamtgesellschaftlich Exemplarische des betrieblichen Konflikts zu verdeutlichen und die Fähigkeiten einzuüben, mit denen nach einem gesellschaftlichen Gegenbild gehandelt werden kann.

Diese profilierteste Strategie des Zielgruppenansatzes macht zugleich seine Problematik besonders deutlich. *Die rigorose Bevorzugung des situativen Lernens gefährdet gerade das, was angesichts der Zielsetzung besonders wichtig ist, die Übertragbarkeit des Gelernten.* Denn dazu gehört eine Abstraktionsfähigkeit zum Erkennen funktionaler Äquivalenzen, die durch situatives Lernen, wie schon gezeigt wurde, nicht vermittelt wird. Hinzu kommt, daß es die für das Weiterlernen wichtige Rollendistanz kaum herausfordert. Damit wird das Erwerben einer Qualifikation ausgeschlossen, die in einer hochgradig arbeitsteiligen, sich demokratisch verstehenden Gesellschaft nur zu Lasten der Überlebensfähigkeit entbehrt werden kann. Der Zielgruppenansatz in dieser entschieden inhaltlich gefüllten Form stößt da auf seine Grenzen, wo das Verständnis für die Kategorie des anderen unentbehrlich ist. Die verengte Auslegung von Interessen ist darüber hinaus ein generelles Problem der Zielgruppenarbeit. Sie ist zu leicht sich selbst genug und entzieht sich damit dem dialogischen Moment der Bildung. Indem ein an sich legitimer und wirksamer methodischer Ansatz zu einem Planungsprinzip verselbständigt wird, das Allgemeingültigkeit beansprucht, wird Lernen auf eine kurzgeschlossene Interessenvertretung reduziert und gerät eher zur Selbstbestätigung.

Will man den Begriff der Zielgruppenarbeit nicht zu allgemein fassen, möchte man sich aber auch nicht auf eine Interpretation einlassen, die letztlich an politökonomische Prämissen von der antagonistischen Gesellschaft gebunden ist, bietet es sich an, Zielgruppen mit lernrelevanten Merkmalen zu umschreiben. Damit sind hier nicht Zielgruppen im Sinne von Leistungsgruppen gemeint. Zwar kann dies für bestimmte Arbeitsbereiche durchaus angemessen sein. Das Zertifikationsprogramm der Volkshochschulen ist etwa ein Beispiel dafür, daß eine Leistungsstufung nicht auf das Konkurrenzprinzip abgestellt ist, weil an die Stelle der Normalverteilungskurve der Lernzielkatalog als Kriterium tritt. Aber die Bindung an bestimmte Vorkenntnisse, mit der der traditionelle Grundsatz des „Alles für alle" aufgehoben wurde, rechtfertigt es noch nicht, von einer Zielgruppenarbeit im originären Sinne zu sprechen. Diese ist vielmehr dann gegeben, wenn nicht sozialbiographische Daten oder Fähigkeitsvoraussetzungen herangezogen werden, um Zielgruppen zu kennzeichnen, sondern wenn Konsequenzen aus den in Kapitel 3. entfalteten anthropologischen Prämissen gezogen werden.

Damit ist gemeint: für den Zielgruppenansatz will bedacht sein, daß Menschen im Modus der Auslegung leben und daß deshalb Erwachsenenbildung, will sie wirksam werden, von den Deutungsmustern ausgehen muß, die es den Menschen ermöglichen, sich in ihrer Umwelt zurechtzufinden und sich in ihr zu behaupten. Anknüpfungsmöglichkeiten ergeben sich insbesondere daraus, daß diese Daseinsinterpretationen nicht individuell beliebig verteilt sind. Insofern sie als Produkt von Sozialisationsprozessen verstanden werden können, ist mit bezugsgruppenspezifischen, subkulturellen Ausprägungen zu rechnen. Gegenwärtig müssen sie allerdings weitgehend hypothetisch erschlossen werden, weil es an einer Lebensweltforschung fehlt, die jenseits von Datensammlung und zu Verhaltensänderungen überredender Handlungsforschung für Zielgruppenarbeit im strengen Sinne erst den Grund legen muß. (Vgl. Kap. 3.3., 4., 4.2.)

Fassen wir die Überlegungen zur Zielgruppenarbeit zusammen, so kann man sagen: *zu einer adressatenorientierten Planung gehört es, vom Erlebnishorizont und dem Erfahrungshintergrund potentieller Teilnehmer auszugehen.* Dies gilt insbesondere, wenn Lernungewohnte erreicht werden sollen und langfristig die Teilnehmerstruktur im Sinne der auf die Menschenrechte bezogenen Intentionen der Bildungsplanung verändert werden soll. Indessen ist Zielgruppenarbeit damit nur für eine Anfangsphase des Weiterlernens legitimiert. Sie kann daher nicht die einzige Angebotsform der Erwachsenenbildung sein. Insbesondere wenn zu einem selbständigen Lernen angeleitet werden soll, muß auch das Lernen außerhalb der Bezugsgruppe gelernt sein. Wenn die Kommunikationsfähigkeit gefördert werden soll, dann ist dafür die Fähigkeit zu entwickeln, die eigene Sichtweise zu übersteigen, das eigene Selbstkonzept, die impliziten Lebensdeutungen und Daseinsauslegungen kritisch zu reflektieren. Die Adressatenorientierung der Erwachsenenbildungsplanung würde mit sich selbst in Widerspruch geraten, wenn sie zu einer Selbstbestätigung verleiten würde.

Literatur

Die Teilnehmerstatistiken der Erwachsenenbildung sind unzureichend und haben bisher noch kaum eine umfassende Analyse ermöglicht. Es muß daher entweder auf empirische Studien zurückgegriffen werden, die die Bildungseinstellungen der Bevölkerung untersucht haben, wie:

W. Strzelewicz/H. D. Raapke/W. Schulenberg: Bildung und gesellschaftliches Bewußtsein. Stuttgart 1973.

Neuerdings:

W. Schulenberg u. a.: Soziale Lage und Weiterbildung. Braunschweig 1979.

Auf örtliche Erhebungen wie:

H. Schick/H. E. Vosseler: Angebot und Beteiligung. Stuttgart 1968.

Für die besonderen Schwierigkeiten einer Erwachsenenbildung für Lernungewohnte ist Material zusammengestellt in:
W. Schulenberg: Erwachsenenbildung. Wege der Forschung. Darmstadt 1978.

Wie über Zielgruppenarbeit gedacht und wie entsprechend zu planen versucht wird, ist nachzulesen in:
K. Bergmann/G. Franke (Hrsg.): Bildungsarbeit mit Erwachsenen. Reinbek 1977.

Die theoretische Fundierung dazu liefert:
O. Negt: Soziologische Fantasie und exemplarisches Lernen. Frankfurt 1971.

Ihre Auswirkungen zeigen:
A. Brock/H. D. Müller/O. Negt (Hrsg.): Arbeiterbildung. Reinbek 1978.

Über die Bemühungen, in der Weimarer Zeit ein Bild über die Beteiligung an Volkshochschulveranstaltungen zu bekommen, vermittelt:
F. Große: Die Bildungsinteressen des großstädtischen Proletariats. Breslau 1932.

6.3. Kriterien der didaktischen Vorbereitung

Das Leitprinzip der Programmplanung, die Adressatenorientierung, kann auch als Maßgabe für die Vorbereitung von Erwachsenenbildungsveranstaltungen angesehen werden. Adressatenorientierung wird in diesem mikrodidaktischen Zusammenhang allerdings unterschiedlich ausgelegt. *Von der Lebenssituation der potentiellen Teilnehmer auszugehen, ist die am häufigsten zu hörende Grundregel. Das erfordert, die Voraussetzungen und Erwartungen der Teilnehmer zu antizipieren.* Demgegenüber wird in jüngster Zeit eine weitergehende Auslegung vertreten. Danach soll an die Stelle didaktischer Antizipation die Selbstbestimmung der Lernenden treten. Erst dann ist, so lautet die These, Erwachsenenbildung von dem Odium befreit, erwachsene Lerner als Objekte zu behandeln. Einer solchen Sichtweise sind schon die Begriffe Angebot und Adressatenorientierung verräterisch. Denn sie werden im Widerspruch zu dem erklärten Ziel gesehen, die Selbständigkeit der Lernenden zu fördern. Diese kann — so folgert man — nur gestützt und gesichert werden, wenn nicht für einen gedachten Teilnehmerkreis vorgeplant, sondern wenn die Lernplanung aus den eigenen Erfahrungen und Bedürfnissen der Lerner entwickelt wird.

So einleuchtend ein solcher Ansatz auf der Ebene des Prinzipiellen erscheint, sosehr er auch dem in der Erwachsenenbildung traditionsreichen Grundsatz der didaktischen Selbstwahl entspricht, sowenig praktikabel ist er doch, wenn er verallgemeinert wird. Denn zum einen werden die überfordert, die aus dem eigenen Erfahrungshorizont heraus ihr Weiterlernen planen sollen, zum anderen wird übersehen, daß das zu Lernende seine eigenen Strukturen hat, die zu ignorieren Lernen erschwert. Sicherlich läßt sich manches gerade im sozialen Bereich am besten mit einem selbstentdekkenden Verfahren lernen. Der größte Teil dessen aber, was Gegenstand des Lernens in der organisierten Erwachsenenbildung ist und sein kann, läßt sich nicht ohne geplante, strukturierende Vorgaben aneignen. Diese aber setzen eine gründliche Kenntnis des zu Lernenden schon voraus. Insofern ist eine Selbstbestimmung im Lernprozeß nur eingeschränkt möglich.

Das Leitprinzip der Adressatenorientierung darf nicht als totale Anpassung an den Erwartungshorizont der Lernenden mißverstanden werden. Wunschvorstellungen verweisen keineswegs immer auf den geeigneten Lernweg. Anknüpfen an der Lebenssituation der Adressaten — so wichtig es ist — kann nicht alleiniges didaktisches Planungsprinzip sein. Neben der Lebensperspektive, der Aufnahmestruktur und dem Verarbeitungspotential der erwarteten Teilnehmer sind auch die Sachstrukturen als Planungsfaktor zu beachten. So sind beispielsweise bei der Vorbereitung die Grunddaten herauszustellen, deren Kenntnis unumgänglich ist, um die jeweils gesetzten Lernziele zu erreichen. *Didaktischer Reflexion muß es um die „Passung" gehen, und das heißt, die Lernkapazität der Teilnehmer und die Anforderungen des zu Lernenden sind in eine produktive Beziehung zueinander zu bringen.* Es kann also durchaus der Adressatenorientierung und dem Interesse der Teilnehmer entsprechen, wenn mit der didaktischen Planung die Bedingungsstruktur des zu Lernenden hervorgehoben wird.

Mit diesen Hinweisen auf die Grenzen didaktischer Selbstbestimmung und auf die Notwendigkeit situationsbezogener didaktischer Antizipation soll nicht geleugnet werden, daß didaktische Mitbestimmung für die Erwachsenenbildung etwas Erstrebenswertes ist. Daher ist eine wichtige Verhaltensregel, didaktische Planung transparent zu machen. Denn erst dann kann sie zum Gegenstand von Vereinbarungen über den Lehr-Lern-Prozeß werden. *Diese didaktischen Vereinbarungen sind auf zwei Ebenen zu sehen, als Produkt öffentlicher Diskussion bei der Programmvorbereitung und als Metakommunikation in der Erwachsenenbildungs-Veranstaltung selbst.* Damit wird das möglich, was man heute als Lernzielpartizipation bezeichnet. Zugleich können so Planungen mit Realisierungserfahrungen rückgekoppelt und d. h. auch verändert werden. Entscheidend ist, daß solche Vorgänge bewußt werden und daß didaktische Planung überschaubar begründet wird.

Begründete, überschaubare und revidierbare Planungsvorhaben sind vor allem deshalb notwendig, weil die verschiedenen Planungsfaktoren, Ziele und Inhalte, Teilnehmererwartungen und Teilnehmervoraussetzungen, zeitlicher Rahmen und Art des Lernortes, didaktische Anlage und methodisches Vorgehen in einer Wechselwirkung zueinander stehen, die bei der Vorbereitung bedacht sein will, die aber auch sehr störanfällig ist. Fragen wir nun, mit welchen Planungsinstrumentarien die zu erstrebende Planungstransparenz, diese öffentliche Didaktik, am ehesten zu realisieren ist, so bietet sich aus dem Reservoir didaktischer Verfahrenskonzepte eine Verbindung der Berliner lerntheoretischen Didaktik und der Curriculum-Strategien an. Dies mag verwunderlich erscheinen, weil beide Ansätze in der theoretischen Diskussion eher im Gegensatz zueinander dargestellt werden. Es erscheint aber für die Erwachsenenbildung als noch nicht stabilisiertem Arbeitsfeld vorteilhaft, wenn sie die Erarbeitungen der allgemeinen Pädagogik in synthetisierender Weise für sich nutzt und auf ihre eigenen Besonderheiten bezieht. Das bedeutet im Falle der lerntheoretischen Didaktik, die Dimension der Bedingungsfelder zur Grundlage der didaktischen Überlegungen zu machen. In den üblichen, schulischen Anwendungspraktiken des Berliner Modells wird diese Dimension meist nur formal einbezogen. Unter dem Aspekt der Adressatenorientierung ist sie für die Erwachsenenbildung aber von konstituierender Bedeutung. Und um die „anthropogenen" und „sozialkulturellen Voraussetzungen" — um in der Terminologie der Berliner Schule zu bleiben — zu erschließen, lassen sich die Such-, Sammlungs- und Entscheidungskriterien der Curriculum-Planung anwenden.

Der praktische Nutzen eines solchen Verfahrens zur Vorbereitung der Lernorganisation bleibt unberührt von den Kontroversen der letzten Jahre um die sogenannten geschlossenen und offenen Curricula — oder besser: um die kodifizierten und prozeßorientierten Curricula — und von der gegenwärtig vorherrschenden Neigung, sich mit einer Diskussion über die Problematik der Legitimation von Lernzielen von den praktischen Bedürfnissen zu entfernen. Läßt man Gegensätze beiseite, die zur theoretischen Profilierung aufgebaut werden, *dann stellt sich die Frage, wie Vorausplanung und damit didaktische Vorbereitung und Beweglichkeit im Vorgehen miteinander verbunden werden können. Es bieten sich dann die Kategorien curricularer Planung an,* weil sie die didaktische Antizipation erleichtern und das Einbeziehen der Bedingungsfaktoren, wie sie mit den Voraussetzungen und Erwartungen der Adressaten gegeben sind, zu systematisieren ermöglichen.

Es kann nicht Aufgabe einer knappen Einführung in die Erwachsenenbildung sein, das Curriculum-Instrumentarium, das in den verschiedensten Varianten mannigfach beschrieben ist, hier im einzelnen vorzustellen. Es gilt vielmehr, die spezifische Situation zu verdeutlichen und die Planungsschritte zu skizzieren, die eine didaktische Planung in der Erwachsenenbildung kennzeichnen. Es müssen die Gesichtspunkte herausgestellt werden, die bei einer solchen Planung zu beachten sind. Dabei ist von zwei durch die organisatorische Struktur bedingten Eigenarten der Erwachsenenbildung auszugehen: von der Institutionsabhängigkeit und von der Marktabhängigkeit. Daher ist die konkrete Kursplanung immer im Zusammenhang der Gesamtplanung eines Programms zu sehen. Dies aber ist an den Bedingungen und Intentionen orientiert, die einer Erwachsenenbildungseinrichtung das Gepräge geben. Darüber hinaus aber sind Planungsdaten zu ermitteln, weil Angebot und Nachfrage sich in einer Marktsituation aufeinander einspielen müssen. Dabei stellt die Nachfrage keine feste Größe dar. Sie ist vielmehr durch die Art und Weise, wie das Angebot präsentiert wird, beeinflußbar. Diese Beeinflussung stößt jedoch auf Grenzen, die in den soziologisch und anthropologisch orientierten Kapiteln aufgezeigt wurden. Erwachsenenbildung kommt nicht umhin, für die Programmplanung Bedürfnisse und Bedarfe zu erkunden, um auf sie eingehen und sie gegebenenfalls steuern zu können. *Bedürfnisse und Bedarfe sind zu unterscheiden, aber in gleicher Weise ernst zu nehmen, weil es zum einen Wünsche und Erwartungen gibt, die spontan von potentiellen Teilnehmern an die Erwachsenenbildungseinrichtung herangetragen werden, und zum anderen Anforderungen aus der Arbeitswelt oder aus dem soziokulturellen Leben, die es nahelegen, Qualifizierungsangebote zu machen oder Chancen zu eröffnen, sich Voraussetzungen für die Mitwirkung in diesem soziokulturellen Leben zu verschaffen.* Eine besondere Problematik ergibt sich dabei aus dem Umstand, daß neben manifesten Wünschen und offensichtlichen Qualifikationsnotwendigkeiten auch latente Motive und Erfordernisse identifiziert werden müssen.

Die Ermittlung von Planungsdaten stellt eine Erwachsenenbildungs-Einrichtung vor mehrere Aufgaben:

— Sichtung der Literatur, in der der Kenntnisstand über Erwartungen, Motivation, Qualifikationsbedarf unabhängig von der einzelnen lokalen Situation dokumentiert ist
— Sammlung von Informationen über die Struktur des Einzugsgebiets der jeweiligen Erwachsenenbildungseinrichtung: Bevölkerungsstruktur, Siedlungs- und Verkehrsstruktur, Wirtschafts- und Erwerbsstruktur, Organisationsstruktur der Bildungs- und Kultureinrichtungen, Stand des Vereinslebens etc.
— Erkundungen bei Personen und Institutionen, die für Teilbereiche in kompetenter Weise übersehen können, welche Angebote wichtig oder interessant erscheinen
— Vergleich des eigenen Angebots mit anderen Erwachsenenbildungseinrichtungen, wobei Schwerpunkte und Lücken sowie Möglichkeiten der Kooperation und der Arbeitsteilung erkannt werden können

— Untersuchung der Teilnehmerstruktur einschließlich der Analyse der Teilnehmerentwicklung im Zeitverlauf von einzelnen Kursen. Erkenntnisse sowohl über Teilnehmerzusammensetzung als auch über Teilnehmerschwund können zu gegensteuernden Initiativen veranlassen.
— Auswertung von Gesprächen mit Kursleitern, von Planungskonferenzen und von Erfahrungen bei der Teilnehmerberatung
— Befragungen bei Kursteilnehmern im Hinblick auf eine Fortsetzung, bei Teilnehmern generell über weitergehende Erwartungen und Wünsche, bei der Bevölkerung insgesamt in bezug auf ihre Weiterbildungsbereitschaft.

Alle diese Möglichkeiten haben ihre offensichtlichen Mängel und Probleme, die auf die Art ihres Zugangs zu Informationen zurückgehen. Deshalb sollte man aber nicht auf sie verzichten, sondern versuchen, sie durch ihre Kombination wirksam zu machen. Was sie über die Programmplanung hinaus für die didaktische Vorbereitung im einzelnen bedeuten können, wird erkennbar, wenn wir uns vergegenwärtigen, welche Fragestellungen bei dieser didaktischen Planung zu beachten sind, welche einzelnen Schritte man sich vornehmen sollte, bei denen jeweils auf ermittelte Daten zurückzugreifen ist. *Man kann mit Joachim Dikau vier Planungsphasen unterscheiden: Ankündigungsphase, Eröffnungsphase, Strukturierungsphase, Gestaltungsphase.* An ihnen wird die besondere, ausgesetzte Situation der Erwachsenenbildung deutlich, die nicht wie die Schule in einen institutionellen Rahmen (Lehr- und Stundenplan) eingebunden ist.

Die erste Phase ist daher schon sehr früh vor Beginn der geplanten Veranstaltung anzusetzen. Sie dient einer Selbstvergewisserung der Intentionen und damit der Grobziele, die im Kontext institutioneller Leitziele stehen oder aus den Ermittlungen abgeleitet sein können. In Relation zu der dabei angezielten Adressatengruppe und deren zu vermutenden Voraussetzungen und Erwartungen müssen die Vorüberlegungen in einem Ankündigungstext konkretisiert werden. Zugleich ist zu klären, welche Vorbereitungen für den Kursleiter erforderlich sind und welche Arbeitsmittel zur Verfügung stehen sollten.

Die zweite, die Eröffnungsphase, ist die Phase unmittelbar vor Kursbeginn, wenn durch die Anmeldung die Teilnehmerzusammensetzung annähernd übersehbar ist. Nach einem Vergleich mit den Vorannahmen kann die Stoffgliederung vorgenommen und eine Methodenartikulation vorbereitet werden. Damit lassen sich zugleich Teillernziele definieren und die jeweils vorzusehenden Arbeitsmittel auswählen. Außerdem ist die erste Arbeitseinheit vorzubereiten, die — wie noch zu erläutern sein wird — für den Verlauf eines Kurses weitreichende Folgen haben kann.

Die dritte, die Strukturierungsphase, folgt unmittelbar nach der ersten Arbeitseinheit. Zu ihr gehört die kritische Reflexion auf deren Verlauf. Aus dem Vergleich des Geplanten mit dem Erfahrenen können jetzt noch Folgerungen gezogen werden. Das Geplante ist mit oder ohne Revision zu präzisieren. Die Wege zu den vereinbarten Zielen können konkretisiert werden.

Die vierte, die Gestaltungsphase, gilt für jede Arbeitseinheit. Die Feinziele einer Unterrichtsstunde, die Dosierung des Informationsgehalts, die Gliederung in Unterrichtssequenzen, die Berücksichtigung der verschiedenen Phasen und Funktionen des Lernens (Motivation, Erarbeitung, Übung, Transfer), gegebenenfalls die didaktische Einordnung und Vorbereitung von Lernkontrollen, dies alles gehört zur Gestaltungsphase.

Der hier stark zusammengefaßt vorgestellte Planungsraster von Joachim Dikau ist deutlich von einem Lernzieldenken bestimmt. Inzwischen sind von verschiedenen Seiten Bedenken gegen diese Art des Zugriffs auf Probleme der Lernorganisation laut geworden. Voll zuzustimmen ist ihnen aber nur, insoweit sie sich gegen eine als zwingend hingestellte Lernziel-Operationalisierung verwahren. Versteift man sich auf diese nicht, bietet das Lernzieldenken eine Chance, teilnehmerorientiert zu planen. Es kommt der Forderung nach Transparenz entgegen, der Empfehlung also, den Lernenden ein Bewußtsein davon zu verschaffen, warum gerade diese oder jene didaktische Entscheidung getroffen worden bzw. gefallen ist und wo sie sich im Zuge des Lernprozesses befinden.

Versuchen wir noch einmal hervorzuheben, was bei den einzelnen Planungsphasen als Spezifika der Erwachsenenbildung zu beachten ist, so wird abermals deutlich, in welch starkem Maße die Wirksamkeit der Planung von der Antizipationsfähigkeit der Planenden und ihrer Sensibilität für Rückkoppelungsmöglichkeiten abhängt. Bei der Ankündigung nämlich will immer auch bedacht sein, welche Erwartungen mit den Formulierungen hervorgerufen werden (Beispiele: wissenschaftliche Diktion). Bei der Eröffnungsphase ist zu bedenken, welche Eindrücke und Verhaltensweisen die äußeren Arbeitsbedingungen einer Erwachsenenbildungsveranstaltung hervorrufen können (Beispiel: Schulmilieu). Für die Strukturierungsphase will beachtet sein, welche Auswirkungen die Zusammensetzung der Teilnehmerschaft auch für ihr Verhältnis untereinander hat (gruppendynamische Dimension). In der vierten Phase stehen Probleme an, die immer wieder als ein besonderes Dilemma der Erwachsenenbildung angeführt werden: Stoffülle und Zeitnot. Damit aber sind wir auf ein zentrales Problem der Erwachsenendidaktik gestoßen.

Literatur

Vgl. Literatur zu Kapitel 6.1. sowie neuerdings Heft 4/77 der Zeitschrift ›Hessische Blätter für Volksbildung‹.

Eine Übersicht über die Curriculum-Diskussion bietet:
H. Siebert: Curricula für die Erwachsenenbildung. Braunschweig 1974.

Anwendungsmöglichkeiten der lerntheoretischen Didaktik in der Erwachsenenbildung zeigt auf:
H. Th. Jüchter: Programmierte Erwachsenenbildung. Braunschweig 1970.

Zur Erschließung des Bausteinsystems für die Praxis sei genannt:
H. Tietgens/G. Hirschmann/M. Bianchi: Baukastensystem für die Erwachsenenbildung. Braunschweig 1976.

Planungsbedingungen und Planungsschritte sind weiter ausgeführt von:
E. Schlutz: Ermittlung von Planungsdaten. Frankfurt 1976.
J. Dikau: Arbeitsbogen für die Planungsvorbereitung. In: H. Tietgens: Zur Beobachtung von Weiterbildungsprozessen. Braunschweig 1974.

Zur Gesamtsituation der Curriculum-Entwicklung:
K. Frey (Hrsg.): Curriculum-Handbuch. München 1977.

6.4. Organisation von Lernprozessen

Nimmt man bei der didaktischen Vorbereitung die konkreten Arbeitsbedingungen der Erwachsenenbildung ernst, wird man sich stets von neuem fragen müssen, wie in einer begrenzten Zeit das vermittelt werden kann, was als Ziel der Veranstaltung deklariert ist. Auch wenn in der Erwachsenenbildungspraxis die Neigung, sich mit den Zielankündigungen zu übernehmen, im Vergleich zur Vergangenheit spürbar zurückgegangen ist, bleibt die den Planenden vielfach frustrierende Situation, Abstriche von dem machen zu müssen, was notwendig erscheint. Vor allem, seitdem Lernzielkontrolle in der Erwachsenenbildung selbstverständlicher geworden ist, hat sich gezeigt, wie wenig oft von dem erreicht werden konnte, was man sich ursprünglich vorgenommen hatte bzw. wieviel mehr Zeit erforderlich ist, um das Angezielte zu erreichen.

Man mag einwenden, daß es sich um ein allgemein anzutreffendes Problem handelt und daß beispielsweise mit dem Prinzip des Exemplarischen akzeptable Lösungsvorschläge gemacht worden sind. Der Zeit- und Anforderungsdruck, unter dem der nebenberuflich Lernende steht, ist aber nicht mit der Zeitnot der Schule zu vergleichen. Außerdem ist exemplarisches Vorgehen nicht allen Lernaufgaben adäquat. Ebensowenig trifft das Bemühen um einen „faßlichen" Unterricht die hier gemeinten Schwierigkeiten. Sie sind nicht mit methodischem Geschick zu bewältigen und auch nicht durch verständliche Lehrersprache. Sie ergeben sich unabhängig von der Lernkapazität aus der Stoffülle, der Informationsmenge. Die daraus folgende Problematik wird noch dadurch verschärft, daß teilnehmerorientierte Verfahrensweisen und Interaktionsformen meist zusätzlich Zeit kosten. Mit anderen Worten: Wenn in der Vergangenheit im Zusammenhang mit der Vermittlung wissenschaftlicher Erkenntnisse als einer traditionsreichen Aufgabe der Erwachsenenbildung vor einer Popularisierung gewarnt worden ist, weil sie eine verfälschende Vereinfachung mit sich bringt, und wenn für eine Fundamentalisierung plädiert wurde, mit der Strukturerkenntnisse vermittelt werden können, so stellen sich die damit verbundenen Probleme mit entsprechenden Varianten in Unterrichtskursen und Gesprächskreisen ebenso. Und sie sind hier noch weniger mit Rhetorik zu überspielen als beim Vortrag.

Womit sich didaktische Planung für die Erwachsenenbildung auseinanderzusetzen hat, ist also die Diskrepanz zwischen dem zu Lernenden und dem Lernmöglichen. *Bevor aber danach gefragt wird, was für den jeweiligen Adressatenkreis lernbar erscheint, in welcher Weise also die Prinzipien der Adressatenorientierung und der Lebensbedeutsamkeit konkret angewendet werden können, ist zu fragen, welche Reduktionsmöglichkeit das zu Lernende selbst anbietet, um mit der Zeit-Stoff-Problematik in einer sachlich vertretbaren Weise zurechtzukommen.* Dabei handelt es sich nicht nur darum, auf welche Inhalte verzichtet werden kann, sondern auch darum, von welchen Beziehungen, Differenzierungen und Nuancen abgesehen werden kann und muß.

Daß die Aufgabe der Reduktion eine zwangsläufige ist, darf die Aufmerksamkeit für sie nicht mindern. Sie ist auch nicht allein dann angebracht, wenn mit einer didaktischen Reduktion Manipulationstendenzen vermutet werden. *In jedem Fall ist bewußtzumachen, worauf man aufgrund der notwendigen didaktischen Reduktion verzichtet hat und daß sie nicht dem Zufall oder subjektiver Willkür überlassen blieb, sondern Gründe hatte, die im Kontext der Gesamtplanung plausibel sind.* Darin ist ein wichtiges Merkmal der im letzten Abschnitt geforderten Transparenz einer „öffentlichen Didaktik" zu sehen. Wenn beispielsweise in den folgenden Erörterungen die komplexe Problematik des Lernens auf ein bestimmtes Skalenmodell reduziert wird, so ist dies Produkt eines Relevanzfilters, mit dem Lernforschung und Lerntheorie einerseits auf den Kern des natürlichen Lernens reduziert und andererseits auf die aktuelle Diskussion der in der Erwachsenenbildung Tätigen bezogen wurde.

Es ist also immer wieder zu klären und zu entscheiden, wie das Mißverhältnis von Stoffumfang und Lerndauer im Interesse der Lernenden und ihrer Ziele bewältigt werden kann. Dafür empfiehlt sich eine schrittweise Reduktion des Lernstoffs. Eine erste Verkürzung folgt aus dem, was der Planende selbst weiß. Daher ist es so wichtig, wer als Planungsinstanz fungiert bzw. wie sie zusammengesetzt ist. In der Erwachsenenbildung, in der überregionale Planung weitgehend auf die berufliche Fortbildung beschränkt ist, hängt aus dem gleichen Grunde sehr viel von dem Zusammenwirken der hauptberuflichen Mitarbeiter mit den nebenberuflichen Vermittlern des Stoffes ab. Auf jeden Fall erfolgt die Reduktion nicht aus einem Totalbestand, sondern auf der Basis eines „Medienwissens", wobei das Medium das Planungsgremium, der Lehrende oder das Arbeitsmittel sein kann. Die Frage ist dann, wie der Horizont des Medienwissens in einer Weise verkürzt werden kann, die den Gegenstand nicht verfälscht, den angekündigten Zielen gerecht wird und auf das Verarbeitungsvermögen der jeweiligen Teilnehmer Rücksicht nimmt. Für eine solche Reduktion auf das Funktionswissen kann es hilfreich sein, vom Stoff her Zwischenstufen zu fixieren, bevor die situationsgerechte Anpassung an den Erwartungshorizont der Teilnehmer und an deren Lernvoraussetzungen erfolgt.

Der schrittweise Reduktionsprozeß bedarf der Kriterien. Für die Erwachsenenbildung lassen sich vor allem drei nennen:

— das Erhalten bzw. Herausarbeiten des Fundamentalen, also das, worauf einzelne Lernende gegebenenfalls individuell selbständig aufbauen können, auf das unabdingbar Grundlegende, was sich meist in Strukturen erkennen läßt.
— das Erhalten bzw. Herausarbeiten des wesentlich Kennzeichnenden, also das, was für das zu Lernende als typisch anzusehen ist, das Unverwechselbare und Überschaubare, das zugleich Relationen und Unterscheidungen selbständig finden läßt
— das Herausarbeiten dessen, was für die Lebenswelt der Adressaten besonders relevant ist, was die Bereitschaft zum Lernen und den Zugang zum Verständnis erleichtert und was Anwendungsmöglichkeiten für das Gelernte eröffnet.

Ein Problem eigener Art besteht darin, daß eine Reduktion am Maßstab des Lebensbezugs für die Teilnehmer nicht selbstverständlich eine Erleichterung bedeutet. Eine solche Art der Reduktion ist nicht ohne weiteres mit einer identisch, die sich völlig auf die Lernvoraussetzungen der Teilnehmer einläßt. Dies wird einsichtig, wenn man bedenkt, daß die didaktische Reduktion sich nicht allein auf die Stoffmenge selbst bezieht, sondern auch auf die Relationen der Teilmengen zueinander. Eine solche strukturelle Reduktion erscheint mit dem Blick auf die Lernvoraussetzungen oftmals erforderlich, mindert jedoch häufig den Lebensbezug des Gelernten. Ein Mittel der didaktischen Gegensteuerung ist hier das Operieren mit Modellen. Dabei stellt sich aber immer die Frage, inwieweit ihr instrumenteller Charakter erkannt wird.

Als Bindeglied zwischen didaktischer Vorbereitung und Planung des Unterrichts, d. h. zwischen didaktischer Reduktion als Stoffauswahl und der Stoffanordnung als Aufgabe der Lernorganisation bietet sich eine Theorie der Kenntnisvermittlung an, deren internationale Bedeutung unbestritten ist, die aber in der deutschen Erwachsenenbildung kaum beachtet wurde, weil sie ihrer am Okkasionellen orientierten Tradition wenig zu entsprechen scheint und weil sie in gewisser Hinsicht einen Gegenpol zu dem in den letzten Jahren in der öffentlichen Diskussion bevorzugten entdeckenden Lernen darstellt. Sie erleichtert es aber, die Überlegungen zur didaktischen Reduktion auf den jeweiligen Lernprozeß zu beziehen. Sie geht nämlich davon aus, daß es dem natürlichen Lernen entspricht, wenn durch Steuerung eine Strukturierung des Stoffes vorgenommen wird, die zwischen der Struktur dieses Stoffes und der Struktur der Lernfähigkeit vermittelt. Es geht also darum, eine Lernstruktur zu erstellen, in der Sachstruktur und Fähigkeitsstruktur aufgehen.

Als Strukturierungshilfe dienen organisierende Ideen, Einsichten eröffnende Anhaltspunkte. Wenn sich auf sie die Lernstrategie konzentriert, kann ein Wissen verankert werden, das die Aneignung weiterer Detailkenntnisse erleichtert, weil Zuordnungsmöglichkeiten für sie gegeben sind. *Das so entstehende, auffüllbare und ergänzbare Gerüstwissen hat den Vorteil, als Verständnisstütze zu fungieren und das Behalten zu erleichtern.* Die Wissenslast wird geringer und der Wissensstoff eher verfügbar gemacht. Es wird eine Lernorganisation in Gang gesetzt, die auf Zielstrebigkeit gerichtet ist. Was vom Lehrenden zu leisten ist, läßt sich als die Markierung von Ankerplätzen des zu Lernenden bezeichnen. Was der Lernende vornehmlich zu leisten hat, ist die Subsumption, also die Zuordnung von neu zu Lernendem zu schon Gewußtem und Gekonntem.

Wenn eine Lernorganisation in dem hier skizzierten Sinn — mit David B. Ausubel wird sie als rezeptiv-sinnvolles Lernen bezeichnet — für die Erwachsenenbildung ratsam erscheint, so vor allem deshalb, weil ein entsprechendes Vorgehen beim Lehr-Lern-Prozeß einen vergleichsweise hohen Grad rationaler Transparenz mit sich bringt und weil es ein kräftesparendes zügiges Fortschreiten gewährleistet. *Lernpsychologisch gesehen erscheint dies insofern gravierend, als Überschaubarkeit Mut zum Weiterlernen macht.* Auch sollte man sich nicht durch die Bezeichnung „rezeptives Lernen" irritieren lassen. Es handelt sich nämlich keineswegs nur um ein passives Aufnehmen, denn es werden durchaus laufend Eigenaktivitäten der Lernenden gefordert. Allerdings sind sie in einer geplanten Weise gesteuert.

Wenn das hier beschriebene Vorgehen in der Erwachsenenbildung eigengeartete Probleme mit sich bringt, so gehen diese einmal darauf zurück, daß dem jeweils vorhandenen Wissen eine lehrstrategische Bedeutung zukommt. Dieses Vorwissen ist aber in einem Kurs der Erwachsenenbildung häufig in sehr unterschiedlichem Umfang vorhanden und auch nicht kurzfristig zu vereinheitlichen. Hinzu kommt, daß die Art des Vorwissens oder genauer, die Art, wie es behalten worden ist, häufig nicht das organisierende Potential enthält, das ihm der hier geschilderte unterrichtstheoretische Ansatz zuspricht. Ein anderes Problem folgt aus der Tendenz des Ansatzes, sich an den Sachstrukturen und ihrer Versprachlichung zu orientieren. Nur ein systematisiertes Vorgehen, das zugleich ein lineares ist, erscheint als Unterricht.

Bei einem solchen sukzessiven Vorgehen bleiben Möglichkeiten eines situativen Aneignens, bleiben die Chancen simultaner Problembewältigung ausgespart. Diese erscheinen aber besonders erwachsenengemäß, weil sie es erlauben, den Erfahrungshorizont der Lernenden ausdrücklich in den Lernvorgang einzubeziehen. Das heißt, es wird nicht das Vorwissen, sondern auch sein Erlebnisgehalt und seine Lebensperspektive in den Unterrichtsgang hereingeholt. Damit kann der Lernende sich unmittelbar von dem zu Lernenden betroffen fühlen, was seine Motivation stützt. Ein anderer Vorzug ist darin zu sehen, daß auch das Ungewohnte, Überraschende, der Zweifel die Lernintensität verstärken kann. Es bleibt ein Spielraum der Spontaneität und es werden gerade auch die Erkundungsfähigkeiten gefördert. *Es handelt sich um ein erarbeitendes Lernen, das auch als entdeckendes bezeichnet wird. Es entspricht dem natürlichen Vorgang des Lernens, insofern dieser eine Suchbewegung ist.* Verstehenshilfe, Gedächtnisstütze und Grundlage des Weiterlernens bestehen darin, daß das Gelernte etwas Selbstgefundenes ist und deshalb besonders starke Nachwirkungen gewährleistet.

Der hier in seinen wesentlichen Tendenzen wiedergegebene zweite Ansatz erscheint für die Erwachsenenbildung besonders geeignet, weil er ihrer Grundintention entgegenkommt, zu einem selbständigen Lernen zu verhelfen, und weil er in einer unmittelbaren Weise erlaubt, vom Lebenszusammenhang und der Daseinsinterpretation der Lernenden auszugehen. Außerdem wird für ein situatives und insofern exemplarisches und problemorientiertes Lernen ins Feld geführt, daß es insbesondere denen Chancen des Weiterlernens bietet, die der schulischen Formen des Lernens überdrüssig sind. Denn diese entsprechen meist dem Konzept des sachorientiert linearen, systematisch sukzessiven Lernens. Indessen können auch gegenüber dem Konzept des situativen Lernens Bedenken angemeldet werden. Es kann nämlich auf zeitraubende Abwege und in nicht mehr überschaubare Problemverstrickungen führen. Negative Lernerfahrungen aber sind für Erwachsene meist schwerer zu verkraften als für Schüler. Es besteht beim entdeckenden Lernen keine Garantie, daß man auf den Kern der Sache kommt oder auf das, was für die Lebenssituation gebraucht wird. Ohne Gegensteuerung schlägt Lernenwollen allzu leicht in Selbstbestätigung um. Schließlich setzt ein situatives Vorgehen einige Lernerfahrung voraus. Daher ist mit einer solchen Lernorganisation Lernungewohnten nicht ohne weiteres geholfen.

Was immer für erarbeitendes Lernen sprechen mag — und heute wird es in der theoretischen Literatur etwa mit dem Plädoyer für offene Curricula oder für „befreiendes Lernen" favorisiert — alle Vorzüge ändern nichts daran, daß es etwas gibt, was nicht erarbeitet werden kann und was daher für das Lernen vorgegeben werden muß. Der erwachsene Lernende erwartet zudem Strukturierungshilfen. Er meint, daß er dafür seine Kursgebühr bezahlt. Zu bedenken ist auch, daß Erwachsene aufgrund ihrer Lebenserfahrung einen Sinn dafür haben, was sie sich selbst erarbeiten können und was nicht. Von daher ist ihr Anspruch auf Vorgaben begründet.

Nun werden die hier vorgestellten Modelle der Lernorganisation auch kaum je lupenrein praktiziert. Sie sind vielmehr als Extrempole auf der Skala von Möglichkeiten zu verstehen und nicht als Alternativen. *Es bringt wenig ein, analytisches und intuitives Vorgehen, Lernen als Nachvollzug und Lernen als konstruktiven Prozeß mit offenem Ausgang, in Kontroversen über Lernplanung gegeneinander auszuspielen.* Lebensnähe des Unterrichts ist ebenso wünschenswert, wie die Orientierung an hierarchischen Lernstrukturen notwendig sein kann. *Für die didaktische Planung bedeutet dies aber, sich fallweise für Varianten der Lernorganisationsformen zu entscheiden, sowie dafür, wann ein Wechsel angebracht erscheint.* Dies ist nur in Rücksicht auf das Ensemble aller Planungsfaktoren sinnvoll. Die Lernorganisationsform ist in Relation zu den Zielen, den Lehr- und Lerngewohnheiten und der Struktur des Lerngegenstandes zu sehen. Motivation erscheint kaum ohne einen situativen Ansatz möglich. Und auch das Üben wirkt nachhaltiger, wenn es auf einen für den Lernenden erkennbaren, seine Situation betreffenden Sinn bezogen ist. Umgekehrt erfolgt ein Lernen am Widerstand selten anders als durch Aufgabenstellungen, die nicht allein vom Lernenden gesetzt werden können. Ebenso ist das Lernen von Regeln kaum ohne Vorgaben möglich. Selbst das heuristische Problem lösen erfordert eine Kenntnis von Problembedingungen, die nicht ohne weiteres im Bereich des vom Lernenden Entdeckbaren liegen. Schließlich setzt die Befähigung zur Übertragbarkeit des Gelernten, der Transfer, eine

Strukturierung voraus, für die die Transfermöglichkeiten schon bekannt sein müssen. Ob es mehr um soziale und affektive Lernziele geht oder um eine Übung disziplinierten Denkens, um das Durchschauen von Zusammenhängen oder um den Erwerb von handgreiflichen Fertigkeiten, immer wird man Entscheidungen zu treffen, Arrangements zu finden haben, die die pädagogische Dramaturgie betreffen.

Fragen der Dramaturgie des Unterrichts berühren den Schnittpunkt von Didaktik und Methodik, wenn diese als zwei Blickweisen auf die gleiche Vermittlungsaufgabe angesehen werden. Das eine Mal ist sie gerichtet auf die Zielvorstellungen und die dadurch bedingte Anlage der Inhalte, das andere Mal auf die Lernenden und auf die auf sie bezogenen Verfahrensweisen. Das sich daraus ergebende Spannungsverhältnis ist für die Lernorganisation wirksam zu machen. Insofern es dabei um ein „Fesseln" geht, ist der Begriff der Unterrichts-Dramaturgie naheliegend. Und da dieses Fesseln nicht aus den Anreizen einer Identifikation mit den Lehrenden und mit dem Lerngegenstand bestehen sollte, muß die Unterrichtsdramaturgie für einen lernwirksamen Aufbau der Lernorganisation im Zeitablauf sorgen. Es geht dabei um die Zuordnung des Vermittlungsinstrumentariums. Dazu gehört die didaktische Gliederung ebenso wie das gezielte wechselnde Einbeziehen des Repertoires der Verhaltensweisen und Verhaltensmöglichkeiten.

Literatur

Eine Vertiefung der in diesem Kapitel angeschnittenen Probleme ist nur durch eine allgemein lernwissenschaftliche Literatur möglich. Genannt seien hier:

D. B. Ausubel: Psychologie des Unterrichts. Weinheim 1974.

J. Bruner: Studien zur kognitiven Entwicklung. Düsseldorf 1971.

D. Dörner: Problemlösen als Informationsverarbeitung. Stuttgart 1976.

W. Keil: Psychologie des Unterrichts. München 1977.

H. Neber: Entdeckendes Lernen. Weinheim 1973.

H. Skowronek: Lernen und Lernfähigkeit. München 1969.

Die Diskussion über die Problematik didaktischer Reduktion ist weitgehend beschränkt auf die berufliche Bildung in Zeitschriftenaufsätzen geführt worden. Vgl. beispielsweise:

G. Hauptmaier/A. Kell/A. Lipsmeiner: Zur Auswahlproblematik von Lerninhalten und zur didaktischen Reduktion wissenschaftlicher Aussagen. In: Deutsche Berufs- und Fachschule. 1977, S. 414—430.

Auf die Situation der Erwachsenenbildung übertragen finden sich Ansätze in:

W. Schulenberg u. a.: Transformationsprobleme der Weiterbildung. Stuttgart 1975.

H. Tietgens/J. Weinberg: Erwachsene im Felde des Lehrens und Lernens. Braunschweig 1971.

6.5. *Spezifische Schwierigkeiten bei organisiertem Lernen von Erwachsenen*

Bevor auf die Methodenprobleme näher eingegangen wird, ist von Schwierigkeiten zu sprechen, die für die Situation, in der Erwachsenenbildung stattfindet, spezifisch sind und die daher bei Methodenüberlegungen besonders beachtet werden müssen. Zu diesen Schwierigkeiten gehört es, daß in der Erwachsenenbildung sich jede Gruppe je neu konstituieren muß, daß dabei die Zusammensetzung dieser Lerngruppen relativ heterogen ist und daß die einzelnen Lernenden in jedem Fall durch ihre Lerngeschichte geprägt sind. Herkunft und Eigenart dieser Bedingungsfaktoren sind schon im Kapitel 3. diskutiert worden. Hier geht es daher um ihre Relevanz für die Methodenprobleme.

Das je neue Konstituieren einer Lerngruppe gibt ihrer ersten Zusammenkunft eine für den weiteren Verlauf bestimmende Bedeutung. *Die Literatur zur Erwachsenenbildung hat sich daher auch vergleichsweise viel mit der „ersten Stunde" befaßt.* Sie ist durch eine eigentümliche Unsicherheit gekennzeichnet. Der Kursleiter kann nicht wissen, ob seine bei der Planung angenommenen Erwartungen eingetroffen sind, und die Teilnehmer wissen ihrerseits nicht, was sie erwartet. Man kann sich die Situation verdeutlichen, wenn man sich vorzustellen versucht, was in den Köpfen zu Beginn eines Kurses vor sich geht, ohne daß es ausgesprochen wird: Wer ist hier zusammengekommen und warum? Was wird gewollt und was bringen wohl die anderen mit? Welche Ansprüche werden gestellt? Mit wem kann ich mich am besten verständigen? Wie wird der Kursleiter agieren und reagieren? Und schließlich und vor allem: Wie redet man hier miteinander? Die Unsicherheit nicht nur über Inhaltliches, sondern vor allem auch über die Art des Umgangs miteinander betrifft also alle. Auch die, die schon Kurserfahrungen haben, sind davon nicht frei, denn jeder Kurs kann wieder anders sein. Wer an verschiedenen Stellen Veranstaltungen besucht, wird bei gleichem Stoff und gleichen Zielen sehr unterschiedliche Vorgehensweisen beobachten.

Es bedarf also einer Vorklärung, was in der jeweiligen Veranstaltung geschehen soll und wie man miteinander arbeiten will. Dies gilt auch dann, wenn in der Ankündigung die Lernziele unmißverständlich formuliert zu sein scheinen. Einzelne Teilnehmer oder Gruppen von Teilnehmern können dennoch Verschiedenes erwarten. Das wird sich vor allem dann bemerkbar machen, wenn über das methodische Vorgehen gesprochen wird. Bei derartigen Gesprächen werden Interaktionsformen und Rollendifferenzierungen für den weiteren Kursverlauf vorgeprägt. *Die Art des Kennenlernens und Sich-zu-erkennen-Gebens bestimmt das Gruppenkli-*

ma, das die Entfaltung des Lernpotentials fördern oder behindern kann. Je unbefangener dabei vorgegangen werden kann, um so ergiebiger wird es sein. Auch wenn Teilnehmer Hemmungen erkennen lassen und wenig aus sich herausgehen, besagt dies nicht, daß diese Eröffnungsphase für sie nichts bedeutet. Geht der Kursleiter zu schnell zu dem von ihm vorgeplanten „Programm" über, wird er später oft bemerken, daß er die Erwartungen nicht richtig eingeschätzt hat. Das, was man als Metakommunikation bezeichnet, wird zwar im ersten Moment oft als überflüssig oder beklemmend empfunden, im nachhinein aber wird ihr Wert meist anerkannt.

Wie die Eröffnungsphase im einzelnen gestaltet werden kann, wird in der Literatur zur Methodik der Erwachsenenbildung detailliert erörtert. Wie man nach Erwartungen fragt, wie sehr die Metakommunikation ausgedehnt wird, kann aber nur aus der Situation heraus entschieden werden. In dem hier gegebenen Darstellungsrahmen läßt sich nur sagen, daß die Vorentscheidungen, die in der Eröffnungsphase fallen, in ihrer Auswirkung gar nicht überschätzt werden können. Es kommt dem Verlauf zugute, wenn sie bewußt getroffen werden. *Erwachsenengerechte Arbeitsweise heißt daher, eine Vereinbarung darüber zu treffen, wie in einem bestimmten Kurs vorgegangen werden soll.* Was eine solche Transparenz der Methodik einbringt, wird noch mehrfach bei der Erörterung einzelner Aspekte des Lehrens und Lernens von Erwachsenen deutlich werden.

Man mag nun einwenden, daß die hier anvisierten Probleme der Eröffnungsphase dann nicht mehr so gravierend sind, wenn man in aller Konsequenz dem Grundsatz der Zielgruppenarbeit folgt. Denn dann kann man damit rechnen, daß sich die Mitglieder der Lerngruppe zum Teil, wenn nicht gar alle, schon kennen, oder daß sie zumindest ähnliche Vorstellungen über die von ihnen erwartete Arbeitsweise haben. Indessen wurde schon festgestellt, daß die entsprechenden Bemühungen bisher wenig Breitenwirkung erzielt haben. Auch hängt es von der Definition der Zielgruppe und ihrer tatsächlichen Zusammensetzung als Lerngruppe ab, ob nicht doch mit methodisch relevanten Unterschieden in den Voraussetzungen gerechnet werden muß. Auf jeden Fall dürfte es eine realistische Einschätzung sein, wenn Kursleiter in der Erwachsenenbildung bei der Frage nach ihren besonderen Schwierigkeiten am häufigsten die Heterogenität der Teilnehmerzusammensetzung nennen.

Diese Heterogenität kann sehr Verschiedenes meinen. Die hier zitierten Kursleiter werden in erster Linie an den unterschiedlichen Kenntnisstand denken, in zweiter Linie wohl auch an die unterschiedlichen Milieuerfahrungen und Lebensperspektiven, die eine unterschiedliche Einstellung zur Lernsituation im Kurs mit sich bringen. *Einer solchen Sicht entsprechen die methodischen Konsequenzen, die aufgrund der Heterogenität empfohlen werden: beweglicher Unterricht, innere Differenzierung, Vermehrung der Gruppenarbeit.* Es sind alles Varianten eines Eingehens auf die Heterogenität. Je mehr man diese methodischen Prinzipien realisieren kann, um so deutlicher wird man allerdings auch bemerken, wie vielschichtig das Problem des Vorwissens ist. So gehört es zum einen zu den besonderen methodischen Aufgaben der Erwachsenenbildung, vorhandenes, aber verschüttetes Wissen und Können neu zu mobilisieren. Zum anderen muß man aber auch mit der Schwierigkeit fertig werden, daß punktuelle, fragmentarische Kenntnisse eingebracht werden, die den Fortgang des Gruppenlernprozesses stören oder daß ein mißverstandenes Wissen vorgebracht wird, wobei sich dann allzuoft die These bestätigt, daß Umlernen schwerer fällt als Neulernen.

Ein weiteres Problem zeigt sich, wenn Vorwissen mit formalen Abschlüssen gleichgesetzt wird und entsprechende Zeugnisse zur Bedingung einer Teilnahme gemacht werden. Dies ist bei der individuellen Förderung beruflicher Fortbildung durch das Arbeitsförderungsgesetz der Fall. Der Sinn dieser Regelung, durch relative Homogenität sich vom traditionellen freien Erwachsenenbildungskurs abzuheben und damit den Lernerfolg zu steigern, wird fragwürdig, wenn man bedenkt, wie wenig das Kriterium des formalen Abschlusses aussagt. Denn zum einen kann man einen solchen Abschluß — gleichgültig ob es sich um Hauptschule, Mittlere Reife oder Berufsausbildung handelt — mit durchaus unterschiedlichen Fähigkeitsvoraussetzungen erwerben, und zum anderen bleibt unbeachtet, was aus den beim Abschluß nachgewiesenen Kenntnissen geworden ist, inwieweit sie und wofür sie zwischenzeitlich verwendet worden sind, welche Übungs- und Erfahrungseffekte eingebracht werden können. Daraus folgt, zugespitzt formuliert: *Wenn von der Heterogenität der Teilnehmer gesprochen wird, so ist vor allem an ihren unterschiedlichen Lerntrainingszustand zu denken.*

Dieser Lerntrainingszustand verweist darauf, daß für methodische Konsequenzen nicht nur die unterschiedlichen Wissensvoraussetzungen, sondern auch die unterschiedlichen Arten der Verarbeitungsfähigkeit dessen, was in einem Erwachsenenbildungskurs zur Aufgabe ansteht, relevant sind. Diese aber hängen in starkem Maße von der Lerngeschichte jedes einzelnen ab. Dabei wirkt sich der möglich gewesene Bildungsweg aus. Es lassen sich unterschiedliche Sozialisationsprägungen ausmachen, je nach dem, ob nur die Pflicht- oder auch eine weiterführende Schule besucht worden ist. Dieser Tatbestand wirkt sich, wie schon gezeigt wurde, auf das Weiterbildungsverhalten aus, weil in unterschiedlicher Weise darauf vorbereitet wurde. Darüber hinaus ist aber zu bedenken, daß die Erlebnisse mit der Schule, gleich welchen Typs, zu verschiedenen Zeiten aufgrund der gesellschaftlich-politischen Bedingungen und der verschiedenen Formen des Schulehaltens unterschiedlich gewesen sein können. Verschiedene Altersgruppen haben durch ihre epochenspezifische Sozialisation verschiedene Verhaltenspräferenzen gelernt. Schließlich sieht sich Erwachsenenbildung, wie Interviews zeigen, oft sehr ungewöhnlichen individuellen Bildungsschicksalen gegenüber, die eine Affinität zur Weiterbildungsbeteiligung mit sich bringen, die aber didaktisch kaum zu antizipieren sind.

In der Erwachsenenbildung muß also mit sehr unterschiedlichen Lernerfahrungen gerechnet werden, die das Lernverhalten geprägt haben. Wird darauf in den Kursen durch die Art des Vorgehens keine Rücksicht genommen, wird die Lernbereitschaft nur schwer zu erhalten sein. *Denn zuerst einmal wird man davon ausgehen müssen, daß jemand am besten lernt, wenn er es auf die Weise tun kann, die er gewohnt ist, unabhängig davon, wie diese Lerngewohnheiten nach den Maßstäben zwangsläufig generalisierender Lerntheorien bewertet werden.* Dieser Tatbestand muß problematisch erscheinen, weil gegenwärtig allenthalben die These von den Vorteilen eines aktivierenden, kooperativen Lernens vertreten wird. Auch in diesem Buch ist diese These hervorgehoben worden. Auffällig ist nur, daß sie durch empirische Untersuchungen nicht durchweg bestätigt wird und daß Kursleiter aus der Praxis immer wieder berichten, auf welche Schwierigkeiten sie stoßen, wenn sie zu einem selbständigen Lernen anregen wollen. Selbst wenn man unterstellt, daß derartige Bemerkungen gelegentlich eine Alibifunktion für die Lehrerdominanz haben, so bleibt doch eine beunruhigende Diskrepanz zwischen der heute vorherrschenden pädagogischen Norm und der erwachsenenpädagogischen Praxis. *Dieser Widerspruch zwischen Methoden-Literatur und Methoden-Wirklichkeit ist nicht allein mit der mangelnden Bereitschaft oder dem Unvermögen der Kursleiter zu erklären. Es wirken sich hier vielmehr die Lernerfahrungen der Teilnehmer aus, die es in ihrer Mehrheit noch als selbstverständlich ansehen, daß Lernen etwas ist, wofür ihnen gesagt wird, was sie zu tun haben,* und die auch Beispiele nennen können, die ihnen das Richtige dieser Einstellung bestätigen, so daß ein freigebendes Verhalten des Kursleiters nicht zu der erhofften Wirkung kommt, weil es auf Unverständnis und Unbeholfenheit stößt.

In nächster Zeit kann allerdings für die Erwachsenenbildung eine besonders prekäre Situation entstehen, weil damit zu rechnen ist, daß Teilnehmer mit sehr unterschiedlichen Lernerfahrungen aufeinandertreffen. Jüngere Teilnehmer können nämlich schon sehr wohl mit erarbeitenden kooperativen Methoden vertraut sein. Sie sehen es dann als selbstverständlich an, daß sie auch im Erwachsenenkurs in gleicher Weise weiterarbeiten können. Die so entstehende Konfrontation der Erwartungen macht erst recht die gemeinsame Reflexion auf die vorzusehende Arbeitsweise erforderlich, denn ohne ein Bewußtsein der Verfahrensproblematik wird kaum ein Konsens zustande kommen. Ohne diesen wiederum ist der Lernprozeß mit inneren Widerständen belastet, die den Lernerfolg spürbar beeinträchtigen bzw. zum Auseinanderfallen des Kurses führen können.

Selbstverständlich erschöpft sich das Problem des direktiven oder nicht direktiven Lehrverhaltens, des nachvollziehenden oder des selbsterarbeitenden Lernens nicht mit diesen Hinweisen auf die Auswirkungen der Lernerfahrungen. Es muß mit anderen Faktoren der Lernsituation in Zusammenhang gebracht werden. Wir werden deshalb bei der Erörterung der Wechselwirkungen darauf zurückkommen. Im Augenblick ging es darum, eine am Maßstab des Selbstanspruchs der Erwachsenenbildung zentrale Schwierigkeit, soweit sie sich aus den Lernerfahrungen ergibt, zu verdeutlichen. Eine erste Schlußfolgerung, die daraus zu ziehen ist, kann in dem Satz zusammengefaßt werden, daß die Methodik der Erwachsenenbildung darauf abzielen muß, eine Identifikation der Teilnehmer mit der gewählten Arbeitsweise sicherzustellen, denn nur dann, und nicht weil diese oder jene Lehrweise theoretisch als optimal erscheint, wird das Lernpotential eines Erwachsenen sich voll entfalten.

Literatur

Anregungen zu den hier angeführten methodischen Schwierigkeiten geben:

W. Baumann u. a.: Einführung für Kursleiter an Volkshochschulen. Frankfurt 1976.

Clemens-Lodde / Jaus-Mager / Köhl: Situatives Lehrtraining. Braunschweig 1979.

H. Kuypers: Unterricht mit Erwachsenen. Stuttgart 1975.

W. Niggemann: Praxis der Erwachsenenbildung. Karlsruhe 1975.

6.6. Arbeitsstil und Arbeitsweisen

Transparenz im Sinne eines Offenlegens und Diskutierens der Verfahrensweisen, *Passung* verstanden als Aufeinanderabstimmen der Lernanforderungen und Lernvoraussetzungen, *persönliche Identität* realisiert durch ein Eingehen auf die Lernverhaltensweisen der Teilnehmer, das sind die Leitgesichtspunkte für eine Methodik des Erwachsenenunterrichts, die bisher zur Sprache gekommen sind, ohne daß die Frage nach den erwachsenengerechten Arbeitsweisen als das Kernstück der Methodenproblematik schon ausdrücklich angeschnitten worden wäre. Wenn dies im folgenden geschieht, so kann nicht daran vorbeigesehen werden, daß die Arbeitsweisen sowohl in der Literatur als auch bei Fortbildungsveranstaltungen vornehmlich unter dem Aspekt der Interaktion erörtert werden. Im Sinne des Modells der lerntheoretischen Didaktik stehen damit Fragen der Sozialformen und der Aktionsformen des Unterrichts im Vordergrund.

Diese Gewichtung ist zum einen Konsequenz des Grundsatzes, Erwachsene als Gleichberechtigte im Lernprozeß anzusehen. *Dafür sind die Interaktionsformen ein erstes beobachtbares Kriterium.* Zum zweiten ist sie Ausdruck der Einsicht in die Vorteile eines kooperativen und kommunikativen Lernens. Die Schwierigkeiten, eine solche Einsicht in Verhalten umzusetzen, erfordern, Interaktionsproblemen besondere Aufmerksamkeit zuzuwenden. Zum dritten hat die Einsicht in den Zusammenhang von Lernverhalten und gesellschaftlichem Verhalten veranlaßt, Methodenfragen vornehmlich als solche der Interaktion anzusehen. Schließlich hat in den letzten Jahren auch der Einblick in die gruppendynamische Dimension, in die Wechselwirkung der kognitiven und affektiven Komponenten des Lernprozesses veranlaßt, den Interaktionsproblemen Vorrang einzuräumen.

Auch dann, wenn man eine solche Präferenz nicht teilt, wird man die Rolle des Kursleiters in der Erwachsenenbildung reflektieren müssen. Nicht zufällig beschäftigt dieses Thema die Diskussion über Erwachsenenbildung seit langem. Schon die Fürsprecher der Arbeitsgemeinschaft in den 20er Jahren votieren für einen Abbau der Lehrerdominanz durch das „Rundgespräch". Immerhin galt der Gruppenleiter noch als Primus inter pares und ihm wurde eine sokratische Hebammenfunktion zugesprochen. Mit dem vermehrten Bereitstellen technischer Unterrichtsmedien ist dann viel vom *Rollenwechsel des Kursleiters die Rede gewesen. Er konnte und sollte vom Wissensvermittler zum Verstehenshelfer und Lernberater werden.* In jüngster Zeit schließlich macht sich der Aufruf zur „symmetrischen Kommunikation" geltend, mit der alles das ausgeschlossen werden soll, was als repressiv im Lernprozeß empfunden werden kann. Erst damit erscheint die seit langem postulierte Gleichberechtigung der Lehrenden und Lernenden wirklich erreicht.

Indessen ist kaum zu leugnen, daß hier durchweg Forderungen genannt sind, die sich nur selten und nur begrenzt verwirklicht finden. Sie scheinen allzusehr vom Pathos des Wunschdenkens getragen und zu wenig zu beachten, was im Unterricht vor sich gehen kann. Dieser ist zum einen von Anforderungen bestimmt, die sich aus den Inhalten und Zielen ergeben. Zum anderen wird der Verhaltensspielraum durch die Sozialisationserfahrungen eingegrenzt. Unter diesem Bedingungshorizont sind die Verhaltensprinzipien zu konkretisieren. Andernfalls wird nur eine Anspruchspädagogik formuliert, deren Realitätsgehalt gering ist.

Wenn die Rolle des Lehrers in der Erwachsenenbildung primär als die eines Lernhelfers angesehen wird, dann ist damit ein breiteres Verhaltensspektrum zugelassen, als es auf den ersten Blick erscheinen mag. Entscheidend ist nämlich, wofür die Lernhilfe benötigt und erwartet wird. Eine Rollensituation, in der für den Außenstehenden der Kursleiter dominant erscheint, ist damit keineswegs ausgeschlossen. Denn für die Lernwirksamkeit ist nicht diese Außenbeobachtung ausschlaggebend, sondern daß der Kursleiter eine Rolle ausübt, die von den Lernenden akzeptiert wird. Wenn er sie selbst nicht für optimal hält, wenn er beispielsweise meint, im Interesse der Lernenden mehr zurücktreten zu müssen, so stellt sich für ihn die Frage, wie er die Kursteilnehmer davon überzeugen kann. Dies wird ihm aber so lange schwerfallen, wie die Lernenden sich im Lernstoff nicht zu Hause fühlen und solange nicht Teilnehmer in Kursen der Erwachsenenbildung die Oberhand haben, die meinen, daß die Selbsterarbeitung prinzipiell der optimale Weg ist.

Man kann noch einen Schritt weitergehen: Wenn von den Kursleitern Sensibilität gegenüber den affektiven Vorgängen in der Lerngruppe verlangt wird, so erscheint dies als eine naheliegende Forderung. Nur fallweise zu entscheiden ist aber, in welchen Augenblicken es bei einer bestimmten Lerngruppe angebracht ist, solche Vorgänge bewußtzumachen. Ob man mit einem Ansprechen Verkrampfungen löst oder gegen ein Tabu verstößt, ob man also die Lernkonzentration stärkt oder stört, dafür gibt es keine allgemeingültigen Regeln, und auch ein gelegentlich befürwortetes und praktiziertes Verhaltenstraining deckt nicht die Ernstsituation ab, in der es zu entscheiden gilt, ob es dem Lernfortschritt zugute kommt, wenn man nicht einfach fortschreitet, sondern über die Lern- und Gruppenvorgänge zu reflektieren anregt.

Ein weiterer, vieldiskutierter Aspekt: Wenn für einen beweglichen Unterricht plädiert wird, für den Methodenwechsel und die Methodenkombination, wenn Gruppenarbeit und Medienverwendung empfohlen werden, zur Auflockerung genauso wie etwa zur Konzentration, dann bleibt es auch hier dem Kursleiter überlassen, zu erkennen, wann eine solche Beweglichkeit im Einzelfall lernfördernd ist und wann sie eher ablenkt oder als verwirrend empfunden wird. *Offensichtlich geht es auch hier um die Dosierung.* Es handelt sich um ein situativ auszulegendes Verfahrenskriterium, das zwar „im Hinterkopf" vorhanden sein muß, das aber keine schlüssigen Verhaltensanweisungen gibt.

Als letztes Beispiel sei das Sprachverhalten im Unterricht genannt. Die Sensibilität für diese Dimension des Unterrichts dürfte in den letzten Jahren mit der Diskussion über das Phänomen der Sprachbarrieren zugenommen haben. Jenseits der soziolinguistischen Kontroversen, die schon im Kapitel 3. erörtert wurden, stellt sich im Erwachsenenunterricht die Frage, welcher Komplexitätsgrad der Aussagen einerseits im Interesse der Lernziele und des zu Lernenden notwendig ist, andererseits auf dem Hintergrund des Sprachtrainingszustandes der Teilnehmer zumutbar erscheint. Mit der Kenntnis der Sozialdaten der Teilnehmer allein läßt sich eine Antwort nicht begründen. Es wäre dies eine unangemessene Vergröberung wissenschaftlicher Hypothesen. Das Sprachverarbeitungspotential will also jeweils ausgelotet sein. Andernfalls kann es geschehen, daß der Kursleiter „über die Köpfe hinwegredet", obwohl die Teilnehmer einen überdurchschnittlichen Bildungsgang aufzuweisen haben, oder ein Kursleiter kann die Erfahrung machen, daß sein stark vereinfachendes Reden als unangebrachte Anbiederung empfunden wird, obwohl es sich um Teilnehmer mit Hauptschulabschluß handelt. Auch hier befreit die Erkenntnis grundsätzlicher Probleme und die Kenntnis von Verhaltensmaximen nicht davon, eine konkrete Entscheidung über die Verfahrensweise treffen und das heißt erproben und gegebenenfalls revidieren zu müssen.

Die bisher in diesem Kapitel angesprochenen Aspekte sind zum einen bevorzugte Themen der gegenwärtigen Methodendiskussion, zum anderen berühren sie zentrale Fragen, vor die sich jeder gestellt sieht, der auf die Arbeitsweisen in der Erwachsenenbildung kritisch zu reflektieren versucht. Was dazu aktuell vorgebracht wird, vereinfacht gelegentlich allzusehr die Probleme. Sie führen letztlich darauf, wie die Grundmaxime der Teilnehmerorientierung zu interpretieren ist, was sie für das Methodenrepertoire bedeuten kann.

Es wurde schon einmal betont: *Teilnehmerorientierung bedeutet nicht, daß alle Initiativen vom Lernenden ausgehen müssen oder daß nur nach seinen Wünschen verfahren wird.* Das zu Lernende besitzt seine eigene Stringenz, und es ist im Interesse der Lernenden, wenn der Kursleiter nicht nur als Treuhänder der Teilnehmer, sondern auch als Sachwalter des zu Lernenden tätig ist. Es geht darum, daß er die Führungsfunktion, zu der er beauftragt ist, zugunsten der Lernenden zur Geltung bringt. Teilnehmerorientiertes Lehrverhalten kann sich demnach durchaus mit einem sachbezogenen decken. Für die soziale Interaktion im Lernprozeß bedeutet Teilnehmerorientierung also nicht Laissez-faire-Stil. *Die Verhaltensanforderungen an den Kursleiter sind vielmehr durch die Vereinbarung darüber gefiltert, was die Teilnehmer lernen wollen. Insofern lassen sie sich nur in Relation zur Funktion der Veranstaltung konkretisieren.* Für eine erste vorläufige Unterscheidung dieser Funktionen bietet es sich an, problemorientiertes Gespräch und lernzielorientierten Unterricht zu unterscheiden.

Zu einer *teilnehmerorientierten Gesprächsführung* gehört es

— Geduld zu haben und warten zu können, bis die Teilnehmer aus sich heraus etwas sagen

— auf Teilnehmerbeiträge so einzugehen, daß durch Rückfragen das Gemeinte verdeutlicht werden kann
— die Klärung des Stellenwerts einzelner Gesprächsbeiträge anzuregen. (Handelt es sich um Tatsachen oder Meinungen oder kann man sich darüber streiten? Welche Prämissen und welche Perspektiven haben einen Beitrag bestimmt?)
— Begründungen für Aussagen herauszufordern, ihre Weiterungen ins Gespräch zu bringen und die Frage nach dem Vereinbaren und dem Unvereinbaren zu stellen
— Im Interesse der Motivation der Teilnehmer weiterzuführen
— Überlegungen auszulösen, inwieweit Fallbeispiele generalisierbar und inwieweit allgemeine Regeln anwendbar sind
— Ordnungsfunktionen zu erfüllen, damit der Gesprächsgang auch bei spontanen Reaktionen, Zufällen, sinnvollen Nebenwegen (Schleifen) als Lernweg wirksam wird
— Ortungsfunktionen zu übernehmen, damit bewußt bleibt bzw. von Zeit zu Zeit bewußt wird, wo man sich im Gesprächsgang und das heißt auf dem Lernweg befindet, und zwar im Hinblick auf den Fortgang, die Abstraktionsebene und die Möglichkeiten, Beziehungen herzustellen und Aspekte einzubeziehen
— gegensteuernd zu wirken, wenn Sogtendenzen entstehen, durch die Teilthemen, bestimmte Betrachtungsweisen, einzelne Aspekte oder Auffassungen ein Übergewicht bekommen
— auf etwas aufmerksam zu machen, was nicht zur Sprache kommt, für das Gesprächsziel aber wichtig ist
— sich während des Gesprächs herausbildende Rollenstrukturen aufzugreifen und für das Gesprächsziel zu nutzen
— die Funktion einzelner Beiträge in Rücksicht auf das Gesprächsziel zu erkennen und zu koordinieren.

Der Katalog macht deutlich, daß Teilnehmerorientierung nicht Verzicht auf Führungsfunktion bedeutet. Allerdings verlangt diese Teilnehmerorientierung, verlaufsbestimmende Äußerungen mit Zurückhaltung vorzubringen, damit die Gesprächsteilnehmer Möglichkeiten für Alternativen haben und damit der Gesprächsleiter auf seine Vorschläge verzichten kann, wenn er dafür keine Zustimmung findet. Im übrigen ist teilnehmerorientierte Gesprächsführung nicht unbedingt eine Frage der Zeit, die ein Gesprächsleiter für sich in Anspruch nimmt, sondern eine der Art und Weise, wie er seine Steuerungsmöglichkeiten wahrnimmt.

Den *teilnehmerorientierten Unterrichtsstil* in ähnlicher Weise zu beschreiben, ist schwieriger, weil er mehr als die Gesprächsführung an den zu vermittelnden Stoff gebunden ist. Fremdsprachenunterricht, naturwissenschaftliche Themen oder ein Nähkurs bringen jeweils verschiedene Kommunikationsformen mit sich. Immerhin lassen sich auch hier einige Hinweise geben, die zur Transparenz der Arbeitsweisen als einem zentralen Kriterium der Teilnehmerorientierung beitragen können. Zu ihr gehört es:

— zu sagen, was man als Kursleiter vorhat
— zu begründen, warum man es so und nicht anders vorhat
— dieses Vorhaben gegebenenfalls abzuändern, wenn sich dies aufgrund der Rückkoppelung mit den Teilnehmern als angebracht erweist
— Unterrichtssequenzen deutlich herauszuheben bzw. zwischenzeitlich Lernschritte bewußtzumachen, damit die Lernenden eine Chance bekommen, das, was sie tun, auch einmal selbständig zu tun
— von Zeit zu Zeit bewußtzumachen, wo man sich auf dem Lernweg befindet
— den Gründen für Schwierigkeiten, die beim Lernen bemerkbar werden, nachzugehen
— erkennbar werdende affektive Bedürfnisse auch dann aufzugreifen, wenn sie im Augenblick dem Lernfortschritt nicht dienen, aber doch von diesem Fortschreiten ablenken
— die Arbeitsweise von Zeit zu Zeit zu wechseln, damit Teilnehmer mit verschiedenen Lernverhaltensweisen jeweils „ihre" Zeit haben, in der sie Lernfortschritte machen können
— so zu verfahren, daß Leistungsunterschiede möglichst wenig auffällig werden
— denjenigen, die bei der letzten Unterrichtseinheit gefehlt haben, Möglichkeiten zu schaffen, den Anschluß zu behalten
— Erfolgserlebnisse zu vermitteln, die die Bereitschaft zum Weiterlernen fördern.

Die zuletzt genannten Hinweise können als Erfahrungssätze angesehen werden, die aus Untersuchungen über den Teilnehmerschwund und der dabei hervorscheinenden *Kritik am Kursleiterverhalten* abgeleitet sind. Nimmt man diese Kritik ernst, dann wird es vor allem darauf ankommen

— Übersichtlichkeit herzustellen
— eine Mitte zwischen zügigem Fortschreiten und Entgegenkommen zu finden
— Vorgänge auf der affektiven Ebene zu beachten, ohne sich von ihnen abhängig zu machen
— einen Umgangston zu praktizieren, der sich nicht von dem außerhalb des Kurses unterscheidet
— in einer Weise gegenzusteuern, die verhindert, daß einzelne Teilnehmer der Gruppe dominant werden.

Zur Gegensteuerung gehört es auch, Teilfunktionen im Lernprozeß, die von den Lernenden vernachlässigt werden, hinreichend zur Geltung zu bringen, denn bei zu starkem Zurücktreten einer Teilfunktion — etwa der Auseinandersetzung mit Widerständen oder dem Üben — ist der Lernerfolg insgesamt gefährdet.

Eine weitere Dimension der Arbeitsweisen wird nach dem Modell der lerntheoretischen Didaktik als Methodenkonzeption und Methodenartikulation bezeichnet. Geht es um die Vermittlungsstrategien und Präsentationsformen, besteht seit langem die Neigung, sie in Alternativen zu diskutieren und Gründe für das Anpreisen und das Ablehnen der einen oder anderen zu sammeln. Dem Prinzip der Teilnehmerorientierung entspricht ein solches Gegeneinanderausspielen auf der Ebene des Grundsätzlichen nicht. Es fordert vielmehr dazu auf, herauszufinden, unter welchen Bedingungen die eine oder andere Verfahrensweise besonders teilnehmerdienlich ist bzw. welche Mischformen angebracht erscheinen.

Was damit gemeint ist, sei an zwei Beispielen erläutert. Seit langem ist es üblich, zwischen einem deduktiven und einem induktiven Vorgehen zu unterscheiden. Es wird nun Lernende geben, die auf das eine oder andere Verfahren besser ansprechen. Es wird auch immer Lernziele und anzueignende Sachstrukturen geben, die auf dem einen oder anderen Weg besser erreichbar erscheinen. Angesichts eines solchen Bedingungshintergrundes kann Teilnehmerorientierung nur eine pragmatische Einstellung beinhalten, die fallweise Entscheidungen ermöglicht.

Konkreter sei diese teilnehmerorientierte Pragmatik an den Präsentationsformen erläutert. Auch hier ist es eine alte Gepflogenheit, mit einer Alternative zu operieren. Die Unterscheidung von darstellender und erarbeitender Vorgehensweise war schon im Kapitel 6.4. mit dem Hinweis angesprochen worden, daß eine darstellende Arbeitsweise heute weithin als suspekt gilt. Man sollte sich aber fragen, ob nicht mit einer solchen Vereinseitigung Möglichkeiten, Lernen anzuregen, verlorengehen, ob es nicht Situationen gibt, in denen mit einer darstellenden Arbeitsweise etwas zu erreichen ist, wozu der Zugang bei einer erarbeitenden Arbeitsweise erschwert ist. Einer solchen Frage nachzugehen, ist zugleich ein Beispiel dafür, inwiefern eine Sach- und Inhaltsorientierung durchaus im Sinne und Interesse der Teilnehmerorientierung sein kann.

Bei unbefangener Betrachtung wird man nämlich sagen können, daß eine *darbietende Arbeitsweise* dann vertretbar ist, wenn

— es schwierig ist, Informationen über das gewählte Thema zu erhalten, weil dann die Teilnehmer von sich aus wenig beitragen können
— Lernziele sehr weitgesteckt sind und unter gegebenem Zeitdruck ein schnelles zielstrebiges Fortschreiten erforderlich ist

— ein überblickbarer Zusammenhang erwünscht ist, der am ehesten als ein Ganzes zu vermitteln ist
— für Teilaspekte ein Orientierungswissen gegeben werden soll, bei dem es nicht auf ein durchgängiges Behalten ankommt, sondern wobei der Zuhörer das soll auswählen können, was er davon für sich behaupten will.

Allerdings ist die darbietende Arbeitsweise nur dann wirksam und vertretbar, wenn

— sie zeitlich begrenzt wird, weil ein aufmerksames Zuhören im Normalfall nicht lange durchzuhalten ist
— die Intentionen des Darstellens, die damit verbundenen Lernziele, am Anfang klar formuliert und die Vorgehensweisen begründet sind
— situationsbezogen auf die Lebenswelt der Adressaten vorgegangen wird, also der Erfahrungshintergrund getroffen und Betroffenheit erzeugt wird, die die Bedeutsamkeit des Dargebotenen erkennen läßt
— das Darbieten nicht feststellend, sondern entwickelnd geschieht, so daß eine kognitive Aktivierung bewirkt wird
— das Darbieten dramaturgisch gegliedert und übersichtlich strukturiert ist, so daß Verarbeitungshilfen und Gedächtnisstützen gegeben sind
— Dichte der Aussage und Sprechtempo so aufeinander abgestimmt sind, daß Neues und Schwieriges erfaßt und Nebensächliches übergangen werden kann
— nicht Verhaltensänderungen angezielt werden, die nur durch selbständiges Erarbeiten zu bewirken sind.

Je breiteren Raum das darbietende Verfahren einnimmt, um so wichtiger wird es, Teilnehmerorientierung auch im Sprachverhalten zu beachten. Aber auch hier ist Teilnehmerorientierung nicht mit Anpassung, in diesem Fall an das Artikulationsniveau der Teilnehmer, identisch. Denn es ist in ihrem eigenen Interesse, dies zu übersteigen. Dazu gehört beispielsweise auch die Gewöhnung an eine Terminologie. Denn erst das Beherrschen der Terminologie ermöglicht das selbständige Eindringen in die Probleme eines Wissensgebietes und es erleichtert zudem das Behalten. Methodisch wichtig ist allerdings, Teilnehmer allmählich und im Rahmen des Notwendigen in die Terminologie einzuführen und ihren Zweck schrittweise plausibel zu machen.

Das Lernen von Terminologien bedeutet nicht nur die Aneignung eines in spezieller Weise verwendeten Wortschatzes. *Es vermittelt vielmehr zugleich auch eine Einübung in abstraktes Denken und fördert damit die Fähigkeit, Relationen herzustellen und ein verdinglichtes Verständnis von Problemen zu vermeiden.* Dies zu bewirken, erscheint insbesondere dann wichtig, wenn die gesellschaftliche Relevanz des Weiterlernens und wenn gesellschaftliche Probleme als Anlaß und Inhalt des Weiterlernens zur Diskussion stehen. Daher ist es kurzschlüssig, wie es heute vielfach geschieht, in der Sprachkultur etwas Esoterisches oder ein bürgerliches Herrschaftsmittel zu sehen. Ohne das, was als elaborierter Code bezeichnet wird, sind komplexe Lernziele nicht zu erreichen, und es ist im Sinne der Teilnehmerorientierung, wenn Hilfen geboten werden, mit ihm umzugehen.

Es wäre ein Mißverständnis, zu meinen, Teilnehmerorientierung bedeute, Arbeitsweisen zu fördern, mit denen vor Lernschwierigkeiten ausgewichen wird. Sicherlich muß versucht werden, möglichst selten Situationen entstehen zu lassen, in denen es für die Teilnehmer zu schwierig wird. Aber es sind Schwierigkeiten zu unterscheiden, die unnötig sind, und solche, die ausdrücklich angegangen werden müssen. Von den Lernenden werden sie meist darin gesehen, daß zuviel vorausgesetzt worden ist oder daß zuviel auf einmal und zu kompliziert angeboten wurde. Man mußte zuviel Wissen mitbringen oder es mußte zuviel behalten oder zuviel aufeinander bezogen werden. Soweit es sich um Probleme der Informationsdichte handelt, wird — zumindest so lange keine Zeitprobleme auftreten — Abhilfe zu schaffen sein. Schwerlich zu umgehen sind aber Anforderungen der Komplexität und der Abstraktion. Teilnehmerkritik richtet sich zwar immer wieder gegen das Abstrakte, aber um Relationen herstellen zu können, ist es unentbehrlich. Teilnehmerorientierung darf die damit verbundenen Probleme nicht verleugnen. *Häufig erweist es sich als das Schwierigste für Lernende in der Erwachsenenbildung, Verbindungen zwischen Allgemeinem und Besonderem herzustellen. Damit aber wird eine fundamentale Erkenntnisfähigkeit blockiert, nämlich zwischen Fällen und Regeln Zusammenhänge zu erkennen. Damit ist gerade das eingeschränkt, was als herausragendes Ziel der Erwachsenenbildung gilt, die Transferfähigkeit.* Denn sie setzt voraus, strukturelle Äquivalenzen zu erkennen. Dieses Erkennen zu fördern, darauf muß daher eine teilnehmerorientierte Erwachsenenbildung auch gegen Widerstände gerichtet sein. Denn auch das, was häufig als Kommunikationsschwierigkeit in Kursen der Erwachsenenbildung dargestellt wird und was sich an einem Aneinandervorbeireden zeigt, geht zwar zum einen auf die Inkongruenz der Daseinsthematiken und Deutungsmuster, zum anderen aber auf die unterschiedlich ausgebildete Abstraktionsfähigkeit zurück.

Ein weiteres Diskussionsfeld ergibt sich aus der Frage, wie durch Methodenstrategien und nicht nur durch Lehrverhalten die schon angesprochenen Interaktionsprobleme wenn nicht gelöst, so doch gemindert werden können. Um Lehrerdominanz abzubauen, werden vornehmlich zwei Möglichkeiten genannt: die Gruppenarbeit und die Medienverwendung.

Zweifellos ist *Kleingruppenarbeit* eine ideale Organisationsform für erarbeitende Verfahrensweisen. Sie wird daher in der Literatur als Mittel der Aktivierung allenthalben favorisiert. Findet Erwachsenenbildung in Bildungsheimen statt, ist Gruppenarbeit auch allgemein üblich. Stark behindert und teilweise sogar ausgeschlossen erscheint sie aber im Abendbetrieb, wenn für einen einzelnen Kurs nur ein Raum zur Verfügung steht. Zwar schließt auch das eine zeitweilige Kleingruppenbildung mit begrenzter Funktion nicht aus. Sie voll zu entfalten, ist aber kaum möglich. Es gibt aber auch ernstzunehmende Einwände gegen Kleingruppenarbeit. Oftmals wird sie zum Selbstzweck, man benutzt sie methodisch als Ventil bei affektiv bedingten Schwierigkeiten, bedenkt ihre didaktische Funktion aber nicht. Je nachdem, welche sie haben soll, ist eine themengleiche, eine aspektgegliederte oder vergleichsunabhängige Gruppenarbeit angebracht. Die Entscheidung für die eine oder andere Form wird je nach Thematik, Teilnehmerbedürfnissen und Zielsetzungen unterschiedlich ausfallen können. Zu bedenken ist dabei, wie die Gruppenarbeit für die anderen Gruppen wirksam gemacht werden kann. Dabei zeigen sich häufig nicht nur gruppendynamisch bedingte Vermittlungsprobleme. Zusammenfassende Wiedergaben stellen sich als schwierig heraus. Wenn demgegenüber gesagt wird, daß Gruppenarbeit für sich schon lernwirksam genug ist und die Ergebnisübermittlung von zweitrangiger Bedeutung, dann muß die Gruppenarbeit entsprechend konzipiert sein. Es stellt sich zudem die Frage, welche Funktion dann das Plenum hat. Wenn es sich nicht nur um eine lernorganisatorische Aufteilung von Unterrichtung und Übung handelt, sondern wenn Gruppen Teilaspekte eines Problems erarbeiten, dann steht auch die Aufgabe der Übermittlung der Erfahrungen und Ergebnisse an, die ihrerseits besonderer Übung bedarf. Auch ist durch Gruppenarbeit keineswegs gesichert, daß zurückhaltende Lerner nicht weiterhin dominiert werden. Die Zusammensetzung der Gruppen bedarf also besonderer Aufmerksamkeit.

Soll Gruppenarbeit nicht allein der affektiven Klärung oder dem Erfahrungsaustausch dienen, kommt sie ohne Medien kaum aus. Dabei ist insbesondere an Textauszüge, Thesenpapiere, Arbeitsblätter, Tabellen, Übungsbogen etc. zu denken. Wenn man die Literatur überblickt, erscheint es notwendig, daran zu erinnern, daß auch gedrucktes Material zum Medienrepertoire gehört. Diskutiert werden nämlich vor allem AV-Medien. Soweit dies die Erwachsenenbildung betrifft, können zwei Ursachen dafür angeführt werden. Zum einen war sie seit Jahrzehnten in starkem Maße auf das „lebendige Wort", auf das Gespräch oder früher auch auf den rhetorisch gelungenen Vortrag abgestellt. Das gedruckte Wort galt als „tot". *Zum anderen kommen AV-Medien der Lernsituation von Erwach-*

senen besonders entgegen. Sie können bei nebenberuflichen Lernern, die leicht ermüden, zur Verlebendigung des Unterrichts beitragen. Sie verhelfen dazu, daß die Informationen über mehrere Sinneskanäle angeboten werden. Sie entsprechen dem Bedürfnis nach Anschaulichkeit. Sie haben sich in der Funktion des Gesprächsauslösers bewährt. Und nicht zuletzt bieten sie Chancen zum lehrerunabhängigen Lernen.

Trotz dieser Vorzüge werden Medien in der Erwachsenenbildung weniger verwendet, als man nach den Diskussionen vermuten müßte. Als Gründe werden in erster Linie organisatorische genannt. In der Tat ist die Nutzung von AV-Medien in Bildungsheimen recht intensiv, während in der ambulanten Erwachsenenbildung oft Transportprobleme oder technische Schwierigkeiten dazu führen, auf die Verwendung von AV-Medien zu verzichten. Schließlich wird auch angeführt, daß das angebotene Medienmaterial selten erwachsenengerecht ist. Es gibt allerdings auch die Fälle, in denen alle diese Begründungen als Vorwand benutzt werden, weil Kursleiter den Umgang mit den Medien nicht gewohnt sind.

Mit Umgang ist hier zweierlei gemeint, zum einen die unbefangene Beherrschung technischer Geräte, zum anderen die didaktisch sinnvolle Einbeziehung des Medienmaterials. Einige Zeit hat man gehofft, die Frage, in welchen Situationen welches Material am geeignetsten ist, einigermaßen schlüssig beantworten zu können. Inzwischen sind aber Versuche, eine praxisrelevante Medientaxonomie zu entwickeln, gescheitert. Die Medienwahl ist damit vom Erfahrungshorizont und vom Einschätzungsvermögen der Lehrkräfte abhängig. Zwar gibt es durchaus brauchbare Beurteilungskriterien, und man kann Auskunft über die generelle Eignung oder Nichteignung von Medienangeboten bekommen. Die Frage der Medienzuordnung ist aber nur fallweise zu beantworten.

Soweit der mangelnde Bezug des Medienmaterials zur Situation der Erwachsenen kritisiert wird, trifft dies nicht nur auf die AV-Medien, sondern auch auf gedrucktes Material zu. Seitdem Erwachsenenbildung immer mehr Unterrichtsaufgaben übernommen hat, konnten die grundsätzlichen traditionellen Vorbehalte gegen Lehrbücher nicht aufrechterhalten werden. Um so mehr wurden ihre spezifischen Unzulänglichkeiten erkannt. Allzuoft sind sie noch monoperspektivisch aufgebaut. Sie bieten so in erster Linie nur Möglichkeiten zum „Nachlernen", nicht aber Anregungen zum selbständigen Umgang mit Lernaufgaben. Nur sehr allmählich bessert sich die Situation. *Immerhin hat es die technische Entwicklung erleichtert, situationsgerechtes Arbeitsmaterial für konkrete Zwecke selbst herzustellen. Dabei ist an die Vervielfältigungstechnik ebenso zu denken wie an den Overhead-Projektor.* Arbeitsblätter und Arbeitstransparente können einen beweglichen, erwachsenengerechten Unterricht garantieren, wenn solches

Material in Teamarbeit erstellt ist und die Einbeziehung in ein didaktisches Konzept durchdacht erfolgt.

Der didaktische Ort der Medienverwendung ist nämlich längst nicht mehr auf die Enrichment-Funktion beschränkt. In aller Konsequenz kommt dies im *Medienverbund* zur Geltung. Damit wird die Kombination von Bildungsangeboten aus dem Äther (Hörfunk, Fernsehen), schriftlichem Material und Begleitkursen bezeichnet. Im letzten Jahrzehnt ist dieser Medienverbund als eine der durchschlagendsten Zukunftsperspektiven der Erwachsenenbildung herausgestellt worden. Seine Vorzüge sind im Grundsätzlichen unbestritten. Das gleiche gilt für seine motivierende Wirkung. Es zeigen sich aber auch Probleme, die eine anhaltende Wirkung einschränken. Es sind dies vor allem Schwierigkeiten, die sich aus dem Produktionsdruck und aus den unterschiedlichen Perspektiven der am Verbund Beteiligten ergeben. Kooperation kommt meist zu spät in Gang und läßt dann die gegenseitigen Vorbehalte ebenso undiskutiert wie die didaktische Verzahnung der Verbundbestandteile. Die Verbundqualitäten bleiben aber ungenutzt, wenn man sich beispielsweise nicht klarmacht, daß die Fernsehpräsentation für das Fremdsprachenlernen anders aussehen kann, wenn ein Begleitkurs fest eingeplant ist, als wenn dies nicht vorgesehen ist. Schließlich darf nicht übersehen werden, daß der Begleitkursleiter in einer für ihn ungewohnten Situation ist. Er muß seine Rolle als Moderator erst lernen. Theoretisch sind die Funktionen der Begleitkurse zwar klar, wenn gesagt wird, daß sie die Chance bieten sollen, Gehörtes und Gesehenes

— bei Verständnissschwierigkeiten zu klären
— gesprächsweise zu vertiefen
— auf seinen Aussagegehalt kritisch zu reflektieren
— auf die Lebenssituation der Kursteilnehmer zu beziehen
— für mögliche Prüfungen zu wiederholen und zu festigen.

Praktisch aber bedeutet dies ein Sich-in-den-Dienst-Stellen, ein Ablassen von selbstverständlichen und daher kaum noch bewußten Lehrgewohnheiten. Dieser Rollenwechsel wird vielfach noch dadurch erschwert, daß die Wirkung des Medienangebots Kritik provoziert, und zwar weniger durch die Sachinformation als vielmehr dadurch, daß es — und zwar relativ unabhängig von seiner Anlage im Einzelfall — die Lernphase der Auseinandersetzung mit Widerständen nicht in Gang setzt, damit aber der Leiter des Begleitkurses die unangenehmste Aufgabe übernehmen muß.

Eine gelungene Arbeitsweise im Medienverbund ist daher auf Einzelfälle beschränkt geblieben. Ihr Exemplarisches hat noch wenig Übertragungswirkungen gezeitigt. Diese begrenzte Wirkung dürfte nicht nur durch organisatorische Probleme und durch mangelnde Begleitzirkelleiterkompetenz verursacht sein. Es kommt hinzu, daß die Aufforderung zum Lernen im Verbund in der Bevölkerung nur begrenzten Widerhall findet, weil man sich an das monomediale Lernen gewöhnt hat, welche Form man dabei auch bevorzugen mag, den Direktunterricht, die Lektüre oder den Rundfunk. Von zentraler Bedeutung dürfte ferner sein, daß beim Medienverbund der Spielraum der Wechselwirkungen einzelner Faktoren der Lernsituation von außen eingeengt wird, die situationsspezifische Nutzung dieses Spielraums aber letztlich über den Lernerfolg entscheidet.

Literatur

Vgl. Literatur zu Kapitel 6.5.

Die Explikation der Teilnehmerorientierung findet sich in:

H. Tietgens/J. Weinberg: Erwachsene im Feld des Lehrens und Lernens. Braunschweig 1972.

Einen Einblick in die Kurswirklichkeit bietet der Forschungsbericht:

H. Siebert/H. Gerl: Lehr- und Lernverhalten bei Erwachsenen. Braunschweig 1975.

6.7. Der Zusammenhang der Bedingungsfaktoren der Lernorganisation

Es ist weit verbreitet, zur Optimierung der Planung und der Arbeitsweisen in der Erwachsenenbildung bestimmte Verhaltensweisen zu propagieren und diese zu allgemeingültigen Verhaltensmaximen zu erklären. Dabei werden aber einzelne Kriterien, die für eine solche Optimierung zu beachten sind, verabsolutiert. Den daraus folgenden Regulativen entspricht die Erwachsenenbildungswirklichkeit in den seltensten Fällen, weil die Komplexität dieser Wirklichkeit ignoriert worden ist. Dezidierte, geschlossene didaktisch-methodische Konzepte stoßen immer wieder auf Grenzen der Wirksamkeit, die ihnen durch die Unterschiedlichkeiten der Lernsituation gesetzt sind. Um diesen entsprechen zu können, bedarf es eines Bezugsrahmens für das Faktorensystem, das den Lernprozeß in seiner Vielschichtigkeit bestimmt. *Es muß also versucht werden, das Geflecht möglicher Wechselwirkungen aufzudecken, um beim didaktischen Planen und beim methodischen Vorgehen ziel- und situationsgerichtete Entscheidungen anregen zu können.* Denn nur wenn die verschiedenen Ebenen des Lehr-Lern-Prozesses und die verschiedenen einwirkenden Aspekte hinreichend beachtet werden, wird das begrenzte lernorganisatorische Handlungsrepertoire annähernd adäquat genutzt werden können.

Eine solche Absage an erwachsenenpädagogische Überzeugungslehren, wie sie zum Alltagsgebrauch gehören, erleichtert diesen Alltag nicht, entspricht aber der wissenschaftlichen Redlichkeit genauso wie den frustrierenden Erfahrungen, daß noch so schlüssig erscheinende Verbesserungslehren weder die erhoffte breite Anwendung finden, noch die unterstellte Wirkung herbeiführen. Bei all diesen Ansätzen wird etwas Entscheidendes mißachtet: daß die Organisation des Lernens eine Kunst des Zuordnens ist. Dafür bedarf es eines Systems der Komponenten, der komplexen Wechselwirkungen, die bei der Planung zu berücksichtigen sind. In diesem Sinn soll hier zum Schluß das für die Lernorganisation relevante Faktorenbündel an einigen Beispielen in der Weise aufgelöst werden, daß für die situationsrelevanten Dimensionen Orientierungsskalen durch die Nennung von Endpunkten der Erscheinungsmöglichkeiten angezeigt werden. Erwachsenenbildungsveranstaltungen lassen sich auf diesen Skalen orten. Wenn dann Bedingungsfaktoren und Entscheidungsfaktoren einander zugeordnet werden, lassen sich Konsequenzen für das didaktisch-methodische Vorgehen ziehen.

Auf der Ebene der Zielsetzungen erscheinen für das System der Wechselwirkungen in der Lernsituation vor allem folgende Aspekte relevant:

— die Bildungsfunktionen, wobei die Zwecksetzung zwischen den Polen Qualifikationslernen und Identitätslernen zu lokalisieren ist
— die Veranstaltungsintentionen, die ihrer Struktur nach mehr ergebnisbezogen oder mehr problembezogen sein können
— die Dispositionsziele, bei denen im Hinblick auf die didaktisch-methodische Relevanz eindeutige Verhaltensziele und interpretationsabhängige Bewußtseinsziele zu unterscheiden sind
— die Anforderungsarten, die mehr auf Befähigung oder mehr auf Orientierung abzielen können
— die Verfahrensabsichten, die mehr auf Instruktionsprozesse oder mehr auf Reflexionsprozesse gerichtet sein können.

Zusammenhänge zwischen den Aspekten der Zieldimension liegen nahe, sind aber nicht zwingend. Ähnliches gilt für die Relation zur *Ebene der Lerngegenstände.* Diese ist zu sehen im Hinblick auf

— die immanente Struktur, die eher hierarchisch oder eher in ihren Teilen unabhängig voneinander sein kann
— ihren Komplexitätsgrad, insofern der Lerngegenstand relativ leicht aus Zusammenhängen herauslösbar oder eng mit ihnen verflochten ist
— ihre Formalisierbarkeit, die eine Modellreduktion ermöglichen oder eine spezifische Behandlung verlangen kann
— ihre Sprachabhängigkeit, die unablösbar sein oder die einen gegenständlich faßbaren Umgang erlauben kann.

Auf der *Ebene der Adressaten bzw. Teilnehmer* sind die Lernverhaltensweisen und ihre Begründungszusammenhänge in das Faktorenensemble einzubringen. Dabei empfiehlt es sich, folgende Aspekte auszudifferenzieren, die allerdings — wie im Kapitel 3. gezeigt wurde — Bindungen unterschiedlichen Ausmaßes miteinander eingehen können:

— die Lebensperspektive, die zwischen den Polen erwartungsaufgeladen und frustrationsbelastet zu kennzeichnen ist und die mit ihrem Zukunftsbild die Lernenergie akzentuiert
— die vorherrschenden Daseinsthemen, mit denen die Lernaktivität mehr oder weniger verknüpft sein kann, so daß unterschiedliche Grade der Einbettung in den Lebenszusammenhang angenommen werden müssen
— die Lernerwartung, die überwiegend konkretistisch oder überwiegend aufschubbefähigend sein kann, und zwar unabhängig von den aktuellen Beweggründen für das Weiterlernen
— die Lernerfahrung, die vorwiegend fixierend gewirkt haben kann oder aber die Flexibilität gefördert hat
— die Einstellung zum Lernen, bei der zwischen eher erfolgszuversichtlich und mehr mißerfolgsängstlich zu unterscheiden ist, so daß mit einer mehr offensiven und einer mehr defensiven Einstellung gegenüber Leistungsanforderungen zu rechnen ist
— das Kognitivierungspotential, das an den Lerntrainingszustand gebunden ist und wobei eine sehr weite Skala zwischen intellektueller Verarbeitungsfähigkeit und mangelnder Lerngewohnheit anzunehmen ist
— die Paradigmen des Lernens, die zwischen daten- und strukturorientierten, zwischen antizipierenden und additiv-kasuistischen Zugriffen und Lernaufgaben anzusiedeln sind
— die Artikulationsfähigkeit, die mit den Merkmalspolen elaborierter und restringierter Sprachgebrauch erfaßt ist.

Dies Faktorenensemble ist weiter zu vervollständigen durch die *Faktoren des Lernprozesses* selbst, etwa durch die Skala der internen Operationsmöglichkeiten im Spannungsfeld des sukzessiven und situativen Lernens, wie sie im Kapitel 6.4. ausgefaltet wurden, sowie durch die Phasen und Funktionen, also beispielsweise durch die Lernstufen von Heinrich Roth und durch die Leistungsarten, die R. M. Gagné herausgearbeitet hat. Schließlich können die *Verfahrensinstrumente*, deren Funktionswert im letzten Kapitel erörtert wurde, aufgelistet werden. Das heißt, die Handlungsfelder der Arbeitsweisen, die potentiellen Interaktionsformen, die Methodenkonzeptionen und die Arten der Medienverwendung sind in den Katalog der aufeinander zu beziehenden Komponenten der Lernsituation aufzunehmen.

Zu diesen Komponenten gehören in der Erwachsenenbildung, wie herausgehoben wurde, auch die *Organisationsbedingungen.* Diese Ebene der Arbeitsvoraussetzungen kann vor allem unter drei Aspekten Konsequenzen für den Planungshorizont haben:

— der institutionsbedingte Planungsrahmen, der vom Träger umfassend großzügig oder definierbar umgrenzt abgesteckt werden kann
— der Lernort, der eine freie Gestaltung ermöglichen oder räumliche Abhängigkeiten beinhalten kann
— die Veranstaltungsformen, die aufgrund der organisatorischen fallweisen Vorbereitung einen Verfahrensrahmen vorgeben, der mehr informations-, übungs- oder gesprächsorientiert sein kann. (vgl. Kapitel 4.3)

Schließlich muß auch die *Ebene der Lehrenden* in den Bedingungsrahmen einbezogen werden. Dabei erscheinen vor allem folgende Aspekte relevant:

— der berufliche Status freier Mitarbeiter, von dem die Intensität der Mitarbeit abhängen kann
— der Qualifikationsfundus, der einen souveränen Umgang mit den Lernproblemen erlaubt oder der die Vorgehensweise von dem eigenen Qualifikationsstand abhängig macht
— das Aufgaben- und Rollenverständnis, das sich zwischen mehr übergeordnet konzeptionellen oder eher pragmatisch ausgerichteten Gesichtspunkten bewegen kann
— das Verhaltenspotential, das unterschiedlich stark fixiert sein kann, also einen unterschiedlichen Grad der Lernfähigkeit und damit der Situationsanpassung erlaubt.

Diese Anpassungsfähigkeit wird allerdings immer in Relation zum impliziten Aufgabenverständnis stehen. *Das Sich-identifizieren-Können mit dem, was man tut, ist für die Lehrenden genauso wichtig wie für die Lernenden. Ihr Lehrerfolg wird nicht zuletzt davon abhängen, inwieweit sie davon überzeugt sind, daß die Verfahrensweisen, die sie praktizieren, auch die richtigen sind.* Dieser Umstand sollte gerade auch bei der Kommunikation zwischen hauptberuflich planenden und nebenberuflich lehrenden Mitarbeitern beachtet werden. Er mahnt zur Vorsicht gegenüber dem Bestreben, Kursleiter zu einem veränderten Lehrverhalten nur zu überreden oder gar moralisch zu zwingen. Es kommt dann sehr leicht zu einer inneren Abwehr und zu negativen Ergebnissen, die als eine Art unbewußter, sich selbst erfüllender Prophezeiung anzusehen sind. Nicht zufällig sind aber die hier explizierten Planungskriterien in Verbindung mit der Diskussion um geschlossene oder offene Curricula entwickelt worden.

Wie das System der Wechselwirkungen detaillierter auszulegen ist und damit, wie sie als *Checklisten* zu nutzen sind, sei noch durch zwei Beispiele

dafür erläutert, wie einzelne Aspekte aufgeschlüsselt werden können. Wenn es dabei um die Relevanz für bestimmte Lernsituationen geht, dann sollte man mit Hilfe dieser Konkretisierung Antworten darauf bekommen können, welche Varianten des Aspekts für die jeweilige Situation zutreffen, und man muß sich dann für begründbares Zuordnungen entscheiden. So kann man sich beispielsweise im Fall der Dispositionsziele vergewissern: Soll bei der geplanten bzw. durchgeführten Veranstaltung gelernt werden
— motiviert zu werden
— Informationen aufzunehmen
— sich eine Orientierung zu verschaffen
— Fähigkeiten und Fertigkeiten zu habitualisieren
— ein zweckfreies Fähigkeitspotential zu entwickeln
— sich kommunikativ zu sensibilisieren
— Gelerntes selbständig zu übertragen und anzuwenden
— Beziehungen zu analysieren und herzustellen
— Interessen zu erkennen, zu vertreten und durchzusetzen.

Wie immer der hier vorgestellte Katalog fallweise gewichtet wird, er hat Konsequenzen für die anderen Faktoren der Lernsituation, insbesondere für die Verfahrensstrategien.

Da er von den üblichen Lernziellisten abweicht, weil er versucht, die Angebotsstruktur von Erwachsenenbildung in der Anwendungsbezogenheit übergreifend zu erfassen, bedarf er der Begründung und Erläuterung. Sie an dieser Stelle zu geben, beinhaltet zugleich ein *auf Handlungskonsequenzen zielendes Resümee dieses Buches.*

Insofern Erwachsenenbildung davon ausgehen muß, daß die Adressaten nicht gleichsam von selber kommen und daß es auch nicht damit getan ist, sie durch irgendwelche Umstände oder durch Werbung für eine einzelne Veranstaltung zu gewinnen, muß ihr elementarstes Ziel sein, nicht nur für das Weiterlernen zu motivieren, sondern dieses auch als einen Lernvorgang wirksam werden zu lassen. Zugleich ist zu bedenken, daß Motivation die Lernmöglichkeiten auch blockieren kann, nämlich dann, wenn ein auf bestimmte Ziele fixierter Lernwille Sachverhalte, die für das Erreichen des Lernzieles beachtet werden müssen, die aber nicht zu den eigenen Erwartungen und Vorstellungen passen, ignoriert. Bedenkt man diese Reaktionsweise, dann wird klar, daß Wahrnehmen und Annehmen von Informationen und daß auch ein Sich-Orientieren keineswegs so selbstverständlich sind, wie es auf den ersten Blick erscheinen mag, sondern daß es besonderer Lernanstrengungen bedarf. Wenn des weiteren genannt wird, Fähigkeiten und Fertigkeiten zu habitualisieren, so ist damit das Ziel genannt, das von den Teilnehmern an Kursen der Erwachsenenbildung am häufigsten bewußt angestrebt wird. Zu den Anforderungen, die mit dem Verankern verbunden sind, gehört aber auch das Üben. Dieses ist oft als nicht erwachsenengerecht deklariert worden. Es ist jedoch für viele Lerninhalte und Lernziele eine notwendige Voraussetzung des Könnens. Ebenso ist das nächste genannte Lernziel in seiner Bedeutung unterschätzt worden. Heute ist zwar wieder sehr viel von Kreativität die Rede. Indessen geschieht dies meist mit einer dem Ziel inadäquaten Aggression gegen das Rationale. Das hindert daran, das Moment des Spielenlernens, des Sich-ausdrücken-Lernens in der wünschenswerten Weise zur Geltung kommen zu lassen. Auf diesem Hintergrund erscheint es angebracht, auch das Sich-Zurückhalten und das Sich-Einlassen auf etwas als Lernziel ausdrücklich herauszustellen. Dieses Etwas kann die unmittelbare zwischenmenschliche Kommunikation sein, ebenso aber auch das Medium, in dem es sich repräsentativ dokumentiert, z. B. die künstlerische Ausdruckswelt. Zu den für selbstverständlich gehaltenen, faktisch aber nicht selbstverständlichen Lernzielen gehört nicht zuletzt das, was als Transferfähigkeit bezeichnet werden kann. Obwohl es ein universales Lernziel ist, wird es keineswegs immer in der erwünschten Weise erreicht. Dieses auffällige Defizit an Fähigkeit, Gelerntes auf neue Situationen zu übertragen, beruht nicht zuletzt darauf, daß nicht hinreichend gelernt ist, funktionale Äquivalenzen zu erkennen, denn dies setzt ein Abstraktionsvermögen voraus, das nur erreicht werden kann, wenn das Erkennen von Beziehungen geübt ist. Dieser Zusammenhang sollte auch dann nicht vergessen werden, wenn, wie es gegenwärtig allenthalben geschieht, das Lernziel, seine Interessen vertreten zu können, besonders hervorgehoben wird. Wird diese Intention recht verstanden, kann sie nicht aus der Lernzielhierarchie herausgelöst werden. Das heißt, man muß auch für die Interessenvertretung etwas wissen und man muß erkennen lernen, wieweit aus den Interessen abgeleitete Forderungen und Wünsche miteinander vereinbar sind.

Diese Erläuterung hat noch einmal die Komplexität der Lernsituation verdeutlich, die es erforderlich macht, die Wechselwirkung von Bedingungen und Zielen zu bedenken, und die davon abhalten sollte, didaktische Planung und methodisches Vorgehen monokausal, ohne Bezug auf die Situation und allein aus Lehrabsichten heraus zu praktizieren.

Aus dem Kranz der Bedingungen gelten die Motivationen als besonders spezifisch für die Erwachsenenbildung. Vermag sie mit ihren Intentionen diese Motivationen nicht zu erreichen, wird sie nicht existent. Deshalb sollen die Möglichkeiten dieses Aspekts zum Schluß noch einmal expliziert werden, um zu zeigen, wie die Ausdifferenzierung eines Aspekts zur Klärung der Lernsituation als eine Entscheidungshilfe genutzt werden kann. Dafür muß man sich, um Konsequenzen ziehen zu können, im konkreten Fall fragen:

— geht es um die Sicherung des Lebensunterhalts
— geht es um die Bewältigung spezifischer Rollen und Funktionen
— geht es um Kompensationsversuche im privaten Daseinsbereich
— geht es um Sinnfragen.

Auf diese Fragen sind wiederum zwei Antwortrichtungen denkbar, eine, die primär auf das Individuum bezogen, und eine, die primär umweltbezogen ist. Es stellen sich dann als bildungsbezogene Artikulationstendenzen der Lebenswelt 17 Motivationskomplexe heraus, die in der folgenden Tabelle zusammengefaßt sind.

Motivation aus existentieller Betroffenheit durch:	individuumbezogen	umweltbezogen
Sicherung des Lebensunterhalts	1. Schulischer Nachholbedarf 2. Berufl. Ergänzungsbedürfnis 3. Berufl. Umstellungsnotwendigkeit 4. Berufl. Aufstiegsorientierung	5. Gesellschaftliche Existenzbedingungen
Spezifische Rollen und Funktionen	Biographisches Phaseninteresse Einübung in 6. die Initiation 7. die Elternrolle 8. den Alternsprozeß	9. Funktionsschulung 10. Gesinnungsbildung
Kompensationsversuche im privaten Daseinsbereich	11. Sammlung von Informationen und Gegenständen 12. Hobby-Tätigkeit	13. Kommunikationsbedürfnis 14. Geselligkeitskultur
Sinnfrage	15. Sublimation durch kulturelle Ausdruckswelt 16. Transzendenzbedürfnis	17. Gesellschaftsanalyse und Gesellschaftsverständnis

Je nachdem, wo die Teilnehmermotivation im Falle eines konkreten Kurses zu orten ist, je nachdem, welche „Mischung“ angenommen werden kann, und je nachdem, welche Merkmale anderer Wirkungsfaktoren den

Relevanzfilter der Planungsüberlegungen passieren, wird man Anlage und Arbeitsweise des Kurses unterschiedlich gestalten. Es wird dann nicht ein dekretiertes Planungs- und Ablaufmuster durchgespielt, sondern teilnehmerorientiert, das heißt gleichermaßen situationsbezogen und sachgerecht vorgegangen. *Es wird dann versucht, das herzustellen, was hier mehrfach unter Hervorhebung verschiedener Faktorenrelationen als „Passung" bezeichnet wurde.* Zugleich sollte die Tabelle aber auch noch einmal die Vielschichtigkeit des Arbeitsfeldes dokumentieren, die der Begriff von Erwachsenenbildung umfaßt und in die hier einzuführen versucht wurde.

Literatur

Neben der in Kapitel 6. genannten Literatur ebenfalls synthetisch:

E. Prokop: Erziehungswissenschaft und Erwachsenenbildung. Braunschweig 1973.

EINFÜHRUNGEN

Literaturwissenschaft · Philologie · Philosophie

[illegible] Nr. 4[illegible]

[illegible] Einführung in die Semantik. Nr. [illegible]

[illegible]

[illegible] Einführung in [illegible]

[illegible] Einführung [illegible]

[illegible] Einführung in die [illegible] Philologie. Nr. [illegible]

[illegible] M. J.: Einführung in [illegible]

[illegible]: Einführung in die [illegible] Nr. [illegible]

[illegible] Einführung [illegible] Nr. 4[illegible]

Kern, [illegible]: Einführung in [illegible]

Lanczkowski, [illegible] Nr. [illegible]

[illegible] Problem[illegible]

[illegible] Nr. 4[illegible]

[illegible]

[illegible] Nr. [illegible]

[illegible] Nr. [illegible]

[illegible] Nr. [illegible]

[illegible]

[illegible]